SAVOIRS ET POLITIQUES DE DÉVELOPPEMENT

Ouvrage publié avec le soutien de la DGES
(Contrat quadriennal de la recherche,
Université Paris 8) et de la DREIC du ministère
de l'Enseignement supérieur et de la Recherche.

La coordination éditoriale de l'ouvrage a été réalisée
par Catherine Choquet et Hanitra Pusse Randrianasolo

KARTHALA sur Internet : http://www.karthala.com
Paiement sécurisé

Couverture : tableau de Walker Onewin,
dans *Les peintres de l'estuaire,* Nicolas Bissek, Karthala, 1999.

ISBN : 978-2-84586-962-2

SOUS LA DIRECTION DE
Vincent Géronimi,
Irène Bellier, Jean-Jacques Gabas,
Michel Vernières, Yves Viltard

Savoirs et politiques de développement

Questions en débat à l'aube du XXIe siècle

KARTHALA
22-24, bd Arago
75013 Paris

GEMDEV
9, rue Malher
75004 Paris

Le GEMDEV

Le GIS-GEMDEV, Groupement pour l'étude de la mondialisation et du développement, est un groupement d'intérêt scientifique, rattaché au ministère en charge de l'enseignement supérieur et de la recherche. Il a été créé en novembre 1983. Il rassemble des équipes de recherche et formations doctorales des universités et grandes écoles, principalement de la région Ile-de-France travaillant, dans le domaine des sciences humaines et sociales, sur les thèmes de la mondialisation et du développement.

Ce groupement est interuniversitaire et pluridisciplinaire. Il publie des cahiers de recherche (31 numéros parus à ce jour) et des ouvrages (16 livres parus à ce jour) ; il organise des séminaires et colloques et aide à l'orientation des étudiants et chercheurs, français et étrangers, intéressés par ses domaines d'intervention.

Le GEMDEV travaille en étroite collaboration avec d'autres équipes, universitaires ou non, dans toute la France, tels le CERI, le CIRAD, l'IDDRI ou l'INRA, ainsi qu'avec des équipes étrangères du Nord comme du Sud et/ou des institutions et organisations internationales comme l'UNESCO, la Banque mondiale, l'OCDE ; il est membre de l'EADI[1] et coopère avec ses organisations partenaires[2]. Il coopère également régulièrement avec le ministère des Affaires étrangères français (programme Regards croisés France Mali, Programme de recherche urbaine pour le développement), le HCCI, Haut conseil de la coopération internationale, ou encore des ONG, comme Coordination Sud ou le GRET, etc.

GEMDEV, Centre Malher, 9 rue Malher, F-75181 Paris cedex 04, France
www.gemdev.org

---

1. Association européenne des instituts de recherche et de formation en matière de développement. Cet organisme dont le siège est à Bonn, rassemble des instituts et centres de toute l'Europe (PECO compris).
2. Tels le CLACSO, Conseil latino-américain pour les sciences sociales, dont le siège est à Buenos Aires ou le CODESRIA, Conseil pour le développement de la recherche en sciences sociales en Afrique, organisme panafricain dont le siège est à Dakar.

Sommaire

Introduction

En 1993, le GEMDEV, en publiant « L'état des savoirs sur le développement »[1] tentait de faire le point, discipline par discipline, sur l'approche des questions de développement par les chercheurs francophones en sciences humaines et sociales. Plus d'une décennie après, les recherches sur les questions de développement se sont poursuivies dans diverses directions, au GEMDEV comme ailleurs. S'il ne s'agit pas de domaines entièrement neufs, des thèmes nouveaux ont émergé, d'autres se sont affirmés ou sont redevenus d'actualité, telle la lutte contre la pauvreté, la décentralisation, le développement durable... Des termes, parfois oubliés, s'imposent, en partie par un effet de mode, qu'il s'agisse de gouvernance, de trappe à pauvreté.

Est-ce l'évolution des politiques qui a entraîné des changements dans les travaux des chercheurs ou l'inverse ? Si répondre à cette question ne semble pas essentiel, s'interroger en revanche sur les interrelations complexes qui existent entre la production des savoirs scientifiques et les politiques publiques apparaît une nécessité, tant analytique qu'opérationnelle, pour mettre à jour les dynamiques permettant de comprendre les choix des opérateurs, publics comme privés, et d'apprécier les marges de l'action politique.

Une actualisation de l'état des savoirs sur le développement s'impose donc au bout d'une période riche en travaux de toutes sortes, mais aussi d'inflexion des politiques de développement et de coopération qui marquent une nouvelle étape de la pensée sur le développement.

I – Les étapes de la pensée sur le développement

Depuis le lendemain de la seconde guerre mondiale, date à laquelle la réflexion sur le développement s'est constituée comme objet spécifique et singulier, de multiples courants vont construire les savoirs. La périodisation élaborée par Philippe Hugon en 1993 reste tout à fait éclairante.

---

[1] Cet ouvrage épuisé est disponible sur les sites de l'éditeur www.karthala.com et du GEMDEV, www.gemdev.org. Le texte intégral sur cd-rom peut être demandé au GEMDEV

Le temps de la construction (1945/1950-1960/1965) qui scande une première période de production scientifique imprime, dans le contexte spécifique des décolonisations, le débat théorique entre l'économie orthodoxe et les structuralistes. Puis le temps de la radicalisation (1960/1965-1975/1980), marqué par les affrontements idéologiques, sera suivi par le temps de la gestion (1975/1980-1990/1995) qui imposera l'ajustement structurel et des politiques économiques de court terme. Dans le prolongement de cette analyse, une quatrième étape, semble avoir approximativement démarré au milieu de la décennie quatre-vingt-dix. Elle peut être placée sous le double signe de la globalisation et de la normalisation des politiques de développement et de coopération ainsi que de savoirs aux contenus idéologiques dominants, dans un contexte de production diversifiée des connaissances, académiques ou non.

Alors que le mouvement de libéralisation des années 1980 se poursuivait, la pensée sur le développement a ainsi été prise dans la dynamique de la globalisation, au double niveau des politiques et des idées. Le consensus international sur la lutte contre la pauvreté (les Objectifs du Millénaire pour le Développement) a été formalisé en 1996, proposant ainsi une réorientation et un alignement des objectifs traditionnels des politiques de développement. La globalisation de la recherche s'est accélérée avec la mise en place d'un marché international de la recherche, conduisant à une certaine uniformisation du cadre de production des idées. Le développement durable s'est imposé comme une référence incontournable dans les négociations internationales.

Cette nouvelle phase correspond à la montée en puissance du rôle des organisations internationales dans la définition des normes et de cadres, communs à l'ensemble des pays, pour la mise en œuvre des programmes de développement. Une telle évolution ne peut que susciter une nouvelle réflexion sur les modalités de circulation des savoirs sur et pour le développement, dans le monde et dans les différentes aires régionales concernées.

II – Des savoirs multiples

Le développement n'est pas simplement un concept visant à définir les modalités d'un processus de changement téléologique. Pour évaluer ce que « développer » veut dire et comment le développement se produit, il faut remonter la généalogie du concept, et identifier non seulement les étapes de la pensée sur le développement mais aussi les espaces politiques et scientifiques dans lesquels elle se produit et les acteurs qui la portent comme autant de pièces que définissent leurs pratiques. Cela dès lors constitue un puzzle qu'il apparaît nécessaire de reconstruire en évoquant la notion de savoirs, au pluriel, sur le développement.

Actuellement, l'une des formes majeures de*s* « savoir*s* sur le développement » est liée à la conduite des politiques de coopération par les agents des pays du Nord, ce qui tend à favoriser la naissance de théories marquées par les expériences, les connaissances et l'approche culturelle qui est celle de leurs pays d'origine. Ces analyses, la plupart du temps occidentalo-centrées, sont marquées par les divers contextes nationaux de leur naissance. C'est ainsi qu'a pu être posée, dans le passé, la question de la singularité du savoir francophone sur le développement. Désormais, cette connaissance francophone peut apparaître comme marginalisée, en particulier du fait de sa langue de diffusion. Mais deux lignes d'évolutions sont remarquables.

D'une part, on observe aujourd'hui, au niveau de la mise en œuvre des savoirs, une absence apparente de spécificité qui semble à rechercher du côté de la politique française de coopération et de son alignement déclaré sur les objectifs internationaux (lutte contre la pauvreté, désendettement…). Ce fait, via la commande publique, conforte une tendance à la normalisation pour la recherche francophone.

D'autre part, il apparaît que les chercheurs francophones sont de plus en plus immergés dans une communauté scientifique internationale dans laquelle leurs savoirs se confrontent à ceux de leurs collègues du reste du monde. On note, cependant, que dans les travaux conduits en France, des thèmes tels que l'urbain, le rural, les biens publics, les questions relatives au développement durable, ont été plus particulièrement privilégiés. Cette confrontation des savoirs sur le développement est réalisée dans la langue centrale de communication qu'est devenu l'anglais, une pratique qui renforce la « dénationalisation » du savoir. Dans cette optique, il ne paraît pas utile de rechercher les spécificités des savoirs sur le développement dans la langue elle-même. En revanche, on assiste à des phénomènes de traduction et d'interprétation qui contribuent à fixer en français le sens de mots ou d'expressions, initialement formulés en anglais, lorsque ne sont pas tout simplement empruntés des vocables dans cette langue, comme si le sens était stabilisé. Cela contribue à brouiller la spécificité des savoirs francophones, autrefois reconnue, et à donner l'illusion d'une normalisation internationale plus simple qu'elle ne l'est de facto.

Il reste que l'on peut dresser aujourd'hui, en France, le constat d'un décalage certain entre une production de savoirs relativement diversifiée, qu'elle s'exprime en français ou en anglais, et une politique de coopération qui se normalise autour des thématiques internationales. Sur ce point, se pose dans l'hexagone le problème épineux de la relation entre la recherche, productrice de nouveaux savoirs, et la formulation des politiques de coopération et de développement dans un contexte de plus faible intégration de l'université dans le monde des décideurs que ce que l'on observe dans les mondes anglo-saxons. Les savoirs innovants jouissent d'une moindre reconnaissance et leur utilisation par les décideurs emprunte trop souvent le canal des réseaux d'influence et de connaissances.

Par ailleurs, en ce début de Millénaire, dans un monde marqué par une plus grande ouverture sur les discours (savants) et les pratiques (politiques) des autres, une question se présente toujours devant nous pour clarifier ce que « développer veut dire ». Il s'agit de savoir si les mondes non occidentaux, dont la présence grandit dans les institutions internationales et dans les communautés scientifiques, rallient, sur les concepts du développement, un certain universalisme, marqué par une domination post-coloniale, ou bien s'ils les contestent et sous quelles formes. Certes, la question de savoir si le développement est un champ scientifique universel ou spécifique à chaque territoire est un débat fort ancien. Mais, dans le contexte actuel, il semble devoir être repris avec plus de force encore afin d'intégrer des points de vue distincts sur les finalités du développement, sur les modalités de sa réalisation aussi bien qu'en termes de logiques institutionnelles ou d'organisations économiques ou sociales.

L'influence croissante des institutions internationales, la montée de l'idéologie libérale de type anglo-saxon, la croissance des marchés mondiaux, y compris dans le domaine de l'éducation, ont eu tendance à favoriser des théories et des politiques « prêtes à porter », à valeur prescriptive universelle. C'est au plan des transformations qu'elles induisent dans les paysages économiques, sociaux et politiques et dans les soubresauts qui accompagnent la mise en œuvre des politiques dites universelles que l'on comprend que de multiples différences doivent être prises en considération. Dès lors, il s'agit de montrer comment se construisent et se transforment les savoirs sur le développement, dans leurs différentes composantes, en fonction des modalités permettant leur émergence (commandes publiques, terrains de recherche, espaces de communication et de publication).

III – Les producteurs des savoirs

Les savoirs sur le développement sont produits par cinq groupes de producteurs, eux-mêmes non homogènes : les chercheurs, les administrations d'État, les organisations internationales, les ONG et les entreprises, les firmes multinationales et réseaux divers (chambres de commerce et d'industrie…). Les poids relatifs de ces groupes sont inégaux, quant à leur influence sur les politiques et l'opinion publique. Les jeux d'influence y sont nombreux et difficiles à déchiffrer. La nature de leurs interactions est l'objet même de recherches car elles pèsent singulièrement sur la construction des savoirs, sur leur circulation et sur leur mise en pratique.

Cependant, dans la phase actuelle de la pensée sur le développement, parmi les cinq groupes identifiés ci-dessus, un effet de domination apparaît : celui des organisations internationales et, en premier lieu, des institutions financières. Elles sont à l'origine, via leur puissance économique et les conférences internationales, de l'essentiel des prescriptions politiques, comme de l'identification et de la fixation des « bonnes pratiques » sources des conditionnalités imposées aux pays du Sud les moins puissants. Intellectuellement, elles s'appuient, principalement en économie, sur les approches libérales, ce qui renforce la domination intellectuelle de ces courants. Une certaine uniformisation du vocabulaire est constatée ce qui donne l'illusion d'un savoir partagé, alors que les contenus conceptuels peuvent être très différents. On citera pour exemple les concepts de société civile, de trappe à pauvreté, de bonne gouvernance et d'état de droit, dont les usages par des acteurs très différenciés (chercheurs, institutions, opérateurs économiques ou peuples autochtones) ne sauraient cacher l'inégalité des attentes.

Mais quelle part le savoir académique a-t-il dans la production des thématiques qui nourrissent les politiques publiques de coopération et de développement ? La réponse est très variable selon les questions et les domaines, il n'y a pas de relation univoque entre chercheurs, experts et décideurs, privés ou publics. Mais la recherche académique souffre, en termes de rapports de force, de la rivalité des diverses approches. La nécessité, pour les équipes, de financer leurs travaux et d'accéder au terrain les pousse à suivre des modes intellectuelles et à se glisser dans les approches souhaitées par les financeurs potentiels. Dès lors, certains courants de pensée sont marginalisés.

Les modalités de fonctionnement du monde académique, en matière de carrière, de publication, et d'accréditation tendent à renforcer ces phénomènes par les effets de domination des écoles les plus puissantes. Pour les francophones, comme pour les hispanisants et, a fortiori des langues moins répandues, la question de la langue de publication est dès lors posée pour d'évidentes questions d'audience.

Par ailleurs, le caractère fondamentalement interdisciplinaire d'un champ scientifique tel que celui du développement n'est que partiellement pris en considération dans le champ du politique comme dans le monde universitaire. C'est ainsi que les économistes ont marqué durablement le domaine du développement, même si l'économie du développement ne représente pas la face la plus visible, ou valorisée, de l'économie. Dans les autres disciplines, le développement occupe aussi une position singulière dans le champ des évaluations.

IV – Le poids des disciplines

Un des éléments des difficultés rencontrées dans le dialogue entre chercheurs et décideurs provient de l'ancrage disciplinaire des chercheurs. En effet, il est difficilement contestable, du point de vue de l'action, d'admettre que la complexité des mécanismes de développement et la diversité des situations des pays et régions imposent de les aborder sous leurs différentes facettes, donc dans une démarche interdisciplinaire. C'est là le comportement naturel des praticiens. Il l'est beaucoup moins pour les chercheurs où le risque de mono-disciplinarité de l'approche est élevé, tout particulièrement chez les économistes. Le poids des contraintes économiques et la force des institutions financières internationales ont conféré une certaine prééminence à la discipline économique, qui fournit l'essentiel des argumentaires chiffrés mobilisés dans les négociations internationales. Il semblerait cependant qu'elle tende à être, au moins partiellement, remise en cause, en raison de résultats indéterminés ou insuffisamment fondés comme le suggère un rapport d'évaluation de la recherche à la Banque mondiale réalisé en 2006.

Mais chaque discipline a connu durant ces vingt dernières années des évolutions significatives au regard tant de la définition de l'objet de ses recherches que du rapport qu'elle entretient avec le champ du politique. Ainsi, par exemple, l'anthropologie du développement ne constitue-t-elle pas, en France, un domaine de recherche doté d'une reconnaissance particulière alors même que les enseignants, les chercheurs et les étudiants se saisissent de l'objet « développement », soit pour critiquer la validité du concept dans une communauté particulière, soit pour étudier les effets des politiques de développement dans le champ social et culturel des groupes étudiés, ce qui les conduit à apprécier la question à un niveau plus général et parfois comparativement.

Il en va de même en science politique dans la mesure où le domaine du développement n'y est pas consacré comme sous discipline. Il est, de fait, absorbé par la politique comparée où sont abordées les questions relatives aux régimes politiques étrangers, notamment du Sud, à travers l'étude des politiques nationales et locales, des relations et politiques internationales et, plus généralement, la théorie politique lorsqu'elle prend en compte les problèmes généraux de la transformation globale des sociétés. Le chercheur en sciences politiques n'est reconnu comme spécialiste du développement que dans ses relations avec les partenaires engagés dans les actions de développement via sa participation aux enseignements professionnalisant consacrés à la coopération internationale et lors de sa participation à des recherches pluridisciplinaires.

Dans les cas où émergent des champs scientifiques, l'importance des frontières de disciplines, qui marquent tout chercheur, tend à s'effacer grâce à un travail commun sur une longue période. Ceci apparaît nettement dans le cas des travaux sur l'urbain, le rural, le foncier, l'environnement.

V – L'importance des choix méthodologiques

Mettre en lumière l'importance des questions méthodologiques est l'un des objectifs de cet ouvrage.

L'insuffisance des données statistiques relatives aux pays du Sud est souvent évoquée, ce qui conduit à souligner l'intérêt de la constitution de banques de données. Dès lors, les questions de mesure, de choix d'indicateurs, tant qualitatifs que quantitatifs, sont à remettre systématiquement en chantier.

En raison, en particulier, de leurs bases statistiques fragiles, se posent les questions de la fiabilité des tests utilisés, des résultats obtenus et du risque de généralisation abusive. L'utilisation privilégiée de certaines méthodes, de certains outils entraîne souvent un biais favorable à certaines conclusions politiques. La pression de l'agenda politique international, et la demande d'argumentaires quantifiés qui en découle auprès des chercheurs et experts participent à l'accroissement du recours à des données de simulation, au détriment des analyses empiriques, nécessairement conduites ex post. Cela est particulièrement net en économie où tend à se renforcer l'autonomisation de la théorie par rapport aux faits et réalités du terrain.

Ce constat invite donc à s'interroger sur les indicateurs ou modèles permettant de conclure à l'efficience de telle ou telle « bonne pratique », tout particulièrement celles prônées dans le cadre du consensus de Washington.

Une fois de plus apparaît la nécessité de différencier soigneusement le normatif et l'analytique, de distinguer diagnostic et connaissance et de préciser la dimension temporelle des analyses réalisées.

VI – Les questions abordées dans l'ouvrage

Dans le contexte de la globalisation qui semble aller de pair avec une forme de normalisation politique, nombre de questions, considérées comme nouvelles, apparaissent comme la reprise, sous un autre angle et parfois avec une terminologie nouvelle, de débats et même d'idées-forces formulées au début des études consacrées au développement par les pionniers des années 1950 et 1960 (les trappes à pauvreté...).

Le GEMDEV ne saurait prétendre, à partir des domaines de travail des équipes aux disciplines variées qu'il fédère, répondre seul à cette question du fait même de la complexité inhérente au concept de développement ainsi qu'à celle de la genèse des politiques. Mais, afin de contribuer à cette réflexion sur les relations entre savoirs et politiques, cet ouvrage aborde cette question à partir des domaines plus spécifiquement traités dans les recherches conduites au sein du GEMDEV. Chemin faisant, il s'efforce de retracer quelques apports essentiels des travaux de la période récente. Cet ouvrage ne constitue donc en rien un « survey », même des sujets abordés. Plus modestement, il mobilise les travaux que les auteurs jugent les plus aptes à mettre en lumière les évolutions majeures, tant théoriques que méthodologiques, qui ont caractérisé ces domaines depuis 1993. Il offre plusieurs perspectives sur des questions qui se présentent différemment selon qu'elles sont abordées par les outils méthodologiques et conceptuels de l'économie, de la science politique, de la géographie ou de l'anthropologie.

Le savoir sur le développement est mis en question dans la première partie de l'ouvrage qui souligne les défis posés par la globalisation des discours et des pratiques pour la production et la mobilisation des savoirs et pour l'élaboration des politiques de développement.

Dans le premier chapitre intitulé « États, savoirs et politiques de développement », Yves Viltard précise les spécificités des savoirs *sur* le développement, sommés d'être « utiles », *pour* le développement. Alors que la tendance à la globalisation des discours ne supprime pas le rôle des États dans la production des savoirs, la mise en discours et la mise en œuvre des thématiques du développement, un paradoxe apparaît. Comment imaginer une « coopération internationale fondée sur la connaissance », alors qu'il n'y a pas de savoir homogène sur ou pour le développement ? À travers les exemples anglais et hollandais, Yves Viltard montre comment la recherche sur le développement évolue pour revêtir l'apparence de savoirs « utiles », en se rapprochant des décideurs et de la « société civile », et en élaborant des politiques de communication perfectionnées. La focalisation des recherches sur quelques thèmes globaux (lutte contre la pauvreté, gouvernance,...) qui en découle n'en rend pas moins improbable (voire impossible) l'émergence d'une communauté épistémique, du fait aussi des spécificités des relations entre savoirs et politiques de développement.

Est-ce à dire que « la notion de développement » est obsolète ? Jean-Jacques Gabas répond négativement à cette question. Les débats anciens, fondateurs, restent d'actualité, et l'analyse « du processus endogène et cumulatif de long terme de progrès de la productivité » est un programme de recherche toujours ouvert, dès lors que l'on prend en compte le temps long de l'économique, du social et du politique, dans une approche pluridisciplinaire. Jean-Jacques Gabas souligne d'ailleurs que la période qui s'ouvre au milieu des années 1990, est un moment d'émergence d'approches novatrices en termes d'économie politique. Essentiellement critiques, ces travaux regroupent des analyses très diverses (école de la régulation, néo-institutionnalisme, économie politique internationale,...) traversées par de multiples controverses, et n'échappant pas toujours à une posture normative. La relecture de deux débats anciens, portant sur la relation ouverture-développement et sur la transition agricole montre l'intérêt de telles approches, qui insistent sur les coûts de transaction, les frictions, et la nécessité de prendre en compte les effets de distribution de l'ouverture et de la transition agricole. L'importance de la critique des sources dans ces deux débats conduit à insister sur la construction des données. Les acteurs bilatéraux et multilatéraux, prescripteurs de politiques dans les pays en développement selon une relation fondamentalement asymétrique, interviennent de plus en plus comme producteurs ou commanditaires de travaux de recherche. De ce fait une articulation équilibrée entre recherche et décision politique reste encore illusoire.

Peut-on alors parler d'une tendance à la normalisation du développement ? Vincent Géronimi pose la question à propos de l'économie du développement en soulignant les risques associés à la tendance à la domination de l'analyse néo-classique étendue, portée par la globalisation de la recherche et des politiques de développement. La perte de spécificité des politiques nationales de coopération, la mise en place d'un marché international de la recherche participent à la normalisation des thèmes (lutte contre la pauvreté et Objectifs de Développement du Millénaire) et méthodes de la recherche (modélisation et simulations), par le jeu de la commande administrative et de la reconnaissance par les publications internationales. À cet égard, le retour sur le devant de la scène internationale des notions fondatrices de *big push* et de trappes à pauvreté fait écho à leur réémergence dans les publications académiques au début des années 1990. Derrière la similitude de termes, de profondes divergences opposent pourtant les analyses anciennes, peu formalisées, aux nouvelles analyses des trappes à pauvreté et du *big push*. Les trappes à pauvreté sont aujourd'hui déclinées au niveau microéconomique, territorial, et indifféremment mobilisées pour les pays développés ou sous-développés. De plus, l'auteur montre le danger, associé au recours croissant à des modèles qui fournissent des données de simulation, qu'il y aurait à les substituer aux données de terrain et à prendre ainsi le risque de créer un véritable fossé entre travaux théoriques et travaux appliqués. L'analyse des trappes à pauvreté illustre bien la façon dont le politique saisit l'économique pour construire des argumentaires quantifiés, en oubliant parfois les données de terrain.

La notion de développement durable, étudiée par Géraldine Froger, semble échapper à ce type de critique. En effet, son émergence dans les discours internationaux est rythmée par les grandes réunions internationales, en fonction d'agendas politiques construits autour des menaces environnementales. Mais, derrière l'unanimisme apparent lié à la montée en puissance de la notion de développement durable dans les discours internationaux, se cachent pourtant des oppositions tranchées sur la signification de cette notion. Ainsi, Géraldine Froger identifie-t-elle quatre courants proposant des interprétations économiques parfois radicalement opposées de la prise en compte de la durabilité, essentiellement posée en termes de ressource environnementale (l'approche néo-classique, l'école de Londres, l'écologie profonde, et l'économie écologique). Comment la montée en puissance de la notion de développement durable au niveau international, qui se produit en parallèle aux débats internes et externes à ces quatre écoles, se traduit-elle par des politiques appliquées aux Sud ? L'auteure utilise le cas du déploiement du Plan d'Action Environnemental à Madagascar, pour souligner, à la fois, la domination de l'agenda international sur les politiques nationales, les effets de mode, et le bilan mitigé des actions parfois novatrices mises en œuvre. Finalement, les politiques de développement durable qui intègrent la dimension économique et sociale n'échappent évidemment pas aux difficultés rencontrées par les politiques de développement. Ces politiques de développement durable ont participé activement au mouvement vers une plus grande prise en compte des communautés locales, comme bénéficiaires et acteurs nouveaux des politiques. Mais ces communautés recouvrent, dans les politiques qui les ciblent ou/et les mobilisent, une extraordinaire diversité de groupes sociaux, renvoyant à autant de questionnements différents des pratiques politiques.

Ces « nouvelles pratiques politiques » sont étudiées par Irène Bellier à travers des communautés au statut particulier, regroupées sous l'expression de « peuples autochtones », expression qui a émergé dans le discours international au début des années 1970. Les politiques de développement, traditionnellement ancrées dans des États, ont pu se faire contre les peuples autochtones, définis par leur marginalité et leur statut de « dominés ». La mondialisation se traduit ici par un double processus, de reconnaissance des peuples autochtones comme acteurs sur la scène politique internationale, et en même temps de mise en danger de ces communautés par la confrontation directe avec les firmes multinationales autour, notamment, de la question de l'exploitation des ressources naturelles. La reconnaissance institutionnelle des peuples autochtones pose ainsi la question de leur place dans les politiques de développement, de leur participation dans les programmes de lutte contre la pauvreté et la marginalisation. Les visions des différents acteurs sont largement contradictoires, opposant la « simple » consultation (Banque mondiale) au « complexe » consentement (peuples autochtones), soulignant ainsi le décalage entre les discours et les pratiques. Le partenariat, thème de la seconde décennie consacrée aux peuples autochtones (2005-2015), présenté comme un dépassement de la simple participation, suppose l'égalité des moyens à disposition des partenaires. Dans le contexte actuel, la mise en avant du thème du partenariat semble pouvoir contribuer au maintien du décalage entre les discours et les pratiques.

La deuxième partie de l'ouvrage, s'efforce de montrer l'intérêt du dépassement des approches disciplinaires qui est effectif sur certaines thématiques comme le foncier, l'urbain ou le rural, mais plus difficile à mettre en œuvre sur d'autres thématiques telles que l'éducation ou l'intégration régionale alors que ces deux derniers champs scientifiques nécessiteraient comme les autres le croisement disciplinaire.

Étienne Le Roy propose de se tourner vers une approche des thématiques du développement en termes de champs scientifiques. Des sept éléments qui permettent de caractériser un champ scientifique, il convient d'insister sur la volonté des chercheurs de travailler ensemble, prêts à poser des questions, à accepter la complémentarité de leurs différences d'approches disciplinaires et travaillant en réseau. Selon cette approche, quatre champs de recherche sont emblématiques des modes de déploiement des champs scientifiques au cours des vingt dernières années. Ils concernent les politiques foncières en Afrique noire, l'analyse de l'espace urbain comme enjeu en Afrique de l'ouest, une nouvelle manière de lire le politique par le bas, et l'expérience au sein du GEMDEV. Chaque champ de recherche est analysé dans ses problématiques, son fonctionnement institutionnel et sa production scientifique, démontrant l'intérêt de l'analyse en termes de champs scientifiques pour ces thématiques. Dans tous les cas, sont mis en avant l'importance de l'incertitude, la complexité des situations, la prise en compte des jeux d'échelles spatiales et temporelles, l'importance des conflits et rapports de forces, le pluralisme culturel en opposition à l'universalisme réducteur.

C'est dans cette même approche méthodologique fondamentalement pluridisciplinaire que s'inscrivent Charles Goldblum et Annik Osmont qui explorent la ville comme objet de recherche scientifique dont l'articulation avec la pensée sur le développement s'inscrit dans une périodisation bien spécifique. Les recherches sur la ville au cours des années 1970 portent sur les mécanismes d'urbanisation, la prise en compte des transformations économiques telles que le sous-emploi, l'économie informelle, les zones précaires et illégales, mais aussi les revendications participatives. Toutes ces recherches marquent leurs spécificités dans le cas des pays en développement du fait de la croissance urbaine très rapide et des transformations sociales qui n'empruntent pas les trajectoires modélisées dans les pays industrialisés. La recherche urbaine française sera originale, dès les années 1980, de part les champs scientifiques retenus et les impulsions institutionnelles, plus ou moins fortes selon les moments. Les thématiques de recherches évolueront de la production de la ville, de l'habitat, de la croissance urbaine et des processus migratoires, vers une recherche urbaine pour le développement où seront questionnées la validité des transferts de modèles de coopération par la remise en question d'un seul mode d'intervention sur la ville ainsi que la prise en compte des logiques et des stratégies d'acteurs. L'expérience du Programme de recherche urbaine pour le développement (PRUD) illustre cette originalité. Mais ne faudrait-il pas aussi questionner cette uniformisation des mots de la ville, certains à fondements théoriques comme la citoyenneté, l'espace public, d'autres comme catégories d'analyses telles que la pauvreté, le genre ou bien d'autres encore à visée opératoire comme la décentralisation ou la gouvernance urbaine notamment ? Il convient donc de mettre en lumière les différences d'interprétation de ces mots selon les lieux et les moments.

Un bon exemple de ces différences est abordé par Frédéric Landy à propos de l'opposition ancienne entre rural et urbain. Désormais, la ruralité comme champ scientifique se déplace de la sphère agricole vers la sphère environnementale prenant en compte des relations complexes avec la ville ainsi que les phénomènes migratoires. La pluridisciplinarité s'impose pour aborder des champs scientifiques tels que la révolution doublement verte, la déforestation, les biens communs, le foncier voire le territoire. La ruralité nécessite une approche systémique montrant la complexité des relations entre les échelles spatiales, la prise en compte des variables naturelles, sociales et économiques par la maîtrise des Systèmes d'information géographique (SIG). Le développement, comme ensemble d'actions ayant les résultats escomptés, est remis en question. Il s'agit de construire une typologie des logiques de production paysannes très différentes selon les lieux et qui s'inscrivent dans des processus complexes de rapports au marché, de rapports à la mondialisation où les objectifs de maximisation de revenus s'accompagnent aussi de recherche d'autosuffisance. Dès lors, la construction des projets se fera par de multiples méthodes participatives afin de prendre en compte les savoirs ruraux et les besoins des bénéficiaires afin d'établir une démarche par le bas. Mais ces démarches laissent encore peu de place aux bénéficiaires comme acteurs et ne prennent que trop rarement en compte les relations de pouvoirs au niveau local. Plus généralement, se pose la question de la recherche sur les politiques publiques agricoles qui risquent elles-mêmes d'avoir une réhabilitation trop éphémère dans le contexte de la libéralisation.

Les changements dans les paradigmes du développement ainsi que dans ses représentations et ses implications politiques apparaissent aussi dans le domaine de l'éducation. Michel Vernières montre leurs différences selon les périodes. Les années 1950 se focalisent davantage sur la relation entre niveau d'éducation et niveau de croissance. Les années 1980, caractéristiques des ajustements structurels, réduisent les dépenses d'éducation considérées comme trop onéreuses et souvent inefficaces. Les années 2000 marquent une sorte de réhabilitation de l'éducation avec des approches sensiblement différentes comme les théories de la croissance endogène insistant sur l'accumulation de capital humain, les travaux davantage hétérodoxes des Nations unies sur le développement humain ou encore ceux réalisés au sein de l'école de la régulation. Les systèmes de formation varient en fonction des structures productives des pays car il n'y a pas de processus éducatifs universels. Dès lors, il y a un risque à privilégier la seule éducation primaire dans une économie mondiale, fondée sur la connaissance, qui impose que les pays, même les plus pauvres, se dotent de formations techniques et supérieures de qualité. Certes, compte tenu des ressources disponibles, des choix sont à effectuer. Se pose donc la question des indicateurs permettant de mesurer l'efficience et l'efficacité des différents systèmes éducatifs et de les comparer au niveau international. Ces systèmes de suivi contiennent en eux-mêmes d'importantes limites du fait des risques d'interprétations erronées et de la piètre qualité des informations statistiques disponibles permettant, notamment, de suivre les relations du système éducatif avec le marché du travail. D'autre part, si la réalité des systèmes éducatifs montre des situations hybrides mêlant interventions publiques et privées et recherchant de façon trop systématique une décentralisation de la gestion éducative, le risque est grand de voir les États, souvent encouragés par des bailleurs de fonds, se désengager des systèmes éducatifs.

Le thème de l'intégration régionale, analysé par Claire Mainguy, a lui aussi connu de nombreuses évolutions. Comme pour l'éducation, il s'agit d'un domaine ancien qui a jalonné la réflexion sur le développement avec plus ou moins d'intensité selon les périodes. La multilatéralisation des règles du commerce international participe à son retour sur le devant de la scène dans les années 1990. La conceptualisation des mécanismes d'intégration régionale reste éminemment complexe de par l'imbrication des enjeux sociaux, politiques, juridiques et économiques. Or, ce champ scientifique a paradoxalement été très largement instruit par les économistes. Certes plusieurs écoles de pensée relatives à l'intégration régionale se sont succédé au cours des cinquante dernières années prenant en compte les questions de coordination des acteurs, de coûts de transaction, d'imperfection des marchés, etc. Mais c'est la question de l'intégration commerciale au sein d'espaces formels ou informels qui a toujours été mise en avant tant dans la construction des savoirs que dans la mise en œuvre des politiques. Ce biais se retrouve avec limpidité dans la négociation des Accords de partenariat économique (APE), voulus par l'Union européenne. Cette normalisation des savoirs et des politiques d'appui à l'intégration, principalement commerciale, se retrouve dans le type de données mobilisées, la logique des modèles de simulation, mettant au second rang les liens beaucoup plus essentiels entre construction de ces APE et développement des pays d'Afrique, du Pacifique et des Caraïbes (ACP).

Chacune de ces questions est présentée par un chercheur qui travaille sur le champ du développement dans un esprit, celui du GEMDEV, d'ouverture à l'apport de toutes les disciplines qui en traitent. Malgré cet effort d'interdisciplinarité indispensable à l'appréhension du développement comme champ scientifique, chacune de ces contributions demeure marquée par la discipline d'appartenance de son auteur. Inévitablement, l'analyse de la relation entre savoirs et politiques, tentée dans ces chapitres, est donc sensible à ces différences disciplinaires. De ce fait, les points de convergence qui émergent de cet ouvrage n'en sont que plus significatifs.

États, savoirs et politiques de développement

Yves VILTARD
Centre de Recherche Politique de la Sorbonne
Université Paris 1

L'engagement de chercheurs et d'universitaires dans des programmes ayant à voir avec les problèmes du développement pose en soi la question, sinon de l'utilité, tout du moins de l'utilisation ou de l'influence de ces recherches sur les politiques publiques entreprises en matière de développement.

De façon plus réflexive, on peut aussi, dans une perspective comparative, suivant en cela des travaux similaires réalisés sur le même thème dans d'autres pays comme le Canada, les Pays-Bas ou la Grande Bretagne (Pestiau et Tait, 2004 ; O'Brian, 2001, 2005), étudier la perception que les chercheurs ont de l'influence de leurs travaux sur les politiques de développement bilatérales, et symétriquement celle de l'utilité que leur confèrent les décideurs.

Nous inscrivons notre réflexion dans le domaine des relations internationales en science politique, en affirmant - sans pour autant souscrire aux thèses réalistes- que les Etats ne sont pas fondamentalement dépossédés par la globalisation, de leur rôle dans la réception, la traduction, la mise en discours et la mise en œuvre des thématiques apparemment universelles dans le champ du développement[1]. Ainsi le consensus global de la fin des années 1990, autour de la lutte contre la pauvreté et des objectifs du millénaire pour le développement, ne peut-il être analysé dans sa construction et ses traductions sans prendre en compte le jeu des États.

[1] Voir dans le même sens, les travaux de Cohen (2003).

Mais c'est aussi le bénéfice scientifique principal de l'exercice que de le concevoir comme un questionnement épistémologique plus général sur ce qu'est la science aujourd'hui, sur la façon dont on la fait, sur les relations entre l'activité scientifique, le pouvoir et la société et comment on les pense à travers le cas du développement[2] (Latour, 1989 ; Gibbons et alii, 1994, 2001 ; Belin, 2003 ; Jasanoff, 2004). Sont en jeu autant l'idée que l'on se fait aujourd'hui du savoir ou des savoirs que celle que l'on se fait de l'art de gouverner.

L'anti-intellectualisme que les chercheurs prêtent aux décideurs et la méfiance de ceux-ci à l'égard d'une recherche aux applications jugées incertaines se résoudraient aujourd'hui dans la communauté du développement par l'adoption, dans des registres discursifs singuliers et relativement autonomes, de thématiques curieusement communes, qui trouvent leurs explications autant dans les transformations contemporaines de la science dans ses rapports à la politique et à la société que dans la transformation de la régulation politique qui se veut efficace, intelligente et participative (Commaille et Jobert, 1998). Nous voulons aussi saisir comment la relation entre savoirs et politiques de développement est mise en récit par les différents acteurs.

Nous partirons d'une remarque de Sheila Janasoff, chef de file à Harvard des études sur l'épistémologie des sciences et des technologies. Elle nous dit que le thème du progrès et, de fait, du développement connaît une adhésion particulièrement zélée chez « les gouvernements nationaux élus (si l'on veut les États), les organisations internationales et les fondations privées [par exemple, les Organisations non gouvernementales (ONG)], toutes institutions dont la mission est non seulement de faire le bien mais d'être vues comme faisant le bien dans le monde » et elle ajoute : « *L'usage instrumental de la science et de la technique vers des fins visibles – comme la vaccination contre la poliomyélite, la révolution verte ou la course à l'espace – a aidé les gouvernements à démontrer qu'ils peuvent reconnaître et résoudre les problèmes publics et le faire dans un sens qui satisfasse les valeurs démocratiques centrales de transparence et de responsabilité.* » (Jasanoff, 2002 ; Douglas, 1986). Sans qu'il y ait même besoin de discuter la question de la réalité du caractère démocratique des gouvernements en général, on admettra que la référence à la démocratie ou à la « bonne gouvernance » est un des principes auxquels le raisonnement même de l'auteur s'applique particulièrement bien, cela valant aussi bien pour les régimes autoritaires, ne pouvant manquer

---

[2] Bruno Latour a initié ce thème et les deux ouvrages dirigés par Michael Gibbons sont, entre autres, des références.

d'afficher leur adhésion à « la mission de faire le bien et d'être vus comme faisant le bien dans le monde ».

I – La diversité des thématiques du développement

Mais il existe néanmoins une caractéristique particulière aux politiques nationales et internationales s'inscrivant dans le domaine du développement, qui est à la fois leur éclectisme et l'étendue des questions prises en compte. Ce qui se traduit par une liste, en constante expansion, de thématiques dites du développement, absorbées au fil des années par les communautés nationales et internationales du Nord et du Sud – comprenant décideurs, agents publics internationaux, nationaux et locaux, praticiens spécialisés et experts de différents domaines, entrepreneurs et chercheurs.

Faut-il rappeler que les politiques de développement concernent aussi bien les questions de l'aide, de la lutte contre la pauvreté, de l'éducation, de la santé et plus particulièrement de la lutte contre le SIDA et les maladies endémiques, des nouvelles technologies de la communication, du maintien de la paix et de la résolution des conflits mais aussi les questions du genre, du développement durable rural et urbain, de la relation entre société civile, État et marché, que la globalisation, la bonne gouvernance, la traduction des problèmes en terme de capital économique, social ou culturel, la construction des capacités, la participation, la construction de l'État et la décentralisation, l'*empowerment* et la sécurité elle aussi déclinée dans de nombreuses variantes humaine et alimentaire, sans parler de la question des libertés et droits fondamentaux pouvant être associés aux droits économiques, sociaux et culturels.

Plus encore, les différentes thématiques ne sont jamais pensées et parlées isolément mais conjuguées entre elles à l'infini dans la construction des problèmes et des alternatives pris en compte par les différentes politiques dites de développement, nationales ou internationales[3].

Cet assemblage hétéroclite de thématiques forme un gigantesque patchwork de problèmes qui ont des historicités variées et que les États du Nord et du Sud actualisent au gré des conjonctures nationales et internationales en politiques de développement.

Les politiques en question se concrétisent, et c'est là le point essentiel, en une mosaïque composite formant des catalogues différenciés de *bonnes pratiques* qui vont porter la marque et la signature, former

---

[3] Voir à ce titre Angeles (2004)

l'identité des organisations internationales, des États et des ONG qui vont les dresser, montrant combien chacune de ces institutions se donne à voir dans le domaine du développement comme «*faisant le bien dans le monde*». Dans ce sens, en relations internationales, c'est une des caractéristiques actuelles des analyses de la politique étrangère, autant dans la recherche que chez les diplomates, que de distinguer, pour la privilégier, la défense des *valeurs*, dont les indicateurs principaux sont l'importance du budget consacré à l'aide au développement et les efforts faits dans le sens de la réalisation des objectifs de développement pour le Millénaire[4] (Naudet, 2006) qui devraient l'emporter ou guider celle des *intérêts* à travers la recherche de l'influence aussi bien des États, que des organisations internationales, et des ONG.[5] Ainsi deux chercheurs, dans un article récent, vont tenter de dresser pour ensuite en vérifier la pertinence et l'effectivité, un « modèle théorique canadien en matière d'aide au développement durable urbain » (Parenteau et Lavoie, 2005).

Les quatre sous-thèmes « Urbanisation durable, Développement durable, Bonne gouvernance, Mondialisation » sont décomposés en cinquante-six sous-thèmes, le thème du développement durable étant de façon conventionnelle décomposé en ses trois dimensions principales : « développement économique, développement social et développement environnemental » et cent-quarante-six dimensions, où l'on retrouve immanquablement l'ensemble des thématiques en vogue dans le milieu du développement à l'énumération fastidieuse.

Si le discours développementaliste se caractérise par l'énonciation répétitive, ritualisée et exhaustive des innombrables thématiques historiquement accumulées et internationalement validées en un indigeste millefeuille, chaque institution, internationale, étatique ou « non-gouvernementale » le personnalise en le composant à sa façon. Ainsi nos auteurs vont pouvoir identifier un modèle théorique canadien d'aide au développement à travers les différentes consignes ou *« bonnes pratiques »* énoncées dans les textes officiels du gouvernement, notamment en direction du secteur privé auquel est assigné le rôle privilégié en matière de coopération internationale. L'agencement particulier de ces «*bonnes pratiques*» constitue la composante philanthropique originale de la politique étrangère du Canada et participe ainsi à la production de l'identité nationale que le Canada offre au monde,

---

[4] Cette préoccupation pour *les valeurs* des internationalistes à comme correspondance dans les milieux du développement la thématique de l'*éthique*. Voir Naudet (2006).

[5] Cette orientation va s'affirmer avec une force particulière dans la formulation de la politique étrangère du Royaume Uni avec l'arrivée au pouvoir de Tony Blair et du New Labor en 1997. Voir, également, *Revue Internationale* (2006), Cooper Denoël (2004), Hill (2003) et Rouillé d'Orfeuil (2006).

même si les chercheurs ne manquent pas de montrer, dans une approche critique proprement universitaire, l'écart entre les intentions et les résultats sur le terrain, sinon de dévoiler les intérêts privilégiés par cette politique[6].

Mais la question centrale ici est celle de la nature des savoirs mobilisés, et de la part que la science et la recherche occupent dans la production et le maintien des innombrables thématiques mises en discours sinon en pratique dans l'énonciation des politiques nationales ou internationales du développement ?

II – Une recherche *sur* ou *pour* le développement ?

On peut paradoxalement soutenir que dans le domaine qui se présente comme étant celui du développement, le bourgeonnement et l'hétérogénéité des thématiques déclinées en « bonnes pratiques » par les acteurs qui se connaissent et se reconnaissent comme appartenant à la communauté du développement dans différentes institutions (internationales, nationales ou non gouvernementales) rendent forclose la possibilité d'un savoir homogène à prétention scientifique sur/pour le développement, mais constituent un ensemble de savoirs qui relèvent pour l'essentiel de la culture civique où ils donnent du sens à l'action, alors même que le thème de « la coopération internationale fondée sur la connaissance » forme aujourd'hui le paradigme central du dispositif discursif du développement (Banque mondiale, 1998-1999). On saisit toute l'originalité de ce paradoxe propre au domaine du développement, en nous rapportant à l'état de la réflexion menée aujourd'hui sur les relations entre science, expertise et décision politique[7].

Si, en s'appuyant sur les travaux de Bruno Latour (1999, 2001) sur la fabrique de la science, et les idées habituellement prêtées à Michel Foucault sur les relations entre pouvoir et savoir[8], les auteurs souscrivent assez généralement, dans une perspective historiciste, à la thèse constructiviste de la coproduction de « l'ordre savant et de l'ordre social » (Jasanoff, 2004), ils parlent bien d'une relation entre science et politique qui suppose une distinction entre ces deux domaines, et en conséquence, un inlassable travail de construction discursif, par les

[6] Voir sur ce thème, le classique d'Anderson (1983).

[7] Voir, notamment, à ce sujet Jasanoff (1990).

[8] Les auteurs américains s'inspirent d'un recueil de Michel Foucault traduit en anglais intitulé : *Power/Knowledge. Selected interviews and others writing 1972-1977*, Pantheon, 1980. Ce qui n'est pas sans poser des questions sur la réception de Michel Foucault et de la *French Theory* aux États-Unis. Voir sur ce point Viltard (2006).

différents acteurs et les chercheurs eux-mêmes, des frontières de la science[9]. En clair la « science » reste bien, dans ce cas, un objet pensable.

Ainsi, dans un domaine comme l'étude du climat, apparemment mieux circonscrit sur le plan scientifique que celui du développement, les auteurs ne peuvent un seul instant, dans leurs travaux, ignorer les dimensions sociales, économiques et politiques autant au plan international que local, qui ne peuvent simplement être comprises comme des variables indépendantes mais bien comme constitutives des problèmes de la discipline. Mais la « science des climats » n'en reste pas moins comprise comme une discipline, même si la distinction traditionnelle entre science de la nature et science humaine se trouve définitivement brouillée au bénéfice par exemple de la distinction de Bruno Latour entre humain et non-humain[10].

Dans un article représentatif de la façon dont les spécialistes du changement climatique pensent la discipline et sa relation à la formation des décisions politiques internationales et nationales, et qui en retour interroge la relation entre savoir et politique dans le domaine du développement, Clark Miller raconte l'histoire de la transformation de la science des climats vers une perception globale des phénomènes climatiques, effet entre autre chose d'une nouvelle vision imposée par la technologie des photos par satellite et son intégration dans une coproduction des politiques environnementales internationales globales de prévention des risques « naturels » et d'orientations universelles vers le développement durable avec la mise en place d'institutions internationales comme *l'Intergovernmental Panel on Climate Change* (*IPCC*) en 1988 par l'Assemblée générale de l'Organisation des Nations unies (ONU) (Miller *in* Jasanoff, 1995 : 46-66).

Ainsi, représentants des gouvernements et experts sont formellement associés dans l'élaboration de rapports de l'*IPCC* qui « matérialisent l'universalisation de la participation et font reposer sur celle-ci une rhétorique qui vise à garantir les proclamations implicites et explicites d'honnêteté, d'impartialité et d'objectivité des conclusions et recommandations[11] ».

Néanmoins, les pays du Sud vont très vite percevoir, au cours des 1990, les recommandations en question comme entraînant des charges financières et supposant la mobilisation de compétences hors de leur portée. Ils vont par ailleurs souligner le caractère inapproprié de celles-ci du fait de leur caractère trop global, ignorant les situations locales, les

---

[9] Voir (Gieryn *in* Jasanoff et alii, 1995).

[10] En témoigne la somme que constituent les quatre volumes édités par Steve Rayner et Elizabeth Malone (1998).

[11] *Ibid.* : 57.

considérer comme un habillage savant de politiques de domination des pays pauvres et dénoncer la monopolisation de l'expertise par les scientifiques des pays développés. Ceci va conduire à la mise en place en 1991 d'un forum de négociation politique (l'*International Negotiating Commitee*) sous les auspices de l'Assemblée générale de l'ONU, séparé du forum scientifique des experts demeurant organisés dans un groupe de travail distinct au sein de l'*IPCC* dont le fonctionnement est soumis aux règles scientifiques de contrôle par les pairs.

Tout convergeait donc à présent, après un mouvement de globalisation des problèmes et des politiques liées à la thèse du « changement climatique » associant intimement scientifiques et décideurs, vers une séparation renouvelée et institutionnalisée entre science et politique d'une part, et global et local d'autre part.

Le cas pratique inspire alors à l'auteur les remarques générales suivantes sur ce travail sans fin de réinvention, par les différents acteurs, des frontières entre science et politique : « *Les jugements scientifiques, nous le savons, englobent inévitablement des valeurs et des choix qui peuvent avoir d'importantes conséquences sociales et politiques. En même temps, le travail de consolidation de la frontière (boundary work) fixant les limites de l'autorité et de l'action scientifique et politique peut être une importante source de légitimité dans le contexte des politiques publiques, bien que le tracé des frontières implique inévitablement des négociations parmi les scientifiques, les responsables gouvernementaux, les citoyens et d'autres acteurs politiques. En appelant à largement comprendre science et politique comme des sphères distinctes d'activité sociale, le « boundary work » contribue à rendre conforme aux attentes prévalant en Occident quant à la nature de la gouvernance démocratique et de la recherche rationnelle, les formes et les processus à l'œuvre dans la fabrique des politiques publiques* »[12].

En clair, si l'hybridation et la coproduction de l'ordre savant et de l'ordre social, ainsi que la politisation de la science et la scientifisation du politique, peuvent apparaître au chercheur comme constitutives de la modernité, sinon de la postmodernité, la persistance ontologique des domaines de la science et du politique reste indispensable pour rendre possible ces phénomènes et constitue une ressource précieuse que mobilisent les acteurs dans des jeux discursifs, institutionnels et sociaux où se réactualise la question des limites entre les deux communautés savante et politique[13].

Pour penser le brouillage des frontières entre science et politique ou science et société, il faut bien avoir une idée de la science et du

---

[12] *Ibid.* : 59-60.

[13] On peut faire référence, ici, à l'article séminal de Caplan (1979).

politique qui demeurent sans doute au centre, comme le souligne l'auteur, de l'imaginaire occidental, et dont on n'est pas près de faire notre deuil[14] au moins pas sans y mettre le prix, comme en témoigne le recours dans les politiques de développement à la mobilisation d'arguments faisant un appel décisoire aux valeurs comprises comme les plus élevées et au civisme, et apparemment seules susceptibles de nous faire consentir, au moins verbalement et dans un mouvement inaugural, à ce sacrifice résumé dans l'usage de l'expression d'un savoir *pour* le développement et non simplement *sur* le développement.

On commence ici à entrevoir le retournement qu'opère le monde du développement dans sa façon de penser la relation entre savoir, politique et société.

Les politiques de développement rendraient moralement impératif de repenser la science et ses relations au politique et à la société. Ce serait alors un choix normatif et volontariste conforté par la mise en évidence, par la recherche, d'un mythe occidental de la science pure ayant permis de reconduire inlassablement la partition entre connaissance et société et dont on pourrait retracer la généalogie depuis le XVIe siècle (Shapin et Shaffer, 1985).

III – Penser le savoir pour le développement

Les spécialistes des sciences et des technologies cherchent à mieux comprendre comment l'on a produit des savoirs, dans une société particulière ancienne ou contemporaine, qui peuvent être un milieu singulier comme celui du savoir déployé par l'expertise devant les cours de justice, et plus généralement les modes de socialisation de la science dont l'histoire de la science du climat nous a donné une illustration. Leur démarche les conduit à questionner les régimes de possibilité d'apparition des savoirs et de leur progressive acceptabilité, contestation et normalisation dans différentes formations sociales, notamment en retraçant l'histoire de leur institutionnalisation, pouvant signifier sinon dans l'absolu leur pertinence, tout du moins leur aptitude à justifier, à donner du sens à travers l'élaboration et la mise en œuvre des politiques publiques nationales, notamment dans la fabrique des politiques sociales (Wagner et alii, 1991). La relation entre savoir, recherche et politiques publiques a été historiquement très variable, en fonction des contextes nationaux et des conjonctures politiques. Dans certains cas, la recherche en science sociale prend l'initiative en proposant ses services comme

---

[14] Voir la récente polémique menée par Sokal et Bricmont (1998) et Picador (1999).

dans les années 1950 aux États-Unis, lorsque le politologue Harold Lasswell (1951) considère que les sciences sociales, du fait de leur utilité sociale, doivent être pour une part mobilisées comme sciences du politique (*policy sciences*), notamment dans la lutte contre la pauvreté aux États-Unis, dans d'autres, de longue date, comme au Royaume Uni et aux Pays-Bas, les décideurs politiques et l'administration sont à l'origine de la définition active de politiques sectorielles de la science et de la recherche (*science policy*) supposées répondre aux différents besoins des politiques sociales[15]. On pourra alors distinguer les pays et les sociétés selon le modèle technocratique : ceux où la recherche non seulement affirme son autonomie mais revendique aussi sa prééminence dans la définition des problèmes sociaux, et ceux où les sciences sociales sont plus ou moins intégrées, notamment dans des services de la recherche au sein même de l'administration et soumises aux critères définis par celle-ci au nom d'impératifs politiques et sociaux (Wittrock *in* Wagner et alii, 1991). En France, la relation entre la recherche, le gouvernement et la société se distingue par son originalité en empruntant aux différents modèles, du fait à la fois de sa forte tradition bureaucratique et de la revendication d'autonomie des chercheurs liée à la prégnance initiale du marxisme dans les sciences sociales et la méfiance à l'égard des politiques de droite[16] (Spenlehauer, 1999).

Nous avons déjà entrevu la spécificité des politiques de développement du fait même du caractère civique, normatif et réflexif des discours sur le savoir *pour* le développement qui seul autorise une prétention verbale constamment renouvelée de remise en cause des frontières entre savoir, politique et société.

Le point focal, dans les politiques de développement, devient la crainte de savoirs et de pratiques coupés de la société, étrangers à la société, bafouant non seulement dans ce cas la démocratie mais plus encore inappropriés, voire intrinsèquement erronés, aveugles aux réalités anthropologiques, économiques et sociales des pays où les politiques sont déployées par les bailleurs de fonds internationaux ou dans des relations bilatérales d'aide au développement.

Le retournement, le contraste, tient au fait que les politiques de développement apparaissent avec le temps, autant aux chercheurs qu'aux acteurs, comme marquées par une sorte de tache, de souillure tenant en une perte d'authenticité, – cette authenticité que l'on prête aux savoirs lorsqu'on tend à les penser comme s'étant historiquement déployés de

[15] On en trouve un exemple récent dans le domaine de la lutte contre la pauvreté dans le monde. Voir Surr et alii (2002).

[16] Voir Spenlehauer (1999).

façon endogène dans un contexte culturel localisé plus ou moins identifié au cadre national.

Si la modernité nous impose de voir, dans la science et le déploiement des technologies dans les sociétés développées, des phénomènes fondamentalement et de part en part sociaux, (Bruno Latour) même si l'on en perçoit dans un même mouvement le prix à payer en termes d'ordonnancement, de disciplinarisation et de normalisation autant des savoirs que des sociétés (Michel Foucault), les savoirs et les politiques publiques internationales qui les consacrent dans le domaine du développement apparaissent alors comme ayant au mieux manqué leur objet par leur globalité, au pire comme étant sans objet, totalement dénués de pertinence pratique pour les sociétés du Sud, de par leur altérité radicale aux contextes, reproduisant souvent des préjugés tenaces sur ces sociétés (Jasanoff, 2002).

Ce ne seraient dans ce sens que de pitoyables ruses de l'esprit, masquant mal sous leur arrogance, l'imbécillité, la violence et la cruauté qui les apparenteraient aux « sciences » et aux politiques coloniales du XIXe siècle (Nandy, 1988). On donne comme exemple paradigmatique l'explication des progrès de la savane en Afrique de l'Ouest comme conséquence de la déforestation villageoise. Alors que cette vision « savante », canonique pendant et bien au-delà de la période coloniale et support intellectuel des politiques de lutte contre la déforestation, s'est révélé être une imputation totalement erronée, confortée par les préjugés touchant les populations locales pour leur ignorance supposée des problèmes environnementaux (Fairhead et Leach, 1996). On pourrait aussi y voir, de façon encore plus profonde, une manifestation de l'opprobre morale touchant traditionnellement les pauvres dans la plupart des sociétés, refoulée au cœur même des politiques des luttes contre la pauvreté.

La perception du caractère doublement exogène du savoir à la fois aux contextes et aux politiques de développement est alors devenue l'objet d'un questionnement central et obsédant dans le monde du développement, épousant en cela en bien des points les problématiques des anthropologues en y ajoutant une dimension « populiste » de plus en plus marquée[17]. Ainsi dans une geste symbolique forte, une chercheuse Frederique Apffel-Marglin va justifier son engagement « unique et définitif » dans une ONG péruvienne par une exigence impérative de « déprofessionalisation » du fait de « la faillite des disciplines académiques à produire un savoir pouvant contribuer à la créativité des communautés » (Apffel-Marglin, 2003).

---

[17] Voir Olivier de Sardan (1995).

On comprend mieux alors comment l'« exogénéité », si l'on peut employer ce barbarisme, le sentiment d'être « outsider », est le stigmate de l'univers du développement, qui conduit à trouver à partir d'un positionnement éthique et civique ostentatoire la raison, le principe d'une production discursive faisant de la volonté de réduire les fossés entre recherche, politiques et société un impératif catégorique pour tenter de sauver autant la recherche que les politiques d'une faillite annoncée au vu de la gravité des problèmes posés dans les sociétés du Sud et pour certains qui guetterait également celles du Nord. Il s'agirait de quelque chose comme une question de vie ou de mort pour la communauté internationale.

Les spécialistes de l'analyse des sciences et des technologies nous ont permis d'entrevoir la singularité du domaine du développement, en particulier l'originalité de son imaginaire fait d'une construction spécifique des rapports entre science, politique et société dominée par la culture civique déclinée à l'infini dans les volets coopération des politiques étrangères des États et les normes internationales propres aux régimes internationaux[18] ayant pour domaine le développement international, sous la forme de « bonnes pratiques ».

IV – Vers une recherche « utile »...

Selon les spécificités des contextes nationaux au Nord, les institutions de recherche « pour le développement » vont afficher, dans différents documents officiels, des stratégies vertueuses, visant, notamment dans les pays anglo-saxons, à contribuer au changement dans les politiques de développement et à « faire que ces politiques scientifiquement fondées (*evidence-based*) puissent mieux contribuer à réduire la pauvreté, alléger les souffrances et sauver des vies » (Court et alii, 2005). Une aussi noble mission implique que l'on ne lésine pas sur la tactique fondée essentiellement sur les technologies du marketing et de la communication.

Ainsi « *la recherche doit être en résonance avec les conceptions idéologiques des décideurs* [...], *reposer sur des évidences crédibles et communiquées par les moyens les plus appropriés. Aussi, chercheurs et décideurs doivent se trouver impliqués dans des réseaux et développer des chaînes de légitimité sur des politiques spécifiques* »[19]. Dans une

---

[18] Au sens donné à ce terme en relations internationales. Soit, « *Un ensemble de principes, de normes, de règles et de procédures de décisions autour desquelles les attentes des acteurs convergent dans un domaine donné* » (Krasne, 1983).

[19] *Ibid.* : 9-10.

brochure, parmi des dizaines d'autres, diffusée par le même institut, sous un titre encore plus explicite, « *Successful Communication* », il est dressé à l'intention des chercheurs un catalogue de techniques élémentaires de communication où il est affirmé, en introduction, que communiquer en « *contribuant à la formation de politiques scientifiquement fondées est crucial pour le développement* » [...] « *et pour construire une compréhension partagée qui puisse conduire au changement social et créer des espaces permettant à la voix des pauvres de se faire entendre* » (Hovland, 2005 : 1). Ici les intérêts stratégiques de la profession trouvent une légitimité toute particulière dans le populisme, ce qui suppose par ailleurs résolue la question de la valeur scientifique des travaux et des « certitudes » qui forment les croyances qui sont censées faire des chercheurs pour le développement une communauté apparemment homogène.

Dans cette même veine, on va aussi pouvoir mobiliser une argumentation résolument postmoderne autour de la « lutte contre la pauvreté » et faire, comme l'affirme une publication néerlandaise de la recherche pour le développement, « une recherche pour les pauvres (*pro-poor*) (Rawoo, 2001-2002) [20]». Le texte collectif, résolument propagandiste, et reprenant une doctrine répétée de publication en publication sous la forme de slogans, rend compte de l'orientation de l'institution et sa contribution à la politique étrangère des Pays-Bas en matière de développement en deux priorités inscrite à son agenda : « Faire que la recherche financée sur des fonds néerlandais réponde aux besoins du monde en développement et que les Pays-Bas aident à construire et à renforcer les capacités scientifiques et techniques des pays en développement ». Mais ici, l'argumentation est assez sophistiquée et représente bien le renversement spécifique à la communauté du développement que nous évoquions plus haut. Il est indiqué une adhésion volontariste à une théorie de la science comprise comme sociale. Il ne s'agit plus d'une analyse mais d'une rupture consciente avec une conception décrite comme traditionnelle de la production des savoirs.

On y oppose un mode 1, où le savoir est produit dans le contexte des intérêts académiques de communautés spécifiques organisées en disciplines formant des départements séparés ; dans chaque communauté le savoir est produit selon des paradigmes théoriques et méthodologiques dominants ; l'Université est le site traditionnel de la production des savoirs, à un mode 2 « interactif ». Dans le mode 1 la qualité est déterminée techniquement par les pairs ; dans le mode 2 qui représenterait le tournant souhaité, où le savoir « est produit dans le

---

[20] Le slogan : *Making development research pro-poor* a été repris du rapport de la Banque mondiale (2000).

contexte de son application à des problèmes concrets ; l'interdisciplinarité transcende les positions des partenaires en associant différentes disciplines et branches de savoir ; les perspectives se déplacent avec la compréhension des problèmes du fondamental vers l'appliqué, du théorique vers le pratique, de la curiosité vers la mission ; des sites multiples de production de savoir sont sollicités ensemble ou alternativement pour résoudre les problèmes ; l'évaluation de la qualité se mesure non seulement techniquement mais aussi en termes de pertinence et d'utilité dans la résolution des problèmes[21] »

On trouve là un discours à l'intersection entre culture bureaucratique, culture scientifique et culture civique mais plutôt orienté vers la question de la mise en œuvre des politiques et surdéterminé par la référence à « la lutte contre la pauvreté » impliquant « un déplacement vers le Sud », en « donnant la priorité aux savoirs locaux ». On doit encore insister sur le fait qu'un tel discours suppose apparemment une révolution qui impliquerait que les savoirs ne soient pas « sociaux et contextualisés » par nature – certes à différents degrés – dans les sociétés contemporaines comme le soutiennent pourtant les auteurs de « *The new production of knowledge : the dynamics of Science Research in Comtemporary Societies* » (Gibbons et alii, 1994) dont le document prétend expressément s'inspirer. De fait, la nécessité de combler la coupure entre savoir et société leur est largement dictée par la question tragique de l'« exogénéité » des savoirs et des politiques propres au contexte du développement, même si elle est au diapason des discours contemporains sur la gouvernance, l'expertise profane et les relations entre savoir et action dans une époque d'« incertitude[22] ». On comprend aussi qu'il n'y a pas, du fait de l'hétérogénéité vertigineuse des thématiques du développement, de place, du moins sous la forme d'une pétition de principe inlassablement renouvelée, pour une approche autre que pluridisciplinaire (Harris, 2002).

Mais aussi, dans une étude consacrée à l'« utilisation de la recherche pour le développement » publiée par la même institution, les relations entre chercheurs, décideurs et praticiens sont posées dans des termes bien plus classiques, même si la singularité du domaine du développement y inscrit sa marque par la préoccupation obsessionnelle et légitimante de l'utilisation et/ou la coproduction de la recherche par ses destinataires ultimes et « privilégiés », à savoirs les populations cibles – que l'on hésite à désigner comme « *users et/ou Stakeholder* » –des politiques de développement au Sud (Spaapen et Wamelink *in* Rawoo, 2001).

---

[21] *Ibid.* : 9.

[22] Voir sur ce thème, également, [Gibbons et alii (1994) et Callon et alii (2001)].

L'expression « utilisation de la recherche » trouve là un *revival* en donnant un nouveau cadrage à la question épistémologique des frontières de la science que les acteurs, dans le domaine du développement comme dans les autres régimes d'action publique nationaux et internationaux, nous l'avons vu plus haut avec le « changement climatique », peuvent mobiliser comme ressource stratégique, en fonction des contextes et au gré des conjonctures. Ce que verbalisent de façon lapidaire les auteurs de l'étude en pointant la redoutable question « *où commence l'usage et où la science finit-elle ?* ».[23]

Néanmoins, en posant positivement la question de l'« utilisation de la recherche » dans le cadre des politiques de développement à partir de leurs « véritables » usagers, à savoir les sociétés du Sud, les auteurs semblent avec confiance pouvoir éviter l'ouverture de la boîte de Pandore des usages politiques voire impérialistes de la science qui firent du thème de « l'utilisation de la science et de la recherche » un thème essentiellement traité dans une perspective critique dans la littérature savante à partir des années 1970 (Apffle-Marglin et alii, 1990). On doit rappeler que le débat ouvert par Charles Percy Snow en 1959 sur les « deux cultures » opposant culture scientifique et culture traditionnelle et humaniste, culture de l'intervention et de l'interprétation, qui plaidait d'ailleurs pour « *une civilisation technologique offrant en priorité ses avantages aux classes défavorisées et aux pays sous-développés* »[24] (Snow, 1959, 1963), n'est pas près de s'éteindre. Il est inlassablement actualisé, tant au plan académique (Caplan, 1979) que dans les mobilisations sociales des chercheurs, à travers les thèmes de l'autonomie de la recherche, des relations entre recherche fondamentale et recherche appliquée, reconduisant ainsi la question de la frontière entre science, politique et société. Le débat s'articule sans fin avec l'action des gouvernements qui ont conduit, notamment aux États-Unis depuis la seconde guerre mondiale et pendant la guerre froide, des politiques de recherche (*science policy*), autant dans les domaines des sciences dites « exactes » que « sociales » (Chomsky et alii, 1997 ; Wagner et Weiss, 1991) visant à renforcer les capacités du pays et soupçonnés de financer de façon plus ou moins sélective et prioritaire les programmes de recherche susceptibles de trouver une « utilisation » autant au plan stratégique et militaire, qu'économique ou social. En bref la crainte d'un embrigadement de la recherche dans une perspective – productiviste et

---

[23] *Ibid.* : 97.

[24] On remarquera au passage le caractère daté de la formule.

concurrentielle – institutionnalisée dans les bureaucraties vouées à « la recherche et au développement » sur le modèle de l'entreprise[25].

C'est donc en proposant dans le domaine du développement une conception morale et civique de la recherche reposant sur la demande – confondue avec les besoins des plus pauvres des pays du Sud – et la participation active de ces « *users/Stakeholders* », que l'on a pu légitimement redonner assez récemment une vision positive de « l'utilisation de la science » reposant sur l'idéal d'un modèle « *transdisciplinaire où la science conjointement avec d'autres formes d'expertise non-scientifique, s'efforce de résoudre les problèmes ; les utilisateurs étant partie prenante* » (Risse-Kappen, 1999). La science pouvait sembler alors perdre son ascendant supposé dans la résolution rationnelle des problèmes impliquant sa capacité à éclairer, avec plus ou moins de bonheur, les débats dans l'arène publique.

La malédiction de l'« exogénéité » et les efforts pour y pallier sont bien sûr le moteur de la réflexion sur le rôle de la science dans les politiques de développement et encouragent en permanence un approfondissement constant des formes participatives dans l'élaboration et la mise en œuvre des savoirs et des politiques sur le terrain. On va théoriser sur la « recherche participative et adaptative » où les savoirs locaux sont censés constituer la base même de la formation des programmes de recherche guidant les politiques et l'« *action research* » plus ambitieuses encore qui supposent une « *collaboration dans un partenariat entre théoriciens/chercheurs et praticiens centrée sur les contextes sociaux des comportements et la dynamique des situations dans lesquels les comportements s'accomplissent*[26] ».

Mais un curieux retournement va faire qu'en privilégiant dans la réflexion sur l'utilisation de la science, la relation entre science et société dans les politiques de développement, on va pouvoir envisager positivement, avec une sérénité inhabituelle depuis les années 1970, l'utilisation de la science et de la recherche « pour le développement » par les décideurs, bien évidemment avec un enthousiasme et dans des conditions variables en fonction des contextes nationaux. On va redécouvrir, dans les milieux du développement dans des pays comme les États-Unis, la Grande Bretagne ou les Pays-Bas, les travaux de Carol Weiss, (qui avait pris une part active à la fin des années 1960 dans le programme de « guerre contre la pauvreté » mené par l'administration

[25] Voir Denis *in* Jasanoff (2004), qui raconte l'histoire de la mise en place aux Etats-Unis de la *National Research Foundation* et de son initiateur V. Bush proposant dans les années 1950 avec un succès mitigé la notion de « *basic research* » répondant aux impératifs de la société.

[26] *Ibid.*: 102-103.

Johnson aux États-Unis), sur l'utilisation des sciences sociales dans l'élaboration des politiques publiques (Weiss, 1977, 1979).

Plus encore, lorsque le désastre de certaines politiques internationales de développement comme les politiques d'ajustement structurelles, va devenir une évidence pour la communauté du développement, les chercheurs, notamment dans les pays anglo-saxons, vont pouvoir s'autoriser à penser qu'il est de leur responsabilité de « dire la vérité au pouvoir », selon l'expression de Sheila Jasanoff pour « *soulager des souffrances et sauver des vies* ».

La question de l'utilisation de la recherche dans les politiques de développement peut alors prendre la tournure de la question de l'influence des travaux sur le développement dans les politiques nationales et internationales. L'enjeu affiché par certains devient la plus grande implication de la recherche dans l'élaboration et la mise en œuvre des politiques de développement afin de « *mieux guider le changement* » (Stone et alii, 2001). La science politique va pouvoir être mise à contribution, « utilisée », pour réaliser cet objectif. Ainsi, en Angleterre, l'*Overseas Development Institute* (*ODI*) va lancer un programme de recherche (le programme RAPID) avec le soutien du *Department For International Development* (*DFID*) en vue de mieux comprendre « les liens entre recherche et politique dans le domaine du développement international ». Même s'il est dit que les « chercheurs n'ont que leurs idées », de fait l'*ODI* définit « sa mission comme celle d'un « *Think-tank* », qui est d'inspirer, d'informer les politiques et les pratiques conduisant à la réduction de la pauvreté, à l'allégement des souffrances, à l'accès à des moyens d'existences décents dans les pays en développement » (Maxwell, 2005) en clair les *bonnes pratiques*, les normes ressassées *ad nauseam* sous la forme de slogans dans le milieu du développement international.

Ces slogans tout empreints de philanthropie et d'altruisme forment le cadre légitimant des objectifs, plus ou moins prioritaires, de la coopération et du développement international de l'agenda des différentes politiques étrangères des pays « riches ».

La science et la recherche semblent alors afficher des certitudes, être porteuses d'évidences qui ne demanderaient qu'à se faire entendre de ceux qui ont les moyens de leur réalisation par l'action publique. Ce positionnement stratégique de la recherche anglo-saxonne sur le développement constitue un retour, là où on pouvait apparemment le moins l'attendre de la vision de la science portée par les lumières. On peut y reconnaître le modèle d'« utilisation de la science » que Carol Weiss qualifie d'*enlightenment* dans sa classification. Les concepts et les théories scientifiques déployés dans la recherche sont supposés éclairer directement ou indirectement le processus d'élaboration des politiques, à la nuance près que les chercheurs ne souscrivent pas pour autant à la conception rationnelle et optimiste de progrès prêtée au philosophe des lumières. S'ils semblent rassérénés dans leurs certitudes, ils reconstruisent ainsi les frontières de la science en marquant principalement leur défiance à l'égard des décideurs, devenant les responsables désignés des échecs et des égarements dans la conduite des politiques de développement autant au plan international que national. Les chercheurs peuvent trouver sur ce terrain, à condition de donner le change en manifestant leur adhésion au credo développementaliste dans sa version participationniste contemporaine, l'appui des organisations de la « société civile ».

On peut voir dans cette orientation contemporaine de la recherche sa mutation en expertise (les experts étant par définition réputés savoir) qui tend à faire oublier la mauvaise réputation passée de cette dernière lorsqu'elle pouvait être entendue comme participant de la technocratie[27]. Les chercheurs/experts peuvent alors méditer sur les modalités du jeu subtil des influences les mieux à même de leur assurer l'écoute des décideurs.

V – Une « communauté épistémique » improbable

Ainsi Peter Haas, l'inventeur en relations internationales de la théorie des « communautés épistémiques » (Haas, 1989, 1992), peut, à partir d'un diagnostic peu encourageant où il constate que « *la science est peu directement convertible en politique et que le chemin de la vérité est au mieux une route circulaire* », « *la science* » étant « *suspecte car politiquement marquée* » et « *le pouvoir n'étant en rien intéressé par la science* », recommander aux scientifiques une stratégie internationale d'action collective. Pour lui, « *la science doit être développée de manière autoritaire, puis transmise aux politiciens par des commissionnaires responsables, les communautés épistémiques, regroupant les scientifiques de même opinion* » (Haas, 2004 : 46-49). Et de marteler, « *plus la science est autonome et indépendante du politique, plus son poids est grand* ». Il entend ici par « politique » : les politiques nationales et fonde alors ses espoirs dans les « *institutions internationales* » qui « *peuvent aider à produire et diffuser des informations en les « nettoyant », afin qu'elles ne paraissent plus douteuses aux utilisateurs potentiels qui craignent souvent leur contrôle par un pays*[28] ».

---

[27] Voir Thonig (1974).
[28] *Ibid.*: 48.

Cette confiance retrouvée dans la science grâce à l'action internationale des chercheurs/experts à travers les institutions et les régimes internationaux, trouve un écho dans l'étude du cas pratique des *Poverty Reduction Strategy Policies* (*PRSP*) présenté comme application de la méthodologie et des théories de l'*ODI* sur les conditions de la contribution de la recherche au changement dans les politiques internationales de développement (Christiansen et Hovland, 2005 : 51-78).

Ce mode de réassurance de la science par Peter Haas ne pouvait manquer de susciter un certain scepticisme. Tout d'abord, la possibilité même de l'existence de communautés épistémiques comprises comme un réseau international regroupant des « individus provenant de disciplines et de professions variés », censés partager les mêmes valeurs et les mêmes croyances reposant sur une rationalité partagée, supposant également des références communes quant au mode de validation des savoirs et impliqués dans une même entreprise politique centrée sur un ensemble de problèmes devant être traités pour le plus grand bien de l'humanité, semble à beaucoup peu crédible (Haas, 1992 : 3). C'est par trop oublier que la vie ordinaire dans le monde savant est aujourd'hui plus que jamais construite autour de rivalités et de polémiques entre écoles dont le nombre ne cesse de croître avec l'hyperspécialisation de la recherche scientifique. L'unité et l'indépendance d'un réseau informel pluridisciplinaire de chercheurs et de professionnels même rassemblés autour d'une cause, semblent peu réalistes et par trop ignorer le rôle des institutions sauf à participer d'un discours stratégique ne pouvant faire l'économie de penser la frontière et l'autonomie de la science aujourd'hui.

Dans ce sens, comme le souligne Sheila Jasanoff dans une perspective comparatiste, la théorie des communautés épistémiques prête une « *attention insuffisante aux rôles des États* » Jasanoff (1998 : 51). L'approche cognitive des politiques publiques ne peut sérieusement conduire à une réification du rôle des idées[29]. Pourtant, si nous ne pouvons que partager la remarque de l'auteur qui, en s'appuyant sur le cas pratique de la régulation de l'usage des *CFC,* affirme que « bien loin d'apparaître indépendamment et préalablement à l'émergence des accords internationaux les communautés épistémiques » si l'on tient à ce terme « ne peuvent se développer en dehors des complexes constellations de forces qui conduisent différents acteurs étatiques à adopter le même calendrier politique » (Jasanoff, 1996), les normes en matière de politiques de développement doivent moins aux contraintes internes dans

---

[29] On peut citer dans ce sens Muller (2005). Voir également la critique des communautés épistémiques de Risse-Kappen (1994).

la différentiation de leur incorporation dans les politiques étrangères des États. Par contre, si cette différentiation n'échappe pas pour autant au contexte étatique, elle participe principalement de la construction de l'identité nationale que les États prétendent offrir au reste du monde à travers les *bonnes pratiques* affichées dans leur politique étrangère en matière d'aide au développement.[30]

Plus encore, la politique étrangère d'un État peut jouer un rôle décisif dans l'adoption de normes internationales dans le domaine du développement, comme le montre l'influence du gouvernement et de l'expertise britanniques au sein des institutions financières internationales et plus particulièrement de la Banque mondiale dans l'adoption des *PRSP* en 1999. On dit même que c'est « au sein du *DFID* » que les experts britanniques ont conçu les *PRSP* en pensant à *« lier l'agenda du remboursement de la dette et celui de la réduction de la pauvreté »* (Christiansen et Hovland, 1999 : 59).

Dans une critique plus radicale, on peut aussi penser que les communautés épistémiques, « sont les instruments de la culture technologique à travers laquelle les États industriels les plus puissants imposent une vision particulière de la nature et de l'ordre politique au reste du monde » (Jasanoff, 1996). Dans ce cas, les communautés épistémiques devraient être comprises non comme des variables indépendantes, mais dépendantes.

Plus encore les évidences qui semblent les mieux partagées, comme celles contribuant à la formulation des *bonnes pratiques* dans le domaine du développement, sont sous-tendues par des perceptions rivales enracinées autant dans la science que la société. Il en va ainsi de la pauvreté, qui stigmatise et sanctifie à la fois ceux qu'elle touche, dans une tension insoluble, ce que les *bonnes pratiques* des politiques de lutte contre la pauvreté ne peuvent pas effacer (Douglas *in* Rao et Walton, 2004).

Pour conclure, dans une perspective institutionnelle, qui s'inspire de la théorie de la culture de l'anthropologue Mary Douglas, on pourrait toujours nuancer le rôle des États en remarquant que toute institution est traversée de tensions entre, nous dit-elle, quatre types de cultures, hiérarchique, individualiste, fataliste et dissidente, qui ordonnent des types différents d'organisation, de justification et de perception des relations sociales qui rivalisent en permanence dans l'élaboration et la contestation des politiques. Les politiques de développement n'échapperaient pas à ces tensions qui en font des enjeux de savoir autant au plan national qu'international.

---

[30] Voir McLeod (2002).

Bibliographie

Anderson B., *Imagined Communities*, Verso, 1983.
Angeles L., 2004, « New Issues, New Perspectives : Implications for International Development Studies », *Canadian Journal of Development Studies*, Vol. 25, n° 1.
Apffle-Margin F., 2003, « From Fieldwork to Mutual Learning : Working with PRATAC », *Environmental Values*, Vol. 11, n° 3.
Apffle-Marglin F. et alii (Eds.), 1990, *Dominating Knowledge. Development, Culture and Resistance*, Oxford University Press.
Banque mondiale, *Le savoir au service du développement*, Rapport 1998-1999.
Callon M., Lascoumes P., Barthe Y., 2001, *Agir dans l'incertain. Essai sur la démocratie technique*, Le Seuil.
Caplan N., 1979, « The two-Commmunities Theory and Knowledge Utilization », *American Behaviorial Scientist*, Vol. 22, n° 3.
Charles P., Snow, 1959, 1963, *The two cultures and the scientific revolution*, Cambridge University Press, 1959, (Tr. Fr., *Les deux cultures*, Jean-Jacques Pauvert, 1968).
Chomsky N. et alii, 1997, *The Cold War & the University*, The New Press.
Christiansen K., Hovland I., 2005, « The *PRSP* initiative : multilateral policy change and the role of research », *Bridging Research and Policy in Development*, ODI.
Cohen S., 2003, *La résistance des États. Les démocraties face aux défis de la mondialisation*, Seuil.
Commaille J., Jobert B. (Dirs.), 1998, *Les métamorphoses de la régulation politique*, L.G.D.J.
Cooper R., 2004, *La fracture des nations*, Denoël.
Court J., Hovland I., Young J., 2005, *Bridging Research and Policy in development*, ODI, ITDG publishing.
Denis M., 2004, « Reconstructing Sociotechnical Order: Vannevar Bush and US Science Policy » *in* Jasanoff S., *States of Knowledge*, Routledge.
DFID, *Debt Relief and Poverty Reduction: A UK submission to phase 2 of the HIPC Review*.
Douglas M., 1986, *How institutions think*, Syracuse University Press, (Traduction française: *Ainsi pensent les institutions*, Usher, 1989.)
Douglas M., 2004, « Traditionnal Culture – Let's Hear No More About It » *in* Rao V., Walton M., *Culture and Public Action*, Standford University Press.
Fairhead J., Leach M., « Rethinking the Forest-Savanna Mosaïc : Colonial Science and its Relics in West Africa » *in* Leach M., Means R.

(Eds.), 1996, *The Lie of the Land : Challenging Received Wisdom on the African Environment*, International African Institute.

Foucault M., 1980, *Power/Knowledge. Selected interviews and others writing 1972-1977*, Pantheon.

Gibbons M., Nowotny H., Scott P., 1994, *The new production of Knowledge : The Dynamics of Science and Research in contemporary Societies*, Sage.

Gibbons M., Nowotny H., Scott P., 2001, *Re-tinking science, Knowledge and the Public in an age of incertaincy*, Polity Press, (Traduction française: *Repenser la science*, Belin, 2003).

Gieryn T., 1995, « Boundaries of Science », *in* Jasanoff et alii (eds.), *Handbook of science and technology studies*, Sage.

Haas P., 1989, « Do regimes matter ? Epistemic communities and Mediterranean pollution control », *International Organization*, Vol. 46.

Haas P., 1992, « Epistemic communities and International policy coordination » introduction *in* Haas P. (Ed.), « Knowledge, Power, and International Policy Coordination », *International Organization*, Vol. 49, n° 1.

Haas P., 2004, « Le pouvoir et la vérité », *Courrier de la Planète*, n° 71 : 46-49.

Harris J., 2002, « The case for cross-Disciplinary Approaches in International Development », *World Development*, Vol. 30, n° 2.

Hill C., 2003, *The changing Politics of Foreign Policy*, Palgrave.

Hovland I., 2005, *Successful Communication. A Toolkit for Researchers and Civil Society Organisations*, Research and policy in development Programmes, ODI.

Janasoff S., 1996, « Science and Norms in Global Environmental Regimes » *in* Hampson F., Reppy J., *Earthly Goods*, Cornell University Press.

Jasanoff S. (Ed.), 2004, *States of Knowledge. The co-production of science and social order*, Routledge.

Jasanoff S., 1990, *The Fifth Branch : Science Advisers as Policymakers*, Harvard University Press.

Jasanoff S., 1998, « Science and decisionmaking » *in* Rayner S., Malone E., *Human choice and climate change*, Battelle Press.

Jasanoff S., 2002, « New Modernities : Reimagining Science, Technology and Development », *Environmental Values*, Vol. 11, n° 3.

Jasanoff S., 2004, « Ordering knowledge, ordering society » in Sheila Jasanoff (ed.), *States of Knowledge*, Routledge.

Krasner (Dir.), 1983, *International Regimes*, Cornell University Press.

La Revue Internationale et Stratégique, « Les fondements des politiques étrangères des pays européens », N° 61, Printemps 2006.

Lasswell H., 1951, « The policy Orientation », *in* Lerner D., Lasswell H., *The Policy Sciences*, Stanford University Press.
Latour B., 1989, *La science en action*, La découverte.
Latour B., 1999, *Pandora's hope. Essays on the Reality of Sciences Studies*, Harvard University Press, (Traduction française : *L'espoir de Pandore*, La découverte, 2001.)
Maxwell S., 2005, « Foreword » *in* Court J., Hovland I., Young J., *Bridging Research and Policy in Development*, ODI, ITDG Publishing.
McLeod A., 2002, « L'approche constructiviste de la politique étrangère » *in* Charillon F., *Politique Etrangère, nouveaux regards*, Presses de sciences politiques.
Miller C. A., 2004, « Climate science and the making of a global political order » *in* Jasanoff S. (Ed.), *States of Knowledge*, Routledge.
Muller P., 2005, « Esquisse d'une théorie du changement dans l'action publique. Structures, acteurs et cadres cognitifs », *RFSP*, Vol. 55, n° 1.
Nandy A. (Ed), 1988, *Science, Hegemony and Violence : A Requiem for Modernity*, United Nations University.
Narayan D. (Ed.), 2001, *Voices of the poor. Can Anyone Hear Us ?* (Tr. Fr. *La parole aux pauvres : Ecoutons-les*, BM, ESKA, 2001).
Naudet J-D., 2006, « Les ODM et l'aide de cinquième génération. Analyse de l'évolution des fondements éthiques de l'aide au développement », *Afrique Contemporaine*.
O'Brian D., 2005, « University-Governement Policy Linkages and the Knowledge-based Approach to international Development », *Canadian Journal of Development Studies*, Vol XXVI, n°1.
Olivier de Sardan J-P., 1995, *Anthropologie et Développement*, Karthala.
Parenteau R., Lavoie P., 2005, « Coopération internationale en gestion environnementale urbaine ; un modèle théorique canadien », *Canadian Journal of Development Studies*, Vol. XXVI, n° 3.
Pestiau C., Tait S., 2004, « Academic research and Development policy in Canada », *Canadian Journal of Development Studies*, Vol XXV, n° 1.
RAWOO, 2001-2002, *Making development research pro-poor*.
Rayner S., Malone E., 1998, *Human Choice & Climate change*, Battlle Press.
Risse-Kappen T., 1994, « Ideas do not float freely: Transnational Coalitions, domestic structures, and the end of the cold war », *International Organization*, Vol. 48, n° 2.
Rouillé d'Orfeuil H., 2006, *La diplomatie non gouvernementale. Les ONG peuvent-elles changer le monde ?,* Enjeux planète.
Shapin S., Shaffer S., 1985, *Leviathan and the air pump: Hobbes, Boyle and the experimental life*, Princeton University Press.

Sokal A., Bricmont J., 1998, *Fashionable Nonsense : Postmodern Intellectuals'abuse of Science*, New York, Picador, (Tr. Fr. *Imposture intellectuelle*, Odile Jacob, 1999.)

Spaapen J., Wamelink F., 2001, « Utilisation of research in north and south. A review of recent literature » *in* RAWOO, *Utilization of Research for Development Cooperation. Linking Knowledge Production to Development Policy and Practice*, Publication n° 21.

Spenlehauer V., 1999, « Intelligence gouvernementale et sciences sociales », *Politix*, n° 48.

Stone D., Maxwell S., Keating M., 2001, *Bridging Research and Policy*, an international Workshop funded by *DFID*, Warwick University.

Surr M. et alii, 2002, « Research for poverty reduction : DFID research policy paper », *DFID*.

Thonig J-C, 1974, *L'ère des technocrates*, L'Harmattan.

Viltard Y., 2006, « L'étrange carrière du concept foucaldien d'épistèmè en science politique. », *Raisons politiques*.

Wagner P., Weiss C. H., Wittrock B., Wollmann H., 1991, *Social Sciences and Modern States, National Experiences and Theorical Crossroads*, Cambridge University Press.

Weiss C. H., 1977, *Using Social Science Research in Public Policy Making*, Heath.

Weiss C. H., 1979, « The many meaning of research Utilization », *Public Administrative Review*, Vol. 29.

Wittrock B., 1991, « Social Knowledge and public policy : eight models of interaction », *in* Wagner P. et alii, *Social Sciences and Modern States*, Cambridge University Press.

La notion de « développement »

Jean-Jacques GABAS
AMETIS / CEI
Université Paris Sud

Le terme de développement est sujet à controverse aussi bien au sein du monde académique que du monde politique, mais encore et surtout parmi les citoyens qui vivent les parcours de leur société en étant plus ou moins « acteurs » selon les lieux, les périodes, les régimes politiques. Ce terme se trouve être effectivement au carrefour d'élaborations académiques, de savoirs d'experts, de savoirs issus de la société civile (associations, syndicats, ONG...). Il est si important et englobant qu'il est utilisé à de multiples fins aux contenus extrêmement variés. C'est en partie ce qui en fait une notion dans laquelle sont imbriquées ces multiples réflexions aux objectifs et aux statuts aussi différents.

Si tant est qu'il soit possible d'isoler une production académique sur ce concept de développement indépendamment de celle des autres lieux de production du savoir (cf. contribution de Yves Viltard dans cet ouvrage) et d'élaboration des politiques, ce terme est en fait soumis à une double pression le faisant osciller entre deux postures opposées et intenables : le réductionnisme et l'obsolescence. Le réductionnisme accorde à cette notion une signification unique et magique, consensuelle, donc simpliste et impossible. Cette approche réductionniste considère que développement et croissance économique sont des expressions synonymes traçant le parcours politique de la modernité de « nos » sociétés comme le passage obligé pour toute société.

Mais, dans les lieux multiples de production des savoirs (universités, centres de recherches, administrations, ONG, etc.) on cherche aussi dans le même temps à le rendre désuet et à lui substituer d'autres termes plus englobant comme le « développement durable » ou bien considérer que le développement est assimilable à la « lutte contre la pauvreté » voire la bonne gouvernance.

Du fait de ces lectures partielles[1], (un aspect de l'évolution des sociétés : l'éducation, l'environnement, la répartition de la richesse etc.) et partiales [souvent le fruit d'organisations internationales en quête de (re) légitimité] d'un processus de développement, on voudrait ne plus le voir exister dans l'ensemble des disciplines de sciences humaines et en sciences économiques en particulier. Que cette notion soit enfin mise au rang d'un terme que l'on retrouvera chez les historiens de la pensée, comme le symbole des échecs d'une pensée utopiste des années postérieures à la seconde guerre mondiale marquées par la reconstruction et les indépendances. Aborder les sociétés sous l'angle du développement serait donc obsolète. Cette obsolescence prendra une forme marquée dans le courant du refus du développement[2]. L'économie du développement n'aurait pas de statut scientifique, serait une discipline sans existence ; toutes les questions d'économie du développement seraient celles abordées par la science économique avec le fondement des choix rationnels de l'homo-economicus quels que soient les moments de l'Histoire et les lieux ; une fusion s'imposerait de l'économie du développement dans l'analyse économique des conditions supposées universelles de la « croissance économique ». Tous les penseurs et théoriciens depuis les « pionniers du développement » jusqu'à Joseph Stiglitz, Amartya Sen ou Douglas North se seraient-ils, ainsi, trompés pour avoir abordé l'évolution des sociétés en termes de développement ?

Cette contribution a pour objet de montrer que le concept de développement contient en lui-même une richesse analytique féconde s'il est utilisé en des termes non normatifs. Les multiples modèles explicatifs sont le fruit d'origines diverses : la recherche, des bureaux d'études, des responsables de la coopération en général, des décideurs politiques etc. Ces multiples modèles vont se superposer au fil des décennies, et l'on assiste paradoxalement depuis une dizaine d'années, à un glissement de la pensée sur le développement vers une absorption par une pensée unique

---

[1] Cf. les multiples conférences des Nations unies : Jomtien en 1990 sur le développement de l'éducation, Rio de Janeiro en 1992 sur l'environnement, le Caire en 1994 sur la population, Pékin en 1995 sur les femmes, Rome en 1996 sur la sécurité alimentaire etc. Le Comité d'Aide au Développement/OCDE approuve un rapport les 6-7 mai 1996, qui constituera les prémisses de la déclaration de septembre 2000 fixant les Objectifs du millénaire.

[2] Voir notamment les travaux de Serge Latouche, Gilbert Rist.

faite souvent de présupposés et d'a priori idéologiques, et d'une approche disciplinaire renforcée fondée sur une scientificité propre à la logique du raisonnement adoptée, elle-même non dénuée d'idéologie. Or, plusieurs approches d'économie politique du développement s'affirment depuis une dizaine d'années et construisent des pistes de réflexion au pouvoir explicatif fort.

I – Le développement et son objet : un débat ancien, toujours d'actualité

Étudier le développement d'une société c'est chercher à analyser un processus endogène et cumulatif de long terme de progrès de la productivité et de réduction affichée des inégalités. Ce processus doit permettre à un nombre croissant de personnes de passer d'une situation de précarité, de vulnérabilité (face à des aléas naturels ou économiques) et d'insécurité à une situation de plus grande maîtrise de l'incertitude, des instabilités et de satisfaction des besoins fondamentaux. Ces processus se construisent grâce à l'acquisition de droits, à la mise en œuvre d'organisations et d'institutions et grâce à l'existence de modes de régulation permettant de piloter des systèmes qui deviennent de plus en plus complexes de par la multiplicité des interdépendances et la gestion des flux informationnels notamment. Certes, donner une définition est déjà un choix normatif. Mais, la notion de développement est féconde dans son acception, prenant en compte le temps long des processus économiques, sociaux et politiques, sans projection sur l'Autre de sa propre Histoire, et résolument pluridisciplinaire. Aborder le développement d'une société selon ces multiples aspects est un projet scientifique ambitieux. Car, toute société quel que soit son implication dans la production technologique mondiale, quel que soit le moment de son histoire, est en évolution, en changement ; c'est cette dynamique d'ensemble qu'il s'agit de capter, que cette société soit classée dans le groupe des Pays les moins avancés (PMA), qu'il soit un pays membre de l'Organisation de coopération et de développement économiques (OCDE), voire un pays qualifié d'émergent etc. En conséquence, si l'analyse du développement, par définition, se doit d'être universelle pour toute société, celle-ci est amenée à spécifier les différences entre pays, les spécificités propres à chaque « espace » socio-économique. C'est justement l'originalité de cette réflexion mais aussi toute sa difficulté.

L'étude du développement ne se cantonne donc pas à construire un regard de chercheurs d'un pays sur un autre ou une prescription politique d'un État ou d'une organisation internationale vers un autre État, ce qui serait une vision occidentalo-centrée et normative. Toute société humaine qu'elle soit localisée « au Nord » comme « au Sud » est continuellement en changement, selon des rythmes variables. Le processus de développement ne peut être un processus achevé et ne concerner que des pays géographiquement spécifiés comme étant au « Sud ». En effet, toute société « industrielle » ou « post-industrielle » a connu et connaît elle-même des ruptures, des cycles d'activités, des remises en question de consensus sociaux et de formes d'organisation du pouvoir politique ; ces sociétés s'approprient à des rythmes qui sont les siens, des innovations technologiques majeures, sont confrontées à des questions de fonctionnement de la démocratie, à des formes d'organisation du pouvoir politique en continuelle évolution. Chacune de ces sociétés, connaît des moments de crise plus ou moins graves plus ou moins longs, des « moments » critiques… le plus souvent inattendus. Toute société humaine quelle qu'elle soit est en mouvement, et ce processus est intrinsèquement chaotique face à un devenir incertain[3] (North, 2005). Toute société humaine construit son propre chemin, son propre « parcours de développement »[4]. L'analyse du changement ne signifiant pas nécessairement un « développement » au sens d'atteindre certains objectifs. C'est le changement qui est la règle, pas l'inertie. D'autre part, si le développement ne peut être un stade abouti, il ne peut être non plus essentiellement fonction de dotations initiales et de l'adoption de certaines « bonnes politiques ». La réponse des économistes sur les dotations d'un pays en richesses naturelles est plus que nuancée. Un pays n'est pas riche naturellement, il peut le devenir par les politiques mises en œuvre, tout comme un pays aux ressources naturelles abondantes et donc potentiellement riche peut rester pauvre voire même s'appauvrir ; les exemples de « rentes appauvrissantes » étant multiples[5].

---

[3] La dimension incertitude est au cœur de l'analyse de Douglas North. Il s'agit de « *prendre en compte l'incertitude dans un monde non ergodique* ». Car l'hypothèse ergodique est par nature même anhistorique, l'ergodicité étant ce « *qui se rapporte à la probabilité qu'un état quelconque se reproduise, et spécialement à la probabilité zéro qu'un état quelconque ne se reproduise jamais* ».

[4] L'expression « parcours de développement » utilisée dans ce texte est liée à un programme de recherche comparatif et pluridisciplinaire initié par le GIS-GEMDEV au cours des années 2002-2003. Quelques travaux fondateurs spécifient le concept de « dépendance au sentier » sous-jacent à l'approche « parcours de développement » : North (op. cité), Mahoney (2001), Pierson P. (2000).

[5] Algérie, Nigeria, Gabon, Angola, Côte d'Ivoire, Birmanie, Liberia, Sierra Leone etc.

Le développement s'accompagne de l'acquisition de droits et en ce sens se construit sur cette acquisition. Ces droits acquis se manifestent par davantage de liberté de choix (cf. apports d'Amartya Sen), mais cette acquisition n'est pas une condition au développement ; elle se trouve intimement fondue dans l'idée même de développement. Un régime dictatorial, s'il peut être une condition effectivement réelle à l'augmentation de la richesse nationale ne génère pas pour autant de développement. Mais toute la question réside dans cette attitude qu'ont les *développeurs* d'ingénierie sociale et politique pensant proposer *simplement* un modèle de fonctionnement démocratique comme si une recette universelle pouvait exister, comme si un modèle unique pouvait être exporté. Or, ce modèle n'existe pas, sauf dans l'imaginaire du prescripteur de la « bonne politique » qui véhicule un universalisme de l'abstraction démocratique. Il suffit d'observer les sociétés dites développées et dites démocratiques (ce qui est vrai à juste titre en comparant avec d'autres dictatures ou oligarchies...) en continuelle *recherche* d'une démocratie délibérative devant s'articuler avec une démocratie représentative, où les tensions entre pouvoirs et sociétés civiles sont la règle. C'est justement le *processus* de construction qui est interpellé et non un état abouti comme étant déjà atteint dans nos démocraties, ce qui n'est pas le cas et ne le sera jamais. D'ailleurs, le débat sur l'Europe aboutissant au rejet du projet de constitution est significatif de cette continuelle recherche d'un espace de délibération, théorisé par Jürgen Habermas ou Pierre Rosanvallon. Tout comme les travaux sur l'espace public local finement analysé dans le cadre des travaux du GEMDEV (Leclerc-Olive, 2006). Dès lors, la démocratie ne peut être considérée comme une condition du développement ni voire même un stade ultime que pourrait atteindre les pays après une longue phase de croissance économique. L'acquisition de droits est intrinsèquement intégrée à un processus de développement.

Comprendre les dynamiques des sociétés avec, à chaque fois, un regard de la spécificité est une grammaire permettant de lire les parcours des sociétés, sans culturalisme[6], mais aussi sans épure a priori ; une certaine latitude existe, mais elle est exiguë. C'est tout l'enjeu des études

---

[6] Peut-on pour autant considérer que le développement soit une affaire uniquement interne aux pays (un processus endogène) et sans regard de l'Autre voire même sans un certain « droit » de regard ? Certainement pas. Il est des sujets qui font avancer le développement même s'ils bouleversent la « tradition » ; il en est ainsi de pratiques religieuses mutilantes (cf. S. Treillet) face auxquelles l'argument du culturalisme ne tient pas ; une société qui se développe prend en compte certes ses propres aspirations au nom de sa propre histoire mais devrait aussi prendre en compte les évolutions qui s'imposent comme normes « universalisables ».

de développement. Il n'existe pas de modèle de développement entendu comme référence obligée. Certes, des modèles théoriques existent mais il y a autant de parcours que de pays, autant de parcours que l'on peut observer dans les divers espaces économiques régionaux ou locaux qu'ils soient institutionnalisés ou non (Adelman, 2004). L'accumulation de capital, n'est peut-être pas la seule rationalité qui vaille, ni le seul objet du développement. Quels que soient les lieux, les moments, une séquence de développement est toujours complexe, toujours une sorte de « scandale » (Austruy, 1962). Les économistes hétérodoxes comme François Perroux, Albert Hirschman insisteront sur cette complexité, cette non-linéarité dans l'évolution des sociétés. Ultérieurement, les travaux d'Amartya Sen et Joseph Stiglitz donneront au développement toute sa complexité et sa dimension fondamentalement politique.

La question reste entière de savoir comment construire le diagnostic d'une économie en montrant justement ses spécificités, ses singularités dans son histoire, son parcours, sa destinée. C'est à ce stade que les indicateurs, les critères qu'ils soient quantitatifs ou qualitatifs sont à mobiliser. Il est certain qu'une discussion se construit autour de ces indicateurs, ces derniers ayant pour objet le plus souvent de montrer qu'un pays n'a pas atteint le niveau d'autres pays dits industrialisés. Les indicateurs simples (PIB, indicateurs sociaux d'accès aux soins de santé, à l'éducation etc.) ou synthétiques (IDH, ISDH, IPH etc.) permettent de construire des classes de pays, chacune de celles – ci ayant un traitement international spécifique en termes d'accès aux financements, de construction d'espaces de négociation commerciales etc. Ces indicateurs permettent aussi de spécifier la situation de certains pays qui se singularisent : pays dépendants de recettes d'exportation, pays dépendants d'une source de financement telle que l'aide publique au développement, pays insérés dans un tissu d'instabilités (prix des produits exportés et importés, recettes d'exportations…), pays dans une situation d'asymétrie internationale dans les négociations commerciales en particulier : ils vont être « classés » comme un PMA, un PRITI, un LICUS[7] etc. Ces indicateurs vont d'autre part être complétés par l'élaboration de « baromètres » de corruption et de bonne gouvernance. À un niveau davantage micro, des indicateurs de perception seront élaborés : perception de la pauvreté notamment. D'autre part, des enquêtes permettront de construire sur des bases plus ou moins pérennes des systèmes d'information caractérisant les situations (systèmes d'information sur les marchés céréaliers en Afrique sub-saharienne, systèmes d'alerte précoce, enquêtes agricoles, enquêtes industrielles etc.).

[7] PMA : Pays les moins avancés, PRITI : Pays à revenus intermédiaires de la tranche inférieure, LICUS : Low Income Countries Under Stress.

Ces indicateurs sont par définition, nécessaires[8] mais ne captent pas l'ensemble des facettes d'une société en développement, car cela est impossible. Non pas qu'un processus de développement soit une « boîte noire », mais simplement parce que ces indicateurs sont des indicateurs de résultats, essentiellement économiques et sociaux et ne reflètent pas la dynamique du développement[9] propre à chaque société. L'investigation s'impose justement afin de comprendre les processus de développement, les causalités, les comportements des acteurs, les rapports de pouvoir, les points de bifurcations créant des dépendances au sentier.

Plusieurs courants théoriques vont scander la réflexion sur le développement en proposant des analyses, des politiques publiques et des politiques de coopération, qualifiant à chaque fois les places respectives de l'État et du marché. Ces réflexions vont d'ailleurs se succéder sans réellement se substituer les unes aux autres (Hugon, 1993, 2006, op.cit.).

Les réflexions sur le développement des sociétés débutent par l'histoire de la meilleure manière d'accumuler du capital en gommant le plus souvent les rapports de domination qui se construisaient entre les sociétés nommées « en développement », en « retard de développement », en « voie de développement », en « essai de développement » et les sociétés dites « développées ». Le concept de développement est historiquement daté au lendemain de la seconde guerre mondiale[10], à la conjonction des processus de reconstruction en Europe et de l'affirmation des idées Keynésiennes sur le rôle central de l'État dans les processus de sortie de crise, tout comme son rôle dans la réduction des incertitudes ; la logique du développement étant celle de la généralisation des rapports marchands au sein de sociétés qui, certes, connaissaient l'échange mais aussi d'autres logiques où la production de biens et services était elle-même enchâssée dans une logique sociale constituée quant à elle de relations de parentés, relations communautaires, religieuses, etc. Dans les représentations des parcours de développement chez les décideurs politiques, se construit un très fort mimétisme entre ce que les sociétés du « Nord » ont vécu et ce que doivent vivre celles du « Sud ».

---

[8] Il s'agirait ici d'introduire le débat sur la qualité/fiabilité des données statistiques ainsi que leur degré de pertinence afin d'éclairer un processus de développement.

[9] Cf. Bellier (sld), « La mesure de la mondialisation », Cahiers du GEMDEV mars 2007, Paris.

[10] L'analyse des travaux d'économie du développement au cours des décennies 1950 à 2000 a fait l'objet de nombreuses publications. On citera en particulier : Hugon (1993, 2006), Vernières (1991), Stiglitz (2002).

Au cours de la période allant du lendemain de la seconde guerre mondiale au début des années 1960, plusieurs courants de pensée très différents vont coexister. Les approches plutôt orthodoxes que l'on peut illustrer avec des auteurs comme Whitman Rostow, Paul Rosenstein-Rodan ou A. Lewis. Leur approche consiste à scander les phases d'un développement économique, à considérer la transition agricole comme passage obligé de toute société à insister sur le rôle fondamental d'un processus d'accumulation et d'appropriation de technologies performantes, sources de gains de productivité. Des approches d'économie politique, hétérodoxes telles celles de François Perroux, Albert Hirschman ou encore Michal Kalecki, vont prendre en considération les asymétries de pouvoirs entre acteurs, introduisant les prémisses à un développement « humain ». Une réflexion s'instaure sur la nature des investissements, leurs séquences à la fois temporelle, intersectorielle, et les articulations entre investissements publics et privés afin de créer des externalités positives. Ces écoles ont en commun une certaine « planification » du développement.

Vers la fin des années 1960, l'école dite réformiste sur le développement considère que les effets bénéfiques sur la situation sociale des populations ne se réaliseront pas automatiquement (le fameux *trickle-down* tant recherché). Le concept de satisfaction des besoins fondamentaux (accès à l'eau, à la santé, à l'éducation, etc.), considère qu'il faut des interventions sociales directes, la croissance économique ne redistribuant pas automatiquement ses fruits pour une amélioration de la situation sociale des populations.

L'approche initiée par l'école dite de la dépendance à travers les travaux de la Commission économique pour l'Amérique latine (CEPAL) va marquer le mouvement tiers-mondiste. Les concepts de centre, de périphérie, de dégradation des termes de l'échange (travaux de Hans Singer, repris par A. Emmanuel, S. Amin, etc.) imprimeront une école proche des thèses marxistes.

Les années 1980-1995 vont scander une phase du développement dans une optique « court terme » ; la stabilisation économique ayant pour objet de réduire les déficits budgétaires et de balance des paiements s'accompagnera d'une politique de réformes structurelles (consensus de Washington entre les bailleurs de fonds bilatéraux et multilatéraux). Approche très macro-économiciste montrant l'inefficacité d'un développement centré sur un État omnipotent donnant au « tout marché » les vertus essentielles d'un développement harmonieux, par l'adoption de « bonnes politiques » ; bonnes politiques signifiant un déficit budgétaire réduit, une économie sans inflation et ouverte sur l'extérieur[11].

[11] Voir les travaux de Burnside et Dollar (2000).

Le milieu des années 1990 va marquer un certain infléchissement dans l'orthodoxie des politiques de développement et de coopération. En premier lieu, suite aux bilans mitigés de cette période de l'ajustement, une orientation davantage centrée sur la lutte contre la pauvreté va émerger. Dans le domaine académique, les travaux d'Amartya Sen et Joseph Stiglitz vont s'imposer dans le champ des savoirs sur le développement : complexité des phénomènes, accent fort sur les questions de coordination entre acteurs, sur la nécessaire prise en compte des coûts de transactions, et du temps long.

Certes, un objet et un projet scientifiques étaient beaucoup plus ambitieux et présents dans certains travaux des années 1960 chez les anthropologues tels Georges Balandier : que l'anthropologie économique et politique soit une grammaire permettant de lire une société qui nous est « étrangère », mais aussi nos propres sociétés. Construire des concepts, des outils de lecture qui permettent de décrypter les logiques présentes dans les sociétés dites primitives ou plus simplement différentes des nôtres, donne aussi des moyens d'interroger les tendances dans nos propres sociétés. Vaste projet scientifique, vaste projet politique et éthique, largement abandonné aujourd'hui. Pourtant, la lecture de Georges Balandier[12] est d'une actualité brûlante et nous renvoie à ce projet originel. Dans l'esprit de cette anthropologie économique, les études sur le développement ne sont pas désuètes ou obsolètes ; à l'inverse, elles devraient s'imposer à toute société. Les exemples sont trop nombreux pour les citer tous, mais les événements survenus dans les banlieues en France lors de l'automne 2005 sont des révélateurs d'un « mal développement », élaborer une politique publique de soutien à la recherche scientifique dans une certaine proportion du PIB est aussi un choix de « développement », tout comme réintroduire la multifonctionnalité dans l'agriculture.

---

[12] Parmi son imposante production scientifique citons, « Anthropologie politique », PUF, Paris 1962 et plus récemment, « Civilisés dit-on ? », PUF, Paris 2003.

II - Des approches novatrices en termes d'économie politique

À partir du milieu des années 1990 (assez difficile de dater avec précision, car fruit d'une conjonction de faits et de courants de pensées), on assiste à une remise en question des méthodes/modèles de développements adoptés au cours de la décennie précédente basée sur la réduction des déficits budgétaires et des balances des paiements[13]. L'ère du post-consensus de Washington semble en apparence se concentrer sur la réduction de la pauvreté et faire de l'existence d'un cadre stratégique de lutte contre la pauvreté, pour les pays bénéficiant de l'initiative PPTE, une condition à l'obtention de financements internationaux.

Plusieurs approches en termes d'économie politique internationale (Chavagneux, Coussy, 1998), d'économie géographique, d'économie institutionnelle, d'anthropologie, se sont affirmées dans le milieu académique, mais paradoxalement, elles ont eu beaucoup de difficultés à être reconnues par les décideurs politiques ou encore au sein même du monde académique, considérant que ces approches hétérodoxes n'avaient pas de légitimité scientifique. L'analyse de l'EADI sur l'accréditation des « development studies » dans le processus européen de Bologne est significative[14]. Aussi paradoxal que cela puisse paraître, alors que les modèles analytiques sur les parcours de développement sont de plus en plus fins et exposés dans leurs complexités, il semble que l'on assiste à une sorte de décalage entre la connaissance scientifique de ces mécanismes, non réducteurs à des mécanismes économicistes, et les actions collectives décidées par les États, les collectivités locales ou les bailleurs de fonds qui ne prennent pas en compte ce capital de connaissances (cf. Yves Viltard dans cet ouvrage), de même qu'un décalage entre la production scientifique et sa reconnaissance par les pairs. Cette non-reconnaissance se manifeste par la nature des publications, le profil des postes qui sont proposés dans les universités ou dans les centres de recherche.

---

13 Travaux notamment de Jean Coussy sur l'économie politique des conditionnalités et la mise en œuvre de ces politiques.

14 « Development studies, accreditation and EADI. A vision paper », Opshoor H., Forster J., Mönks J. 34p. octobre 2005, Bonn. Rapport disponible sur le site www.eadi.org. Le rapport développe notamment l'objet même de ces « development studies » en insistant sur la nécessaire approche multi et interdisciplinaire, l'analyse des changements sociétaux dans une perspective historique et comparative. Le rapport montre toute la spécificité de l'approche en termes de développement en insistant sur le fait que les objets de recherche (pauvreté, environnement, genre, développement durable, développement humain) sont des objets qui concernent aussi les pays industrialisés.

Il y a donc une approche qui s'impose : ce qui est scientifique est ce qui est quantifiable ! Sans que les constructeurs de modèles ne s'interrogent sur la fiabilité des données, la distinction entre données de simulation et données empiriques, les généralisations abusives à partir de panels peu représentatifs ou de corrélations excessives (cf. critiques de l'évaluation de la recherche à la Banque mondiale).

Cette période qui va du milieu des années 1990 à aujourd'hui se caractérise donc par des approches très diversifiées. Mais dans ce large spectre, certains courants se sont imposés par rapport à d'autres influençant ou légitimant scientifiquement la décision politique. Il en est ainsi de la vision très « économiciste » construite notamment à partir des modèles d'équilibre général calculable. La lecture du rapport récent d'évaluation de la recherche menée au sein de la Banque mondiale est à ce sujet très instructive[15]. Les évaluateurs considèrent que certaines techniques quantitatives ont été sur-utilisées, en particulier les modèles d'équilibre général calculable pour évaluer les impacts potentiels bénéfiques du cycle de Doha suite à la libéralisation commerciale. Les évaluateurs considèrent d'autre part que dans certains domaines, la méthodologie utilisée dans la recherche a été insuffisamment testée ou encore que les chercheurs n'ont pas suffisamment informé les utilisateurs de leurs résultats, des limites possibles de leur méthodologie. Les évaluateurs considèrent d'autre part que la recherche a été utilisée pour étayer le plaidoyer de la Banque mondiale, sans prêter suffisamment d'attention à la robustesse des résultats empiriques (en particulier, sur l'efficacité de l'aide, la réforme des retraites ainsi que l'impact de la croissance sur la pauvreté).

Un ensemble de travaux aborde de manière critique certains postulats du développement : l'ouverture commerciale et/ou financière aboutirait à une situation de gagnant-gagnant, la bonne gouvernance serait un fondement du développement et que la transition agricole se ferait de façon « harmonieuse ». Or, le fil directeur de bon nombre de travaux au cours de cette dernière décennie consiste à avancer l'idée que la coordination par le marché ne se fait pas sans institutions, sans construction de politiques publiques. Le courant de l'économie politique internationale insistera sur le rôle des acteurs privés et publics internationaux dans les parcours de développement des États (Coussy et Chavagneux, 1998 ; Gabas, 2000) et le processus de formulation des politiques publiques.

---

[15] Voir les travaux de Banerjee et alii (2006) sur l'évaluation de la recherche à la Banque mondiale, et la réponse de François Bourguignon, Chef économiste de la Banque mondiale.

La recherche pose la question du développement de plus en plus fréquemment en termes de gouvernance (prenant de la distance sur celui normatif de « bonne gouvernance ») ou gouvernementalité (Hermet, 2005 ; Le Meur, 2006) et de changement institutionnel au sens de changement des « règles du jeu » qui vont construire les institutions. Les études sur ce thème reconnaissent en particulier le rôle central joué par l'environnement institutionnel aussi bien « formel » qu'« informel » dans un processus de développement et le fonctionnement des systèmes économiques locaux[16]. Ces recherches insistent sur le pluralisme de ces règles, leur évolution, la manière dont celles-ci se construisent et forgent l'« espace public ». Sous l'influence, notamment, des travaux de Douglas North, (plusieurs courants de Williamson à North en passant par la théorie de la régulation etc.) l'analyse des dynamiques de pouvoirs de négociations des acteurs est privilégiée ainsi que les dynamiques politiques locales, du fait de la complexité des espaces qui se constituent mêlant acteurs publics et privés. L'analyse porte sur les modes de coordination, entre acteurs, sur la réduction des incertitudes, la prise en compte des coûts de transactions, l'évolution des stratégies des acteurs et des modes d'organisation au sein des filières et de leur impact sur la répartition de la valeur ajoutée entre acteurs des différentes filières[17], et sur la manière dont se construisent les compromis institutionnels au sein de ces filières (Egg et al., 2006).

Toutefois, il n'y a pas d'analyse consensuelle sur le concept même d'institution et la manière dont il est pris en compte dans les processus de développement. Si les travaux présentés ci-dessus illustrent une analyse des institutions et des organisations afin de diagnostiquer la construction des politiques publiques, aucune appréciation n'est donnée sur les institutions et leurs natures. Celles-ci ne sont ni bonnes, ni mauvaises ; elles existent et le chercheur se doit de les comprendre. Or, les travaux en particulier d'Acemoglu (2003) considèrent que les différences entre les pays en termes de croissance et de pauvreté s'expliqueraient par le fait

---

[16] On citera notamment les travaux menés au sein du Programme de recherche urbaine pour le développement (PRUD, initié par le GEMDEV et financé par le Ministère des Affaires étrangères), les réflexions du GEMDEV sur la gouvernance urbaine, les travaux de l'UMR MOISA de l'ENSAM-Montpellier, illustrant les orientations de recherche dans ce champ de convergence des disciplines de l'économie, de l'anthropologie, de la géographie et de la science politique notamment.

[17] Travaux d'évaluation du Ministère des Affaires étrangères, de l'Agence française de développement.

que certains pays sont dotés de « bonnes » institutions et d'autres pas[18]. Dès lors, la bonne institution comporte en elle-même trois caractéristiques : garantir le droit de propriété et donc favoriser l'investissement, construire des règles empêchant une appropriation des revenus par les politiciens ou les élites (en fait, éviter la corruption), enfin promouvoir l'égalité des chances encourageant de ce fait l'investissement dans le capital humain. Ces analyses norment à nouveau le regard sur une société, gommant de ce fait toute la complexité des droits de propriété, de la redistribution de la richesse etc.

La relation ouverture-développement

Les travaux montrant la relation très discutée entre ouverture et développement vont aussi caractériser la dernière décennie avec en particulier les conclusions réservées de Dany Rodrik (1999, 2003) sur les effets bénéfiques de l'ouverture commerciale des économies, lorsque celle-ci n'est pas « maîtrisée » par les États. D'autres travaux insisteront davantage sur les limites intrinsèques aux modèles utilisés (Bureau, 2006 ; Boussard, 2006), et proposeront d'autres modèles mais encore trop timidement entendus dans le débat international sur les négociations sur le commerce agricole. Ces travaux montreront aussi que les conclusions sont tirées à partir d'ensembles de pays souvent très hétérogènes comme dans le cas de l'Afrique sub-saharienne où les données sont trop peu détaillées et peu fiables. Mais ces travaux critiques montreront surtout que les équilibres nationaux ou internationaux obtenus « après » la mise en œuvre d'une politique de libéralisation ne se construisent pas « sans friction », c'est-à-dire sans coûts sociaux. Selon Bureau (2006), «… *ces modèles, même dans leur version dynamique, ne prennent pas en compte la totalité des difficultés à passer d'un équilibre à l'autre. Un modèle d'équilibre général calculable qui supposera par construction l'équilibre sur le marché de l'emploi intègrera mal les coûts de migration d'une main-d'œuvre agricole vers un autre secteur* ». Or ces coûts de transactions ainsi que ces coûts dus à la transition (générés par des temps d'adaptation élevés) entre ces deux états sont très souvent sous-estimés. Mais surtout, l'erreur vient de la signification des « gains de bien-être ». Si effectivement, les variations de bien-être viennent le plus souvent d'une baisse des prix à la consommation, alors le gain de bien-être agrégé signifie que les gagnants (par exemple, les consommateurs urbains)

---

[18] Ceci est dans la logique d'analyse de l'adoption de « bonnes politiques macro-économiques » (Dollar, Burnside, 2000) ou encore de la « bonne gouvernance »… Une « bonne politique » est celle qui dans le post consensus de Washington met la démocratie comme condition au développement. Là encore, il y a une ambiguïté sur les interprétations.

gagnent plus que ce que perdent les perdants (les producteurs agricoles notamment). Or, ce gain « réel » aurait lieu si les gagnants compensaient effectivement les perdants, ce qui est rarement le cas... Se pose donc la question de la redistribution de ces gains sur laquelle des travaux récents existent mais encore insuffisamment mis en œuvre car très coûteux en données statistiques (matrices de comptabilité sociales, enquêtes ménages etc., Bureau et al., 2006 : 14) et qui nécessitent d'importantes analyses afin de nourrir le débat politique tant interne à chaque pays qu'au niveau international.

D'autre part, des analyses moins macroéconomiques abordent les processus de libéralisation. Parmi une littérature abondante, on relèvera par exemple l'analyse du processus de libéralisation de deux filières (lait et haricot) au Costa Rica (Egg et al., 2006) en fonction de la capacité des organisations paysannes et professionnelles à influencer les politiques économiques (Rodrik, 2003). Dans ces études de cas, le processus de libéralisation est abordé à partir d'une grille de lecture du changement institutionnel proposé par Douglas North, mettant en évidence que les conditions de passage à un environnement libéralisé sont fonction de la spécificité des modes de gouvernance de chacune des filières.

La transition agricole : l'histoire ne se répète pas...

Plusieurs économistes vont réinvestir le débat sur l'agriculture et ses enjeux. Les travaux de Bruno Losch[19] remettent en perspective les principaux enjeux de l'agriculture dans un contexte plus général de développement ainsi que l'impact des politiques de libéralisation adoptées. Au niveau planétaire, plus de 1,3 milliards de personnes vivent de l'activité agricole, lesquelles se situent à plus de 90 % dans les pays en développement, pour représenter 40 % des actifs mondiaux, sachant qu'ils font vivre au total 2,5 milliards d'individus. On ne peut donc pas passer sous silence toute cette population. Dans ce contexte, l'analyse va porter sur les imperfections de marché, la mise en concurrence par l'ouverture des marchés et donc la difficile construction de la transition agricole. Si en théorie, la réaction à un prix est toujours positive lorsque l'on considère que toutes les conditions de concurrence pure et parfaite sont réunies, la réalité impose de prendre en compte l'imperfection des marchés et en particulier des marchés agricoles. Ces marchés se caractérisent par des coûts de transactions élevés, des problèmes

---

[19] Responsable d'un programme de recherche (2005-2007) « Ruralstruc » à la Banque mondiale sur les implications structurelles de la libéralisation sur l'agriculture. L'analyse comparative porte sur sept pays : Mexique, Nicaragua, Maroc, Sénégal, Mali, Kenya et Madagascar.

d'information, une absence d'accès au crédit pour les agricultures familiales en particulier, un manque de services publics (vulgarisation agricole, infrastructures, etc.) permettant à ces marchés d'être efficaces. Le deuxième aspect de la situation agricole concerne l'intégration croissante des firmes aux producteurs. C'est l'analyse de Thomas Reardon et Peter Timmer (op. cité, 2005) qui prennent en compte ce qu'ils appellent la « révolution des supermarchés ». Dans ce contexte d'intégration verticale sont dictés les normes, contrats et les coûts à ne pas dépasser. Il s'ensuit que bon nombre de producteurs agricoles familiaux ayant de petites exploitations sont de fait exclus de ce processus d'intégration. Une logique de différenciation accrue entre producteurs s'instaure alors, aboutissant à une segmentation de la production. Le troisième aspect porte sur la mise en concurrence entre deux types d'agriculture aux productivités diamétralement opposées (Mazoyer, 2001). Cette mise en concurrence accélérée est possible grâce à l'ouverture accrue des marchés. L'agriculture familiale est constituée de plus de 400 millions d'agriculteurs et l'agriculture intensive de moins de 30 millions d'agriculteurs. Comment ces agriculteurs peuvent-ils profiter de cette ouverture ?

N'y a-t-il pas un risque d'impasse de transition agricole (Berthelier, Lipchitz, 2005) pour les pays les moins avancés ainsi que les pays à revenus intermédiaires ayant une forte population agricole ? Leurs activités de production sont peu diversifiées, et dans le peu d'opportunités dont ils disposent, une cohorte de jeunes de 20 ans va sortir du monde rural en nombre croissant dans les 20 prochaines années. Le schéma observé des migrations internationales (souvent chaotiques et douloureuses pour les populations) entre le milieu du XIXe siècle jusqu'aux années 1930 a été possible car il y avait des espaces ouverts, en particulier les États-Unis, l'Argentine, le Brésil ou le Canada. Mais comme le répète souvent dans son argumentaire Bruno Losch en citant une réflexion de Paul Valéry, « *aujourd'hui, le monde est fini* ». Il s'ensuit que ce schéma considéré par plusieurs des analystes comme étant reproductible en ce début de XXIe siècle doit plutôt être reçu comme une « option de sortie par défaut ». En effet la migration considérée comme étant une solution de sortie de l'agriculture, associée aux transferts de fonds des migrants, est à analyser avec beaucoup de circonspection. Les transferts de revenus des migrants considérés comme une solution possible à un sous-développement, font l'objet d'une littérature critique abondante[20], les effets positifs étant le plus souvent des généralisations excessives à partir d'études très ciblées.

---

[20] Celle-ci se base sur le principe de la dépendance (dutch disease ou migrant syndrom) démontrant que les envois massifs de fonds placent les familles dans

Ces quelques exemples d'analyses critiques sur la prise en compte des institutions, l'ouverture comme condition essentielle du développement, la transition agricole comme vertueuse et sans frictions montrent que cette production de savoirs sur la complexité des processus de développement et des trajectoires empruntées par les États est réelle depuis plus d'une décennie. Toutefois, cette connaissance accumulée ne co-existe-t-elle pas avec les autres lieux de production des savoirs, en particulier celle émanant d'administrations (bilatérales ou multilatérales) chargées de la coopération pour le développement ?

Ces acteurs bilatéraux et multilatéraux jouent un rôle majeur dans les processus de développement des États ; ils construisent le plus souvent dans les pays les moins avancés de multiples politiques en matière de santé, d'agriculture, d'éducation, mais aussi au niveau macro-économique. Cette relation le plus souvent prescriptive n'existe pas avec les pays émergents. Mais cette relation dite de coopération reste fondamentalement asymétrique, car les ressources financières sont allouées par les coopérations selon des critères qui leur sont propres et variables selon les paradigmes, les événements géopolitiques, les enjeux de négociations internationales. Une dépendance se crée. De ce fait, une politique d'aide peut-elle être qualifiée de politique publique, au sens de choix construits dans un État ? La politique d'aide peut-elle laisser une marge d'autonomie du politique au sein des États ? Or, cette relation dite de coopération, considérée comme allant de soi pour un décollage et le passage d'une économie dite sous-développée à une économie dite développée, a fait l'objet de travaux critiques (Gabas, 2002, 2005, 2006). Mais la particularité de cette dernière décennie est que les travaux en matière de coopération sont produits par ces administrations ou encore commandées par ces administrations à quelques centres de recherches. Dans ces conditions, l'articulation recherche-décision politique souvent souhaitée par le politique n'est-elle pas un leurre ?

---

des situations de dépendance, favorisent la consommation plutôt que l'investissement et génèrent souvent une intensification dans les inégalités de revenus. Le courant de pensée actuel démontrant les effets positifs des transferts de migrants sur le développement est à resituer dans le contexte de comparaison abusive entre les flux d'aide publique au développement et ces revenus de travailleurs (*remittances*), ces derniers étant nettement supérieurs en volume à l'APD mondiale. La comparaison des deux grandeurs devant s'arrêter sur les volumes uniquement, car ce sont des flux de nature très différente.

Éléments de conclusion

L'idée de développement qui s'est détachée de celle de mise en valeur des colonies est effectivement née au lendemain de la seconde guerre mondiale d'une conjonction de faits historiques et d'idées. Le plan Marshall a, en particulier, joué un rôle très fort dans l'imaginaire politique de « l'économie monde » supposant :

- qu'un pays pouvait par des flux financiers à conditions douces en développer un autre (ce sont les politiques de coopération) ;
- qu'il était possible d'appliquer un même schéma de développement à tout pays car il y avait des passages obligés, des politiques incontournables.

Il est vrai que cette vision s'est elle-même nourrie des indépendances montantes, de la voix résonnante des non-alignés qui se forgeaient en contre-force sur la scène internationale, un contre-pouvoir mis dans l'arène de la guerre froide. La coopération s'est installée lors de la décolonisation et l'articulation s'est construite sur cette profonde ambiguïté historique ; les indépendances, « proclamées » dans la plupart des cas, n'ont été qu'un prolongement sous une autre forme du pouvoir exercé par les anciennes métropoles colonisatrices. Tous les anciens États colonisateurs sont restés dans des schémas relationnels économiques et politiques enkystés dans des relations étroites, figées. Pourtant, quelques pays au vu de plusieurs indicateurs ont « émergé », d'autres à l'inverse sont restés exclus d'une dynamique de développement.

Pourquoi ? Pourquoi certains pays ont-ils enregistré des niveaux de vie moyen croissants, une amélioration de leurs conditions sociales en termes d'accès à la santé, à l'éducation ? Pourquoi certains ont-ils réussi à construire des systèmes politiques permettant l'acquisition de droits, et des institutions relativement stables et pourquoi d'autres n'y sont-ils pas parvenus ? Les indicateurs « objectifs » sont-ils suffisants pour conclure à un développement et appréhender le processus en lui-même ? D'autre part, le développement serait fonction de l'adoption par les États de « bonnes politiques ». Mais, quelles sont ces « bonnes politiques » ? Qui les formule ? On reste sur un contenu de ces « bonnes politiques » très idéologique dont l'efficacité n'a pas toujours été démontrée. La « bonne politique macroéconomique » serait uniquement celle développée par la Banque mondiale (et entérinée par l'ensemble des bailleurs de fonds) dans le cadre du Consensus de Washington : déficit budgétaire réduit, ouverture commerciale forte, taux d'inflation maîtrisé. Pourquoi n'y aurait-il que cette seule politique à prodiguer, politique qui n'est pour la plupart des cas jamais appliquée dans les économies de l'OCDE notamment ? Les États eux-mêmes auxquels on prodigue de telles politiques n'auraient-ils pas les « ressources » institutionnelles pour construire leurs « propres » politiques ?

En contre point à ces approches, la prise en compte des institutions, la ré-interrogation de postulats comme les effets positifs de la libéralisation économique et financière, l'universalisme démocratique non comme un modèle unique mais un processus où les expériences seraient à partager[21] ouvrent un champ d'investigation beaucoup plus « fin », nécessitant davantage de données, évitant les généralisations abusives, analysant les jeux d'acteurs ainsi que la construction des règles (aux divers niveaux locaux, nationaux et internationaux), redéfinissant les concepts véhiculés comme ceux de « politiques publiques » en les sortant de leur évidence première et techniciste. C'est très certainement à ce prix que le concept de développement sortira de son enfermement historique.

Bibliographie

Acemoglu D., 2003, « Causes profondes de la pauvreté. Une perspective historique pour évaluer le rôle des institutions dans le développement économique », *in Revue Finances et Développement, FMI.*

Adelman I., 2002, « Les idées fausses de la théorie du développement et leurs implications pratiques », *in* Meier G., Stiglitz J., (eds.*), Aux frontières de l'économie du développement*, Washington : Banque mondiale, éditions Eska.

Austruy J., 1962, *Le scandale du développement*, Paris : Cujas.

Banerjee A., Deaton A., Lustig N., Rogoff K., 2006, « An Evaluation of World Bank Research , 1998-2005 », http://siteresources.worldbank.org/DEC/Resources

Berthelier P., Lipchitz A., 2005, « Quel rôle joue l'agriculture dans la croissance et le développement ? », *Revue Tiers-Monde*, XLVI (183) : 603-620.

---

[21] Pierre Rosanvallon dans une de ses leçons au Collège de France (2007) considère notamment, que l'universel devrait avoir comme ambition de comparer. Comparer les expériences démocratiques, les partager, insister sur les débats publics qui structurent les démocraties. Comment se résolvent les conflits ? Comment se construisent les prises de parole ? Un universalisme serait donc celui de la comparaison et non de l'imposition.

Bouët A., Bureau J.-C., Decreux Y., Jean S., 2004, « Agricultural Trade Liberalization: Its Ambiguous Consequences on Developing Countries ». *La Lettre du CEPII*, 236, Paris : CEPII.
Boussard J.-M., Gérard F., Piketty M.-G., 2005, *Libéraliser l'agriculture mondiale ? Théories, modèles et réalités*, Paris : CIRAD.
Bureau J.-C., Gohin A., 2006, *Les modèles d'analyse économique et leur utilisation pour les négociations commerciales sur l'agriculture*, Paris : document CEPII.
Burnside C., Dollar D., 2000, « Aid, policies and growth », *American economic review*.
Chavagneux C., Coussy J. (sldr), 1998, « Etudes d'économie politique internationale », *Economies et sociétés*, n° 4/1998, Grenoble : PUG.
Egg J., Bosc P.M., Maître d'Hotel E. 2006, « Organisations agricoles, changement institutionnel et gouvernance : le cas des filières lait et haricot face à l'entrée du Costa Rica à l'OMC », *Economies et Sociétés*, Série « Système agroalimentaire », A.G., n° 28, 5/2006, Grenoble : PUG : 613-630.
Gabas J.-J. (sld), 2005, *L'aide publique française au développement*, Paris : Les études, La documentation française.
Gabas J.-J., 2002, *Nord-Sud : l'impossible coopération ?* Paris : Presses de Sciences Po.
Gabas J.-J., 2006, « Coopération et aide au développement », *in* Charillon F. (ed.), *Les relations internationales*, Paris : Les notices de La documentation française.
Gabas J.-J., 2000, « L'économie politique de la coopération pour le développement », *Economies et Sociétés*, Série Relations économiques internationales, P, n° 35, 8/2000, Grenoble : PUG : 65-86.
Hermet G., Kazancigil A., Prud'homme J.-F. (eds) 2005, *La gouvernance. Un concept et ses applications*, Paris : CERI-Karthala.
Hugon P., 1993, « Les trois temps de la pensée francophone en économie », *in* Choquet C., Dollfus O., Le Roy E., Vernières M. (eds), *État des savoirs sur le développement. Trois décennies de sciences sociales en langue française*, Paris : Karthala-Gemdev.
Hugon P., 2006, « Peut-on parler d'une crise ou d'un renouveau de l'économie du développement durant la dernière décennie ? », *in Revue Tiers-Monde*, 187 : 591-619.
Le Meur P.Y., 2006, « Gouvernance et gouvernementalité », *Anthropologie de la gouvernance. Politique des ressources, dispositifs du développement et logiques d'acteurs*, HDR en anthropologie sociale et ethnologie, Paris : EHESS.
Leclerc-Olive M. (ed.), 2006, *Affaires locales,* Paris : Karthala.
Léonard E., Losch B., 2005, « L'insertion de l'agriculture mexicaine dans le marché nord-américain : changements structurels, mutations de l'action

publique et recompositions de l'économie rurale et régionale ». Colloque RINOS – CEIM UQAM, *Intégrations régionales et stratégies de développement,* Montréal.
Mahoney J., 2001, « Path-Dependent Explanations of Regime Change: Central America in Comparative Perspective », *Studies in Comparative International Development*, 36 (1): 111-141.
Mazoyer M., 2001, *Protecting small Farmers and the rural Poor in the context of Globalization*, Rome: FAO.
Meier G., Stiglitz J. (eds.), 2002, *Aux frontières de l'économie du développement* sld J. Stiglitz, Washington : Banque mondiale, éditions Eska.
Nicita A., 2004, « Who Benefited from Trade Liberalization in Mexico? Measuring the Effects on Household Welfare », *in* World Bank Policy Research Paper 3676, Washington DC : The World Bank.
North D., 2005, *Le processus du développement économique*, Paris : éditions d'Organisation.
Pierson P., 2000, « Increasing Returns, Path Dependence and the Study of Politics », *American political science review,* vol. 94, n° 2.
Reardon Th, Timmer P., 2005, « Transformation of Markets for Agricultural Output in Developing countries since 1950: how has thinking changed? » *in* Evenson R.E., Pingali P., and Schultz T.P. (eds), *Handbook of Agricultural Economics (volume 3): Agricultural Development: farmers, farm production and farm markets*, Washington.
Rodrik D., 1999, *The New Global Economy and Developing Countries: Making Openess Work*, Washington: Overseas Development Council.
Rodrik D., Subramanian A., 2003, « La primauté des institutions », *Finances et développement*, Washington : FMI.
Rosanvallon P., 2006, *La contre-démocratie : La politique à l'âge de la défiance,* Paris : Seuil.
Vernières M., 1991, *Economie des Tiers-Mondes*, Paris : Economica.

Le temps de la normalisation ?
Big Push et trappe à pauvreté

Vincent GERONIMI
C3ED UMR IRD-UVSQ n° 063
Université de Versailles Saint Quentin en Yvelines

Jusqu'au début des années 1990, l'économie du développement s'est inscrite dans une perspective plus hétérodoxe qu'orthodoxe (Assidon, 2000 ; Bardhan, 1992 ; Fontaine, 1993 ; Hugon, 1991 ; Meier et Stiglitz, 2002 ; Meier et Seers, 1984 ; Treillet, 2005). De par les spécificités de l'objet étudié, son caractère appliqué, l'économie du développement a été un lieu d'émergence de nouvelles questions que l'approche dominante[1] n'avait pas considérées. Ainsi, une partie importante des travaux des pionniers du développement est restée en rupture avec les postulats de l'analyse néo-classique étendue.

Historiquement, la pensée francophone du développement appartient à cette perspective plutôt hétérodoxe en privilégiant l'analyse de caractéristiques des pays en développement qui restent rétives à une intégration dans l'analyse dominante[2]. Cette orientation hétérodoxe s'est affaiblie depuis le début des années 1990.

---

[1] L'approche dominante ou orthodoxie recouvre ici la théorie néo-classique étendue, basée principalement sur trois notions: le marché, l'équilibre et la rationalité individuelle étendue à l'analyse des institutions.

[2] « *...spécificité des relations Nord/Sud, des régimes d'accumulation, des modèles organisationnels au sein des Tiers-Nations et des transformations de long terme qu'implique le développement.* » (Hugon 1993 : 63).

Les critiques néo-structuralistes (Taylor, 1983 ; Van Wijnbergen, 1986) des années 1980 n'ont plus qu'un écho très affaibli[3], l'école de la régulation (Boyer, 2001, 2005) oublie les Pays les moins avancés (PMA) dans ses analyses[4], et les travaux des néo-institutionnalistes se situent à un point de bifurcation entre orthodoxie et hétérodoxie (Stiglitz, 2003 ; North, 2006)[5].

Ainsi, dix ans après, les trois temps de la pensée francophone du développement identifiés par Philippe Hugon en 1993 [temps de la construction, temps de la radicalisation et temps de la gestion, (Hugon, 1993)] pourraient être complétés de façon un peu caricaturale par un quatrième temps résumant les évolutions de l'économie du développement depuis 1990, le temps de la globalisation et de la normalisation.

Sur cette dernière période, un double mouvement qui a brouillé les frontières antérieures entre les écoles et les disciplines a traversé l'économie du développement. D'un côté, les travaux théoriques se sont multipliés autour des questions et hypothèses « traditionnelles » de cette discipline, avec la prise en compte dans une approche orthodoxe « étendue » de mécanismes et caractéristiques que les pionniers du développement avaient mis en exergue plus de trente ans auparavant. De l'autre, un consensus politique a émergé au niveau international autour de l'objectif de lutte contre la pauvreté, premier des huit objectifs du Millénaire pour le développement (OMD). De ce consensus sur la finalité des flux d'aide au développement s'est dégagé un débat sur les moyens à mettre en œuvre pour leur réalisation. Celui-ci se décline selon la dimension de la qualité (efficacité, sélectivité) et de la quantité d'aide nécessaire à l'atteinte des objectifs. C'est à l'occasion de ce dernier débat, que les notions de trappe à pauvreté et de *big Push* sont revenues sur le devant de la scène. Ce double mouvement théorique et politique se traduit par une tendance à l'atténuation des spécificités de l'économie du développement, qui rentrerait ainsi « dans le rang » du courant dominant

[3] Le manuel « Development Macroeconomics » (Agénor et Montiel, 1999) en s'inscrivant dans un courant de la synthèse entre monétaristes et néo-structuralistes illustre cette atténuation des principales caractéristiques de l'approche néo-structuraliste.

[4] Il faut remonter à l'ouvrage de Carlos Ominami en 1986 pour trouver une analyse en termes de régulation (régime rentier) des économies les moins avancées.

[5] L'enjeu en est la conservation ou non de l'hypothèse de rationalité des agents, et l'utilisation du principe d'efficacité.

aussi bien du point de vue théorique que des recommandations de politique économique[6].

Dans ce mouvement de normalisation, la ré-émergence des notions fondatrices de *big Push*[7] et de trappe à pauvreté des années pionnières allant de Paul Rosenstein-Rodan (1943) à Albert Hirschman (1958) dans les travaux économiques contemporains est particulièrement significative (Krugman, 1993 ; Sachs, 2004). Derrière une similitude de termes, de profondes divergences opposent pourtant les analyses initiales aux analyses contemporaines qui s'en réclament.

Cette tendance à la normalisation peut être saisie à trois niveaux, celui des politiques de coopération, de l'évolution des modes de production et de validation des savoirs scientifiques, et enfin des changements dans le positionnement de l'économie du développement vis-à-vis de la discipline économique dans son ensemble (première partie).

Une telle évolution est préoccupante car elle se fait au prix de la perte d'une certaine diversité et complexité d'analyse, et de l'abandon de thématiques importantes... Elle ramène à la question de « *la valeur scientifique des travaux et des « certitudes » qui forment les croyances qui sont censées faire des chercheurs pour le développement une communauté apparemment homogène* » (Viltard dans cet ouvrage). Au-delà, c'est le recours aux tests empiriques, le statut de la preuve, qui est questionné par le recours croissant à des données de simulation issues de modèles théoriques. La mise en perspective de la nouvelle littérature sur les trappes à pauvreté et le *big Push* permet de montrer les limites de cette évolution (deuxième partie).

---

[6] Dans le même temps, plusieurs critiques des politiques de développement centrées autour de la Banque mondiale notamment ont été regroupées sous la dénomination de « post-ajustement ». Elles ont finalement nourri le courant de l'anti-développement, en rupture complète avec l'analyse économique du développement (cf. Treillet 2005).

[7] Que l'on peut traduire par « grande poussée ». L'initiative Gordon Brown (*International Finance Facility*), la taxe sur les billets d'avion (rapport Landau, 2004) s'inscrivent dans cette dynamique.

I – Politique de coopération, savoirs scientifiques et économie du développement en France

Les effets de la tendance à la normalisation dans le domaine de l'économie du développement peuvent être saisis à de multiples niveaux. L'alignement des thématiques prioritaires de la coopération française sur les objectifs du Millénaire, ainsi que l'évolution de ses principes et zones d'intervention constituent une première manifestation de ces tendances. Les modes de production et de validation des savoirs scientifiques évoluent eux aussi à la mesure de la globalisation, et conduisent à une marginalisation accélérée de la recherche française en économie du développement. Enfin, l'économie du développement fait l'objet d'une réappropriation par le courant dominant.

La montée en puissance des thèmes de la lutte contre la pauvreté et les inégalités

À partir de la fin des années 1990, la coopération française s'est de plus en plus alignée sur les thèmes internationaux de la lutte contre la pauvreté et du développement durable.

Dans la vague de la réforme de 1999[8], la Direction générale de la coopération internationale et du développement (DGCID) a lancé plusieurs études de l'impact de réduction de la pauvreté de la politique de coopération française. En 2000, une synthèse de ces études conclut que lutter contre la pauvreté « *doit être un axe principal des politiques de coopération française* ». Elle précise toutefois : « *Il est toujours préférable d'expliciter les autres objectifs que d'essayer de relier artificiellement chaque action à une action de lutte contre la pauvreté* »[9]. La « commande » de la DGCID pour un ouvrage de référence sur les stratégies de lutte contre la pauvreté sera satisfaite par l'ouvrage réalisé par DIAL (Développement-Institutions-Analyses de long terme) en 2002[10]. Le directeur général de la coopération de l'époque précise dans l'avant-propos : « *le fait d'avoir placé les nouvelles stratégies de lutte contre la pauvreté au centre des politiques de développement soulève cependant d'importantes questions* [...] »[11].

---

[8] La fusion du ministère de la Coopération au sein du ministère des Affaires étrangères, la mise en place de la DGCID, la création du Comité interministériel de la coopération international (CICID) et du Haut Conseil de la coopération internationale (HCCI), la définition de la zone de solidarité prioritaire...

[9] DGCID (2000)

[10] Cling, Razafindrakoto, Roubaud (2002), ouvrage réalisé dans le cadre d'une convention entre le Ministère des Affaires étrangères et le GIS DIAL.

[11] Ibidem, avant-propos.

La coopération française est ainsi de plus en plus centrée sur la lutte contre la pauvreté et les inégalités, en apportant un fort soutien aux OMD, qui vont rapidement devenir une référence incontournable dans la légitimation des politiques de coopération. La coopération française « s'alignera » donc sur le consensus international qui émerge dès la fin des années 1990.

Le mouvement de normalisation de la coopération française se fait au prix d'un affaiblissement de ses spécificités (et notamment ses relations privilégiées avec les « pays du champ »). Les thèmes des politiques de coopération évoluent à cette mesure, et les commandes publiques aux chercheurs se confondent alors, de plus en plus, avec les thèmes en vigueur au niveau international : la gouvernance, le développement durable, le rôle de la société civile,...

Plusieurs pôles de réflexion originaux se déploient toutefois sur la même période, autour de la notion de biens publics internationaux (Gabas, Hugon, 2001), de l'urbain (Goldblum et Osmont dans cet ouvrage), et, à un moindre titre, autour de la notion de développement durable (Froger dans cet ouvrage) et du développement rural (Landy dans cet ouvrage). La politique française continue à se démarquer à travers l'appui aux réflexions sur les mécanismes innovants de financement du développement (cf. rapport Landau, 2004).

Des relations moins « spéciales » avec l'Afrique ?

Les « relations spéciales » entre la France et l'Afrique s'inscrivent dans une histoire longue, qui continue de marquer de son empreinte les relations actuelles. Trois événements importants illustrent la tendance à l'alignement de la politique de coopération française au cours de la décennie 1990 : la doctrine de la Baule, la doctrine Balladur, et la dévaluation du Franc CFA.

À la réunion internationale de la Baule en 1990, une quasi conditionnalité démocratique est imposée aux pays bénéficiaires de l'aide publique au développement (APD) française. Cette première atténuation de la spécificité des relations franco-africaines fut suivie de la doctrine Balladur, énoncée à Abidjan en 1993. Elle conditionnait l'octroi de soutiens financiers à l'existence préalable d'un accord avec le Fonds monétaire international (FMI).

La dévaluation du Franc CFA en 1994 a pu être analysée comme un retour au principe de réalité, le maintien de la parité du change devenant trop coûteux pour être supporté par les autorités françaises sur le long terme. Depuis lors, la coopération française entre la France et l'Afrique a perdu en partie de ses particularités, notamment dans les dimensions économiques et financières.

Au-delà de ces changements institutionnels, une réorientation générale de la coopération est en jeu. La remise en cause du « pré carré » est plus qu'une simple extension de la zone d'intervention traditionnelle de la France au-delà de l'Afrique (à travers la mise en place de la zone de solidarité prioritaire - ZSP[12]). C'est le résultat du mouvement de normalisation des critères de sélectivité, des objectifs et des instruments de la coopération française dans une perspective internationale en évolution.

Les savoirs scientifiques

Le ressort de la normalisation des savoirs scientifiques se trouve à l'intersection d'une double logique contradictoire :

1) de compétition sur un marché *international* de la recherche en pleine expansion, où les biens échangés (des concepts, des idées) sont standardisés (une langue, un format, un plan type), et les productions évaluées selon des critères eux-mêmes standardisés ;

2) de lutte de pouvoir entre des institutions *nationales* qui donnent à une production le statut de production scientifique.

Les logiques institutionnelles, pour une large partie publiques, entrent en contradiction avec les logiques de compétition, et les logiques disciplinaires s'opposent aux logiques interdisciplinaires.

À cet égard, le constat de Roland Waast (2002) sur l'évolution vers un « libre marché international du travail scientifique » des sciences au Sud, s'impose autant aux sciences au Nord. Dans ce cadre, la recherche s'effectue de plus en plus hors des institutions publiques et pour les bénéfices financiers qu'elle procure.

Selon cette logique de mise en place d'un marché international de la recherche, et selon ses « critères objectifs », et internationaux, de publications et de citations de travaux, la communauté des chercheurs économistes français en développement qui comptent (ou plutôt que l'on peut compter) regrouperait une soixantaine d'auteurs (Morrisson et Selod, 2005). Dans cette même approche, seules deux revues françaises en économie du développement comptent : *Tiers-Monde* et *Revue d'économie du développement*. Aussi, la contribution française à

---

[12] La ZSP a été définie en 1998. Elle regroupe les pays prioritaires dans l'agenda de la coopération française. Elle regroupe principalement des PMA ayant des accès limités aux financements de marché, et des pays intéressés dans la mise en place de partenariats avec la France. Après la révision de 2002, elle regroupe 54 pays (contre 37 « pays du champ »). La ZSP est donc une extension de la zone de coopération traditionnelle de la coopération française. L'inflation du nombre de pays appartenant à la ZSP questionne le degré de priorité effectif accordé aux pays ainsi distingués

l'économie du développement évaluée selon le filtre des publications et citations dans les revues de référence est-elle très faible, et concentrée sur quelques auteurs (les neufs premiers auteurs ont publié 87 % du total des publications évaluées en nombre de pages « équivalent *American Economic Review* », les quatre premiers auteurs, 64 %). Évaluée au crible des critères de publications et de citations, la recherche française paraît particulièrement faible : « *Il est regrettable que parmi les économistes français du développement, un faible nombre ait une audience auprès de la communauté scientifique internationale, et par suite d'organisations comme la Banque mondiale, alors que la France est le troisième contributeur mondial pour l'aide publique au développement* » (Morrisson et Selod, 2005 : 14). Si on enlève le filtre des publications dans le décompte des chercheurs français en économie du développement, l'image change radicalement. Dans la base de données du GEMDEV (Observatoire des recherches sur le développement), les économistes représentent 40 % (soit 618 chercheurs) des 1545 chercheurs en sciences humaines répertoriés[13].

L'analyse précédente illustre la tendance à la normalisation de la recherche en économie du développement française, par :

1) le choix de critères qui disqualifient la recherche en français (seulement deux revues françaises) ;

2) le recours à ces critères pour définir ce qui est de la recherche et ce qui n'en n'est pas ;

3) une approche purement disciplinaire.

Finalement, les critères retenus pour évaluer « la contribution française à l'économie du développement » excluent ex ante la possibilité de l'existence d'une pensée francophone du développement. Seuls des auteurs « transnationalisés » peuvent émerger, et le caractère « français » ou non de la contribution renvoie seulement à un critère de nationalité d'origine, ce qui n'a finalement que peu d'intérêt. Pourquoi alors poser la question de la contribution française ? Parce que s'il n'y a pas de pensée française spécifique du développement selon les critères internationaux, il y a malgré tout une politique d'aide publique au développement, une politique de coopération française... et une politique de recherche française.

---

[13] L'observatoire des recherches sur le développement (ORD) est une base de données du GEMDEV répertoriant les chercheurs et centres de recherche travaillant sur les thématiques du développement en France. Elle n'en donne encore qu'une image partielle.

Économie du développement et mainstream[14]

L'évolution de l'économie du développement comme discipline particulière a pu être interprétée (Meier, 2002) comme un processus de détachement progressif de l'emprise de « croyances idéologiques », pour se rapprocher d'une économie pure du développement. Krugman (1993) propose ainsi un découpage en trois périodes : la haute théorie du développement des années 1940 et 1950, une longue période de perte d'influence des années 1960 aux années 1980, puis une remontée en puissance des thématiques de l'économie du développement dans l'économie dominante. Krugman explique ce mouvement de marginalisation de l'économie du développement par le refus de la modélisation des grands théoriciens du début du développement. Refus lié lui-même, en partie, aux difficultés à l'époque de modéliser les rendements croissants, les situations de marchés incomplets ou imparfaits[15]. Le manque de compétence technique ou de goût pour la modélisation expliquerait pour une autre partie le manque de recours à des modèles. Ainsi, « *Les bonnes idées furent laissées dans les coulisses de l'économie à accumuler de la poussière pour plus d'une génération : les grands esprits se réfugièrent dans la périphérie intellectuelle* »[16].

Cette interprétation de l'évolution de l'économie du développement depuis son origine, débouche sur une histoire de la normalisation de théories en fonction du critère de la modélisation. Alors que le courant dominant privilégie un univers de rendements constants et de concurrence parfaite, du fait de leur modélisation plus aisée, de larges pans des idées défendues par les pionniers du développement se sont trouvés délaissés. En conséquence, « *Une évolution temporaire de l'ignorance peut être le prix du progrès, un élément inévitable de ce qui arrive lorsque l'on essaye de donner un sens à la complexité du monde* »[17]. Comment, dès lors, expliquer le retour de l'économie du développement au premier plan des travaux théoriques depuis la fin des années 1980 ? Par l'apparition de techniques de modélisation qui permettent la prise en compte des rendements croissants, des complémentarités et certaines situations de

---

[14] Courant dominant ou orthodoxie

[15] Dans une situation de rendements croissants, le maintien de l'hypothèse de concurrence pure et parfaite est difficile. Effectivement, chaque producteur a intérêt à produire le plus possible afin de baisser ses coûts moyens de production.

[16] « Good ideas were left to gather dust in the economics attic for more than a generation: great minds retreated to the intellectual periphery » (Krugman, 1992).

[17] « A temporary evolution of ignorance may be the price of progress, an inevitable part of what happens when we try to make sense of the world's complexity » (Krugman, 1992).

concurrence imparfaite (concurrence monopolistique). Ainsi, toujours selon le même auteur, une partie des intuitions des « pionniers du développement » a pu acquérir un « *solide fondement scientifique* » et revenir sur le devant de la scène[18]. Cette lecture téléologique et quelque peu irénique de l'histoire de l'économie du développement ignore largement le caractère conflictuel des perceptions du développement « *enracinées autant dans la science que dans la société* » (Viltard dans cet ouvrage).

Le retour sur le devant de la scène des notions de *big push* et de trappe à pauvreté dans la littérature économique au début des années 90 s'inscrit dans cette tendance à la normalisation des politiques et des savoirs. L'analyse de cette littérature permet de montrer les limites de cette évolution.

II – Trappe à pauvreté et *big Push* revisités : les limites de la normalisation

Ce qui ne change pas : il faut un big Push !

Le rapport de Sachs (2004) est emblématique du renouveau de l'idée du *big push*. Celle-ci est reprise dans le rapport de présentation des Nations unies sur le projet pour le Millénaire (UN Millenium Project, 2005):

«...*L'Afrique tropicale même dans les pays biens gouvernés est engluée dans une trappe à pauvreté, trop pauvre pour atteindre un niveau élevé de croissance économique, et dans de nombreux endroits simplement trop pauvres pour seulement croître*... (Chap. 10)... *En cohérence avec les cartes de pauvreté, les pays devraient réaliser une analyse des besoins afin d'identifier les investissements publics spécifiques nécessaire à atteindre l'objectif, incluant une croissance économique globale plus rapide soutenue par des investissements publics majeurs dans les infrastructures, et la promotion du secteur privé* » (Chap. 17)[19]

[18] Bardhan (1993) défend quant à lui le rôle qu'a pu jouer l'économie du développement dans la remise en cause de l'orthodoxie walrasienne.

[19] « *Tropical Africa even in well governed parts is stuck in a poverty trap, too poor to achieve an high level of economic growth, and in many places simply too poor to grow at all,* (chap.10). *Consistent with the poverty maps, countries should undertake a needs assessment to identify the specific public investments necessary to achieve the goal, including faster overall economic growth supported by major public investments in infrastructure and private sector promotion* (chap.17) ».

Une position qui trouve un écho au sein même de la Banque mondiale et du FMI dont le *Global Monitoring Report* (2005) conclut sur la nécessité d'un *big push* pour sortir des trappes à pauvreté :

«...*L'aide publique au développement doit au moins doubler dans les prochaines cinq années pour soutenir les OMD, notamment dans les pays à faible revenu de l'Afrique sub-saharienne* »[20].

On retrouve ainsi l'appel de Rosenstein-Rodan (1943) à un accroissement des flux de financement en direction des « *depressed areas* » de l'Europe de l'Est, cette fois-ci à destination des pays d'Afrique sub-saharienne. L'objectif poursuivi par le *big push* s'inscrit maintenant dans le cadre des OMD, ce qui en change profondément la nature.

Dans la littérature des années 1990, l'origine du terme *big push* est attribuée à Rosenstein-Rodan, dans son article de 1943. Curieusement, le terme lui-même n'apparaît pas dans les écrits cités en référence (1943 et 1944). En 1984, Rosenstein-Rodan (1984) lui-même ne fait référence qu'à son travail de 1957 pour illustrer cette notion[21]. L'article de 1943 appuie l'idée de la création d'un fonds industriel pour l'Europe de l'Est (*Eastern European Industrial Trust*) alimenté à 50 % par des apports extérieurs, le restant étant financé en interne. Les investissements ainsi financés seraient détenus à 50 % par les investisseurs étrangers, et le fonds géré en partenariat avec les représentants des gouvernements.

Dans les analyses contemporaines, le *big push* invoque la nécessité d'un accroissement important de l'aide publique au développement, afin que les économies les moins avancées, prises dans des trappes à pauvreté, puissent sortir de ces pièges. Il y a glissement dans les notions sous-jacentes : l'industrialisation n'est plus le secteur privilégié, et le financement extérieur est entièrement public.

Un big Push pour quoi faire ?

Les pionniers du développement se référaient prioritairement à l'industrialisation comme horizon du développement, d'une croissance auto-entretenue obtenue par le changement de la structure de l'économie elle-même, sur le long terme. Ainsi les deux débats fondateurs de l'économie du développement, la thèse Prebish-Singer de dégradation des

---

[20] « *Official development assistance must at least double in the next five years to support the MDGs, particularly in low-income countries and Sub-Saharan Africa* ».

[21] « *There is a minimum level of resources that must be devoted to...a development program if it is to have any chance for success. Launching a country into self-sustaining growth is a little like getting an airplane off the ground* », Rosenstein Rodan (1984: 210). L'approche théorique du *big push* sera approfondie par Rosenstein Rodan dans son article de 1961.

termes de l'échange, et le dualisme de Lewis s'inscrivent-ils dans des horizons de long terme (Assidon, 2000). L'objectif actuel est radicalement différent.

Les problématiques de l'industrialisation s'inscrivent dans une logique de transformation structurelle, alors que la lutte contre la pauvreté se décline selon des programmes qui ne posent même pas la question de la redistribution interne aux économies [cf. les Documents stratégiques de réduction de la pauvreté (DSRP)]. Ainsi les travaux appliqués récents se concentrent-ils sur la question du montant d'aide additionnel nécessaire pour atteindre les objectifs du Millénaire à l'horizon 2015 (Kraay et Raddatz, 2006), alors que les questions initiales portaient d'abord sur le montant de financement supplémentaire nécessaire pour initier un développement auto-entretenu, pour sortir du cercle vicieux de la pauvreté[22]. Cela suscite une interrogation sur la cohérence temporelle des politiques qui se déploient au nom de la lutte contre la pauvreté. Le passage d'un objectif de croissance auto-entretenue à un objectif de lutte contre la pauvreté introduit une rupture dans l'horizon temporel des analyses. À l'horizon du changement structurel associé à l'industrialisation, se substitue l'horizon de la réduction de moitié de la proportion de pauvres en 2015. L'appel à la création de l'*International Finance Facility* (ou initiative Gordon Brown) montre clairement l'enjeu de cette substitution d'horizon. L'idée de transformer les promesses de dons futurs en recettes présentes par l'émission de titres s'appuie sur l'urgence d'une augmentation des flux d'aide publique au développement, mais induit un assèchement des flux d'APD futurs qui auront ainsi été preemptés. Le pari sous-jacent est d'importance : il est supposé que le problème de la pauvreté aura été réglé durablement d'ici 2015.

Alors que le *big Push* se positionne directement sur le terrain de la prescription politique, la trappe à pauvreté se situe quant à elle au niveau théorique. Il est donc logique que ces deux notions réapparaissent simultanément dans la littérature économique, car la prescription veut trouver sa justification dans les analyses théoriques de la trappe à pauvreté.

---

[22] L'initiative Gordon Brown (*International Finance Facility*), les débats sur les mécanismes innovants de financement participent à la réémergence de la notion de *big Push*.

Qu'est ce qu'une trappe à pauvreté ?

Dans la lignée des travaux des précurseurs [*depressed areas, backward areas* selon Rosenstein-Rodan (1943), *vicious circle of poverty* selon Nurkse (1953), *low-level equilibrium trap* selon Nelson (1956)], plusieurs niveaux de définition des trappes à pauvreté sont proposés dans la littérature récente (Bowles, Durlauf et Hoff, 2006 ; Azariadis et Stachursky, 2004 ; Hoff, 2001). Elles ont toutes en commun la recherche des mécanismes expliquant la persistance des situations de pauvreté. Une trappe à pauvreté est ainsi définie, de façon très générale et consensuelle comme *« ...any self-reinforcing mechanism which causes poverty to persist »* (Azariadis et Stachursky, 2004 : 33). Sur la base d'une telle définition, il est possible d'étendre le champ d'application de la notion à de multiples domaines autres que celui du développement économique. Le premier travail s'inscrivant dans le renouveau de la littérature sur la trappe à pauvreté (Murphy, Shleifer, Vishny, 1989) est centré sur des questions de développement (industrialisation, infrastructure,...) alors que les travaux du début des années 2000 déborderont finalement largement le cadre des économies en développement (Azariadis et Stachurski, 2004 ; Bowles, Durlauf et Hoff, 2006).

Quels sont les mécanismes à l'œuvre ?

Les mécanismes mis en avant par Rosenstein-Rodan pour expliquer la situation des pays en retard, reposent sur la présence d'indivisibilités[23], d'externalités (technologiques et pécuniaires)[24], et d'effets de complémentarités[25] qui constitueraient autant de barrières au développement (Rosenstein-Rodan, 1984 : 210-215). Ces caractéristiques ont conduit les travaux initiaux sur les trappes à pauvreté à être marginalisés dans le courant dominant tout au long des années 1960 à 1980. Selon Krugman, c'est l'incapacité de la théorie dominante à intégrer ces mécanismes dans le cadre de représentations modélisées qui

---

[23] Correspondant pour Rosenstein-Rodan au « Social overhead capital », un capital dont la disponibilité doit atteindre un certain seuil avant d'avoir un impact significatif sur les rendements globaux.

[24] Les externalités ne sont pas perçues par les agents économiques. De ce fait, les agents n'investissent pas suffisamment dans certaines activités alors qu'elles permettraient d'obtenir un taux de croissance supérieur.

[25] Les complémentarités entre secteurs, entre investissements publics et privés, ou stratégiques (entre comportements des acteurs) peuvent conduire à une situation de sous-investissement lorsque les différents éléments en complémentarité ne sont pas tous présents. Rosenstein Rodan insiste sur les deux premiers types de complémentarités.

explique l'oubli pendant trente ans de ces travaux (Krugman, 1992). De fait, l'idée de trappe à pauvreté disparaît dans les années 1960, aussi bien dans les théories radicales, dépendantistes ou structuralistes, que dans le courant dominant. Les premières privilégient une approche en termes de périphérie ou de néo-impérialisme, alors que le courant dominant ignore totalement cette question. La question de la convergence est privilégiée sur celle de la divergence.

Sur un plan théorique, le modèle macroéconomique de trappe à pauvreté orthodoxe de référence est celui de Solow (1956) incorporant une non-convexité (sur la population, l'épargne ou la technologie, cf. encadré n° 2). Il produit une configuration de trappe à pauvreté relative, dans laquelle un équilibre haut est opposé à un équilibre bas. Dans ce cadre, l'économie peu développée est piégée dans son bassin d'attraction, avec un faible niveau de revenu par tête[26], et seul le passage au-dessus d'un certain seuil de capital par tête peut conduire l'économie piégée en dehors de la trappe. Le même raisonnement s'applique pour les trappes à pauvreté malthusiennes[27]. De tels modèles de trappe à pauvreté ne reposent pas sur une modélisation explicite des comportements individuels, et ne proposent pas d'explication aux relations sous-jacentes à la persistance de la pauvreté. L'approche de Solow donnera lieu, en s'appuyant aussi sur les travaux d'économie internationale, au déploiement d'une littérature considérable sur la question de la convergence internationale des niveaux de développement (Barro, 1991 ; Quah, 1996)[28].

Les travaux récents (Hoff, 2001 ; Azariadis et Stachurski, 2004 ; Bowles, Durlauf et Hoff, 2006) s'inscrivent dans des hypothèses et horizons méthodologiques, théoriques et politiques qui différent radicalement. Ainsi, Bowles et alii (2006) regroupent les mécanismes pouvant expliquer la persistance de la pauvreté en trois familles, celle des « seuils critiques », des « institutions dysfonctionnelles », et enfin des « effets de voisinage »[29]. Alors que la littérature sur les seuils critiques se réclame explicitement des précurseurs, les deux autres approches s'en distinguent fondamentalement, car elles ne traitent pas spécifiquement des économies en développement, et ne se situent pas forcément au

[26] Sur les figures n°1 à 3 de l'encadré 2, le revenu par tête correspondant est nul.

[27] Les trappes à pauvreté malthusiennes mettent en oeuvre une relation entre taux de croissance de la population et taux de croissance économique. Pour de faibles niveaux de revenu, la croissance de la population est rapide, ce qui maintient le niveau de PIB par tête à un faible niveau (cf. figure n°2, encadré n°2).

[28] Ce modèle s'avère toutefois incapable d'expliquer l'ampleur des écarts observés entre les économies (Azariadis et Stachursky, 2004).

[29] « Critical Thresholds, dysfunctional Institutions, Neighborhood Effects » (Bowles, Durlauf et Hoff, 2006 : 2).

niveau des nations. Elles privilégient l'analyse microéconomique et spatiale sur l'approche macroéconomique et internationale.

L'hypothèse *de rendements croissants* et la prise en compte de *complémentarités* (y compris stratégiques) conduisent à des configurations dynamiques plus diverses et plus complexes que celle du modèle canonique de Solow (D'Autume & Michel, 1993 ; Matsuyama, 1990 ; Berthélémy, 2006). De la possibilité d'existence d'équilibres multiples, découle un débat sur le rôle respectif des anticipations et de l'histoire (les conditions initiales) dans la sélection de l'équilibre… Selon la valeur des paramètres[30], la zone d'indétermination de l'équilibre, où ce sont les anticipations des agents qui forment l'équilibre, est plus ou moins importante (Krugman, 1991 ; Matsuyama, 1990). Les anticipations se retrouvent au centre de l'analyse, en débouchant éventuellement sur la question des institutions (North, 2005).

Les travaux les plus novateurs autour des trappes à pauvreté sont assez illustratifs de ces évolutions de l'analyse théorique. Les modèles de défauts de coordination permettent de mettre en évidence des configurations de trappe à pauvreté alors même que les agents sont parfaitement rationnels (Hoff, 2001). Le cercle vicieux qui peut conduire à de telles configurations se fonde sur la prise en compte de complémentarités stratégiques, de situations où la décision d'un agent va dépendre des décisions que prennent les autres agents. Il est alors possible de transposer les effets de complémentarité d'investissements invoqués par Rosenstein-Rodan (1943) (voir Murphy, Shleifer et Vishny 1989), mais dans un cadre microéconomique, où le rendement de l'investissement privé pour un agent dépend des décisions d'investissement des autres agents. Une des conséquences de cette littérature est de justifier l'existence d'institutions dont le rôle serait de combler les manques d'information dont disposent les agents sur les autres et sur le futur.

Le modèle très simplifié présenté par Krugman permet d'illustrer deux principales limites associées à une telle ré-interprétation des travaux des pionniers, ainsi qu'un paradoxe.

---

[30] La zone d'indétermination est d'autant plus importante que le taux d'intérêt et les rendements croissants sont importants (Matsuyama, 1990 ; Krugman, 1991)

Encadré n°2 : La trappe à pauvreté « à la Solow »

La figure n°1 représente l'équilibre de référence du modèle de Solow. Dans ce premier cas, il n'y a pas de trappe à pauvreté, un seul équilibre existe pour un niveau de capital par tête unique (k*). Il est défini par l'égalité entre l'investissement (défini par "n.k", le taux de croissance de la population "n" multiplié par l'intensité capitalistique "k") et l'épargne par tête (défini par "s.f(k)", le produit du taux d'épargne "s" par la production par tête "f(k)").

$$s.f(k) = n.k$$

Dans un tel modèle, pour qu'une trappe à pauvreté apparaisse, il faut qu'au moins un autre équilibre soit possible (un autre point d'intersection entre les deux courbes représentant l'investissement et l'épargne par tête doit exister). Les figures n°2 et n° 3 représentent deux cas de trappe à pauvreté (à l'origine; k^{TP}). La figure n°2 présente une relation entre le niveau de capital par tête et la croissance de la population. La croissance démographique se ralenti avec l'accumulation de capital. Ce n'est qu'au dessus de k* que la croissance économique sera possible. On retrouve un tel effet de seuil dans la figure n°3, lié soit à l'épargne (le taux d'épargne dépend de l'accumulation de capital, faible pour de bas niveaux de capital par tête, d'où la forme en S de la courbe "s.f(k)"), soit aux rendements d'échelle (en-dessous du seuil k*, les rendements d'échelle sont trop bas pour permettre la sortie de la trappe à pauvreté). Kraay et Raddatz (2006) calent empiriquement la pertinence d'une configuration de trappe à pauvreté basée sur une fonction d'épargne en configuration de trappe à pauvreté basée sur une fonction d'épargne en "S", pour un capital par tête de 1500 $ (figure n°4).

Figure n°1 : Un seul équilibre. Absence de trappe à pauvreté

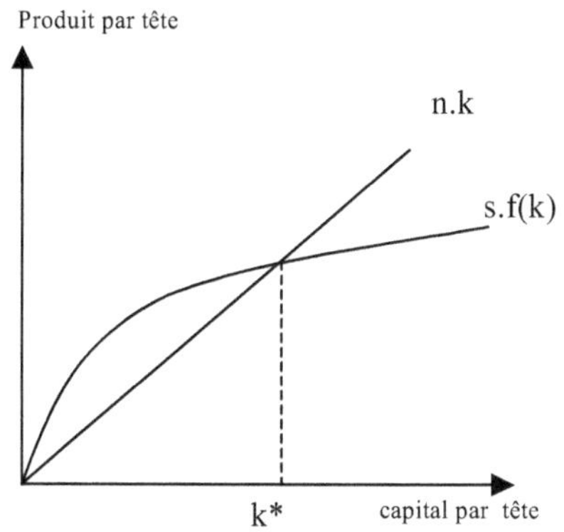

Figure n°2 : Trappe à pauvreté malthusienne

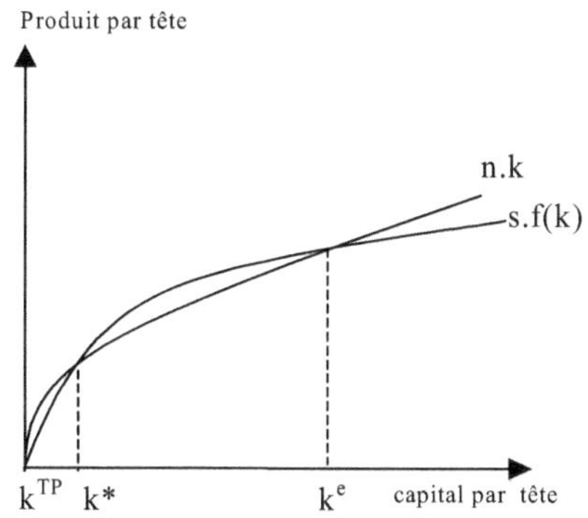

Figure n°3 : Trappe à pauvreté liée à l'épargne ou la technologie

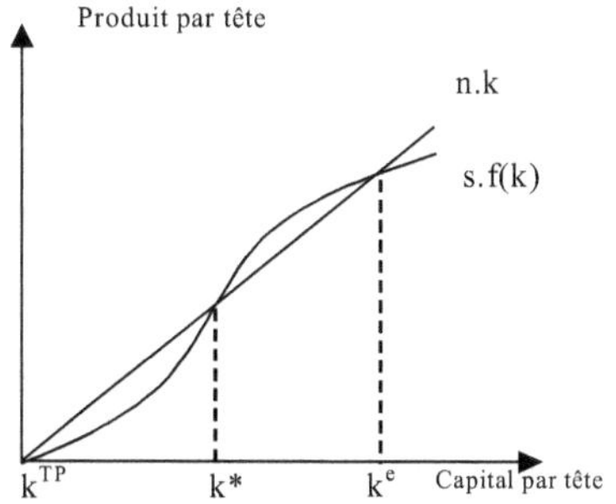

Figure n°4 : Trappe à pauvreté par l'épargne, exemple de l'ASS

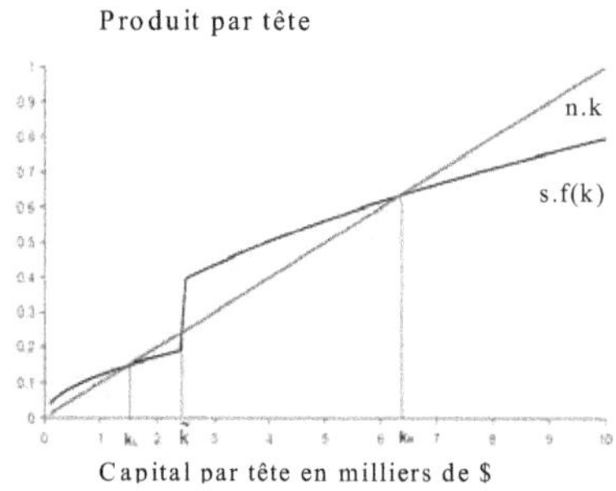

Des hypothèses « ad hoc »

Les hypothèses du modèle sont, d'après Krugman lui-même, très réductrices. Il n'y a ni capital, ni amortissement, ni relations internationales[31]. De ce fait, des relations pourtant fondées empiriquement (spécialisation et trappe à pauvreté, instabilité et trappe à pauvreté,...) sont complètement ignorées, et l'accent est mis sur le mécanisme minimal qui permet de produire une configuration statique de trappe à pauvreté. En ce sens, le caractère « ad hoc » des hypothèses est massif. Leur pertinence empirique n'entre à aucun moment en ligne de compte. Finalement, le noyau dur d'hypothèse nécessaire à la production de cette configuration de trappe à pauvreté combine une hypothèse de rendements croissants (avec coût fixe) et une complémentarité stratégique entre les firmes (l'intérêt de s'industrialiser pour une firme donnée dépend de la décision des autres firmes). Ainsi deux équilibres sont possibles simultanément, et pour une certaine valeur des paramètres[32], ce sont les anticipations des agents sur les comportements des autres firmes qui vont définir le lieu d'équilibre final dans le cadre d'une économie fermée. L'intérêt du modèle est alors d'expliciter théoriquement les conditions d'existence d'une trappe à pauvreté. Pour citer une fois de plus Krugman, « *un modèle tel que celui-ci nous incite au test empirique* »[33]. Pourtant, la mesure, le test empirique est lui-même très complexe à mettre en œuvre à partir de tels modèles.

À la recherche de validations empiriques

Sur un plan empirique, l'existence des trappes à pauvreté est avérée par des mesures de persistance d'une situation initiale de pauvreté, qu'elle soit absolue ou relative. Il y a maintenant un relatif consensus sur le constat de l'existence de telles situations, et même d'une tendance à l'augmentation de l'écart entre les pays les plus pauvres et les pays les

---

[31] Pour reprendre la conclusion de Matsuyama 1990: 648: « *Needless to say, the model used is very simple and ignores many important aspects of the actual development process, such as capital accumulation, technology transfers, education, nutrition, negative externalities associated with urbanization, etc.* » Vellutini (Vellutini 2006) intègre les relations internationales dans l'analyse de la trappe à pauvreté, et propose plusieurs simulations numériques.

[32] Comme le montrent Krugman (Krugman 1991), mais aussi Matsuyama (Matsuyama 1990), le rôle des anticipations dans la sélection de l'équilibre sera d'autant plus important que le taux d'intérêt est faible, et les économies d'échelle importantes.

[33] « *A model like this makes one want to go out and start measuring* », Krugman (1992).

plus riches[34]. La notion de trappe à pauvreté est alors intimement reliée à celle des inégalités. Ainsi, le constat fait par Rosenstein-Rodan en 1944 : « *Beaucoup de nations n'ont participé que pour une part infime dans l'accroissement de la richesse créée au cours de la dernière centaine d'années, et une faible proportion du monde s'est réservée pour elle-même l'essentiel des biens et des services. En effet, aujourd'hui* (i.e. en 1944)*, les États-Unis, la Grande Bretagne, la France et l'Allemagne, représentant 13 % de la population mondiale, détiennent presque 50 % des biens* [...] » (Rosenstein-Rodan, 1944 : 158), trouve un écho dans le constat (aggravé) de Bowles, Durlauf et Hoff en 2006 : « *L'inégalité de revenu dans le monde s'est accrue considérablement au cours des deux siècles précédents, les 10 % les plus riches recevant plus de la moitié du revenu mondial aujourd'hui* [...] » (Bowles, Durlauf et Hoff, 2006 : 1). La persistance de la pauvreté, au niveau macroéconomique, renvoie alors, soit à un faible taux de croissance du niveau de revenu par tête (proche de zéro) sur une longue période de temps, pour les économies ayant, au départ, un faible niveau de développement, soit à un taux de croissance relativement plus faible pour ces mêmes économies (Easterly, 2005). Malgré ces définitions simples, l'existence des trappes à pauvreté au niveau international fait l'objet de débats récents assez contradictoires (Easterly, 2005 ; Kraay et Raddatz, 2006), qui illustrent la distance grandissante séparant les modèles théoriques de leurs validations empiriques. Dans le même temps, à l'augmentation de la complexité théorique des modèles, correspond un éloignement des vérifications empiriques des relations. L'accent porté sur les fondements microéconomiques des relations macroéconomiques comporte le risque d'une autonomisation de la théorie vis-à-vis des travaux empiriques (cf. Malinvaud, 1991).

Les débats sur la convergence internationale et la polarisation des pays autour de deux niveaux de revenu (faibles et élevés, Quah, 1996[35]) insistent sur une contradiction. Les modèles standards, à la Solow, de trappe à pauvreté sont incapables d'expliquer l'ampleur des écarts observés entre les économies développées et les économies les moins avancées (Azariadis et Stachursky, 2004), alors que l'analyse empirique appuie l'hypothèse d'une évolution vers une distribution bi-modale des revenus à l'échelle internationale (Quah, 1996). Étroitement associés à

---

[34] Sur ce point, il convient de préciser que la prise en compte des économies émergentes comme la Chine et l'Inde conduit aussi au constat de la possibilité de sortie de trappes à pauvreté, Banque mondiale (2006). Easterly (2001) propose une lecture beaucoup plus critique de la validité empirique des notions de trappe à pauvreté et de *big Push*.

[35] Il s'agit de la configuration des *twin Peaks* que Quah met en évidence (Quah, 1996).

cette direction de recherche, les travaux sur les facteurs de la croissance au niveau international ont successivement intégré de nouveaux facteurs, pour déboucher sur les dimensions des institutions, de la qualité des politiques et de la gouvernance. Au bilan, les conclusions de ces travaux sont peu éclairantes pour les pays pris dans des trappes à pauvreté [les PMA essentiellement, cf. Roodman (2005)][36].

Au-delà des difficultés habituelles liées à la mise en place de tests empiriques sur la base de données souvent imparfaites et biaisées[37], la rareté des tests empiriques appliqués aux trappes à pauvreté est l'indice de difficultés encore supérieures en ce qui concerne notre champ d'étude. Autant l'imperfection et le biais des données macroéconomiques n'ont pas empêché une véritable explosion des tests empiriques sur les facteurs de la croissance, sur la validation ou non de l'hypothèse d'une convergence internationale, autant les travaux appliqués sur les trappes à pauvreté sont rares. Quand ils existent ils portent dans leur majorité sur des relations annexes et indirectes. Le travail de Kraay et Raddatz (2006) en constitue une exception notable. La conclusion en est tranchée : les trappes à pauvreté n'existent pas[38] ! Encore faut-il souligner que le travail de Kraay et Raddatz ne porte que sur une version ancienne des modèles de trappe à pauvreté, celle de Solow avec une non-convexité sur la fonction d'épargne globale… C'est-à-dire, le seul type de modèle de trappe à pauvreté effectivement testable. Aucun test global sur la pertinence des modèles de trappe à pauvreté « nouvelle génération » n'est cité en ce qui concerne les pays en développement.

Cette difficulté de la mise en œuvre de tests empiriques illustre le danger, déjà souligné par Malinvaud (1991), d'une autonomisation de la théorie économique, danger qui touche maintenant l'économie du développement (pourtant fondamentalement « appliquée ») alors qu'elle fait l'objet d'une appropriation par le courant dominant. Alors que les pionniers du développement basaient leurs analyses sur des données, partaient d'un constat, la normalisation de la trappe à pauvreté et du *big*

---

[36] Le rapport d'évaluation de la recherche à la Banque mondiale est particulièrement clair à cet égard: les résultats portant sur les relations entre institutions et croissance et aide et croissance « *cannot be regarded as remotely reliable, much as one might want to believe the results* » (Banque mondiale, 2006 : 53).

[37] Comme le rappelle Easterly (2006), les données internationales restent bien plus limitées, en quantité comme en qualité, pour les pays en développement par rapport aux pays développés. Ainsi les premières comparaisons internationales concernant les facteurs de la croissance ne comprenaient elles pas de pays en développement.

[38] Ce qui n'empêche pas les auteurs de calculer le montant que le *big Push* devrait atteindre pour permettre la sortie de la trappe à pauvreté...

push en ont fait des objets purement théoriques, impossibles à valider empiriquement[39]. Il s'agit là d'un mouvement qui dépasse largement l'économie du développement. La multiplication de travaux produisant des données de simulation en économie conduit à une confusion avec les données empiriques, pourtant d'un statut radicalement différent.

Que devient l'objet de l'économie du développement ?

C'est peut-être à ce niveau qu'apparaît le principal paradoxe dans cette littérature revisitant les notions de trappe à pauvreté et de *big push*. L'intégration des rendements croissants et complémentarités dans des modélisations à base microéconomique ne conduit pas à des modèles qui puissent être validés ou invalidés par des tests empiriques. Le modèle étant « juste » par définition, le risque est grand d'en inférer que c'est la réalité qui est « fausse ». Ainsi en est-il de la remise en cause de l'existence empirique des trappes à pauvreté parce que les modèles théoriques ne permettent pas d'en rendre compte.

Les tentatives de calage de la fonction d'épargne afin qu'elle produise des configurations « à la Solow » des trappes à pauvreté conduit à la conclusion que les trappes à pauvreté n'existent pas, parce que les fonctions d'épargne ainsi calibrées ne correspondent pas aux comportements d'épargne empiriquement validés (Kraay et Raddatz, 2006). Une autre possibilité serait de s'interroger sur la validité du modèle lui-même… Enfin, une telle tendance à l'autonomisation de la théorie vis-à-vis des tests empiriques remet en cause l'une des justifications de l'existence de l'économie du développement en tant que discipline particulière, c'est-à-dire la spécificité de l'objet étudié «*…aussi longtemps que les caractéristiques des pays en développement les distingueront des pays industrialisés, l'économie du développement aura sa raison d'être en tant que sous-discipline* » (Meier, 2002 : 38). La réappropriation apparente des thématiques du développement par l'économie dominante se traduit par la négation des spécificités des pays en développement qui ne peuvent être modélisées selon les canons de la discipline, sapant ainsi les fondements même de l'économie du développement.

---

[39] La critique forte que l'évaluation de la recherche à la Banque mondiale fait des travaux les plus cités portant sur les relations entre croissance et institutions, croissance et efficacité de l'aide en est ainsi relativisée. Elle renvoie à la question générale de la possibilité d'invalidation empirique des modèles issus du courant dominant.

Il est alors utile de revenir sur les « faits stylisés » que la littérature cherche à analyser. Quels sont les « faits stylisés » dont la théorie veut rendre compte ? Concernant les trappes à pauvreté, il a pu être montré que la relation « faible croissance – fort degré d'instabilité » constituait l'un des faits stylisés auquel la littérature récente n'offrait aucune explication (Géronimi, Mathieu, Schembri, Taranco, 2006). À l'inverse, les modèles théoriques de trappe à pauvreté interprètent les instabilités, les chocs, comme autant d'opportunité de décollage, en contradiction avec les données empiriques.

Enfin, les travaux les plus modélisés, privés de toute velléité de vérification empirique, peuvent déboucher sur des constats d'ouverture interdisciplinaire. Les modèles de trappes à pauvreté mettant en œuvre des équilibres multiples, doivent se référer à des explications qui dépassent l'approche microéconomique standard : « *Pour certains économistes, la multiplicité d'équilibre est une vertu du modèle dans la mesure où elle peut laisser de la place pour divers facteurs anthropologiques, culturels, psychologiques ou sociologiques, tels que les esprits animaux, la confiance, l'éthique protestante, etc.* » (Matsuyama, 1990).

Conclusion

La résurgence des notions de trappe à pauvreté et de *big push* est révélatrice des risques associés à la tendance à la normalisation et à la globalisation de l'économie du développement. La difficulté de valider empiriquement les modèles explicatifs, la non prise en compte des spécificités des pays les moins avancés, la substitution de l'objectif de lutte contre la pauvreté à l'objectif d'industrialisation tendent à remettre en cause les apports de l'économie du développement. Pourtant, les travaux mettant à jour des configurations d'équilibres multiples peuvent déboucher sur une ouverture pluridisciplinaire, dès lors que la modélisation économique seule ne permet plus de trancher entre les différents équilibres possibles.

Ces travaux s'inscrivent toutefois dans un changement radical de perspective. Le retour sur le devant de la scène de notions anciennes doit inciter les chercheurs à prendre en compte les spécificités structurelles des économies les moins avancées en étant particulièrement attentif aux conditions de validation empirique des mécanismes invoqués dans la littérature. Il s'agit là d'un véritable programme de recherche, où l'économie du développement a toute sa place.

Bibliographie

Aghion P., Howitt P., 1998, *Endogenous Growth Theory*, Cambridge: The MIT Press, Cambridge MA.

Agenor P.R., Montiel P., 1999, *Development Macroeconomics*, Princeton: Princeton University Press.

Assidon E., 2000, *Les théories économiques du développement*, Paris : La Découverte, collection Repères.

Azariadis C., Drazen A., 1990, « Threshold Externalities in economic Development », *Quarterly Journal of Economics*, 104: 501-26.

Azariadis C., J. Stachurski 2004, « Poverty Traps », *Working Paper UCLA.*

Bardhan P., 1993, «Economics of Development and the Development of Economics, *The Journal of Economic Perspectives*, vol. 7 n°2: 129-142.

Barro R.J, 1991, « Economic Growth in a Cross Section of Countries », *Quarterly Journal of Economics*, 56.

Berthélemy J.C., 2006, « Clubs de convergence et équilibres multiples : comment les économies émergentes ont-elles réussi à échapper au piège du sous-développement ? », *Revue d'économie du développement.*

Boyer, 2001, « L'après-consensus de Washington : institutionnaliste et systémique ? », *in L'Année de la régulation, Economie, Institutions, Pouvoirs*, Paris : Presses de Sciences-Po, n°5.

Boyer, 2005, *Une théorie du capitalisme est-elle possible ?, Paris :* Odile Jacob.

D'Autume A., Michel P., 1993, « Hystérésis et piège du sous-développement dans un modèle de croissance endogène », *Revue Economique*, 2 : 431-50.

Easterly W., 2005, « Reviving the 50s': the *big Push*, Poverty Traps, and Takeoffs in economic Development », *Center for Global Development Working Paper.*

Easterly W., Levine R., 2002, « It's Not Factor Accumulation: Stylised Facts and Growth Models », *Working Papers Central Bank of Chile* 164, Central Bank of Chile.

Fontaine J.M., 1994, *Mécanismes et politiques de développement économique*, Paris : Cujas.

Hoff K., 2001, *Beyond Roseinstein Rodan: the modern Theory of Coordination Problems in Development*, Proceedings of the Annual World Bank Conference on Development Economics 2000, Washington DC.

Hugon Ph., 1991, « La pensée française en économie du développement. Evolution et spécificité », *Revue d'Economie Politique*, 2 : 101: 171-229.

IMF and World Bank (2005), *Global Monitoring Report, Millenium Development Goals: from Consensus to Momentum*, Washington DC.

Kraay A., C. Raddatz, 2006, « Poverty Traps, Aid, and Growth », CSAE Conference March, Oxford.
Krugman P., 1991, « History versus Expectations », *Quarterly Journal of Economics*, 106: 651-67.
Matsuyama K., 1990, « Increasing Returns, Industrialisation and Indeterminacy of Equilibrium », *Quarterly Journal of Economics*, 106: 617-50.
Meier G., 2002, « L'ancienne génération d'économistes du développement et la nouvelle », *in* Meier G. et Stiglitz J. (eds), *Aux frontières de l'économie du développement*, Paris : Banque mondiale, éditions Eska : 13-41
Meier G. et D. Seers, 1984, *Pioneers in Development*, Banque mondiale, Oxford University Press.
Meier G. et J. Stiglitz (eds), 2002, *Aux frontières de l'économie du développement*, Paris : Banque mondiale, éditions Eska.
Murphy K., Shleifer A., Vishny R., 1989, « Industrialisation and the big Push », *Journal of Political Economy*, 97: 1003-24.
Nelson R., 1956, « A Theory of the Low-Level Equilibrium Trap in underdeveloped Economies », *The American Economic Review*, vol. 46, n°5: 894-908.
North D., 2005, *Le processus du développement économique*, Paris : Editions d'Organisation.
Nurkse R., 1953, *Problems of Capital Formation in underdevelopped Countries*, Oxford: Basic Blackwell.
Ominami C., 1986, *Le Tiers-monde dans la crise*, Paris : La Découverte.
Quah D., 1996, « Twin Peaks : Growth and Convergence in Models of Distribution Dynamics », *The Economic Journal*, vol.106, n°437: 1045-1055.
Rosenstein-Rodan P.N., 1943, « Problems of Indutrialization of Eastern and South-Eastern Europe », *Economic Journal*, June-Sept.
Rosenstein-Rodan P.N., 1957, Notes on the theory of the big push, MIT.
Rosenstein-Rodan P.N., 1961, «International Aid for developing Countries», *Review of Economics and Statistics*.
Taylor L., 1992, *Varieties of Stabilization Experience-Towards Sensible Macroeconomics in the Thirld World*, Oxford: Oxford University Press, Clarendon Paperbacks.
Treillet S., 2005, *L'économie du développement. De Bandoeng à la mondialisation*, Paris : A. Colin.
UN Millenium Project, 2005, « Investing in Development: A Practical Plan to Achieve the Millenium Development Goals », *Overview report*, New York: U.N.

Van Wijnbergen S., 1986, « Exchange Rate Management and Stabilization Policies in Developing Countries », *Journal of Development Economics* 23.

Vellutini C., 2006, « Capital Mobility and Underdevelopment Traps », *Journal of Development Economics*, 71: 435-44.

Waast R., 2002, L'état des sciences en Afrique, vue d'ensemble, *Série Rapport d'étude*, DGCID, avril.

Le « développement durable » : savoirs et politiques

Géraldine FROGER
C3ED UMR IRD-UVSQ n° 063
Université de Versailles Saint Quentin en Yvelines

Introduction

Suite à la publication du rapport de la Commission mondiale sur l'environnement et le développement (CMED) en 1987, connu sous le nom de rapport Brundtland, l'objectif consistant à atteindre un développement qualifié de « durable » s'est imposé sous la forme d'un développement économiquement réalisable, socialement acceptable, et écologiquement respectueux de l'environnement. Définie comme « *un développement qui s'efforce de répondre aux besoins du présent sans compromettre la capacité de satisfaire ceux des générations futures* » (CMED, 1987 : 43), la notion de « développement durable »[1] met l'accent, tant sur les politiques environnementales et de développement, que sur l'équité intergénérationnelle, sans oublier la question intragénérationnelle de la répartition équitable des richesses, ainsi que sur la recherche de l'articulation de différentes dimensions : environnementale, économique, humaine et sociale, au-delà de la simple juxtaposition. Il est difficile de cerner les contours précis du développement durable du fait de ses usages multiples et certains s'interrogent même sur sa véritable capacité à offrir des principes suffisamment solides pour orienter l'action politique et publique. Toutefois, que ce soit dans les pays industrialisés, émergents, ou en développement, force est de constater que le développement durable a trouvé une traduction dans des programmes d'action, des politiques publiques, des politiques locales, des stratégies d'entreprise, etc. et qu'il est source d'innovations institutionnelles.

---

[1] Traduction de l'expression originelle : *sustainable development*. Il est difficile traduire de manière satisfaisante l'anglais « *sustainable* » qui renvoie à l'action de soutenir, supporter... Nous retenons l'expression de « durable » utilisée au niveau institutionnel français.

Selon Marie-Claude Smouts (2005), le développement durable est à la fois un outil analytique et un projet politique ; c'est cette double nature qui le place au cœur de controverses majeures. Dans la sphère académique, un premier débat porte sur le sens, le contenu et les divers degrés (fort, faible, etc.) de durabilité. Par ailleurs, pour certains, le développement durable induit un changement conséquent de perspective par rapport à la conception classique de l'économie et du développement car les considérations écologiques et leur articulation avec l'économique et le social sont dorénavant internalisées dans les réflexions. Pour d'autres, la durabilité du développement reste un pléonasme car même si les questions environnementales sont plus prégnantes aujourd'hui que dans le passé, les pionniers du développement s'étaient précisément intéressés à la pluralité des trajectoires de développement, aux changements structurels et aux reproductions des conditions de la production sur le long terme dans un contexte d'asymétries internationales (Hugon, 2006). Quelle que soit la perspective retenue, il est important de souligner, comme le fait Marie-Claude Smouts (2005), que « *la réflexion théorique sur le développement durable s'inscrit dans une vague de renouveau qui marque la réflexion contemporaine sur le développement politique* » (*Ibid.* : 4). Certes, les problèmes soulevés par cette notion ne sont pas nouveaux (pauvreté, épuisement des ressources, etc.), mais dès que le développement durable n'est pas considéré comme une utopie généreuse, il est possible de poser les problèmes différemment et de réfléchir au sens qu'on peut lui donner en mettant l'accent sur : la nécessité de prendre en considération différentes dimensions et temporalités (économique, sociale, écologique, politique, etc.) ainsi que les conflits posés par leur articulation, les imbrications des actions sur diverses échelles spatiales (international, national, local, etc.), l'affirmation de nouveaux acteurs non-publics (organisations non gouvernementales, communautés de base, etc.) ou supranationaux intervenant dans les processus de régulation, et la recherche de nouveaux instruments de régulation.

On peut alors s'interroger sur l'apport de la notion de développement durable à l'action politique des pays en développement. Nous allons « déconstruire » cette notion en revenant sur ces origines institutionnelles et historiques et en nous focalisant sur les savoirs produits par les économistes. Nous nous intéresserons ensuite aux influences de ces savoirs sur les pratiques et aux traductions que le développement durable trouve dans les programmes d'action, les politiques publiques à Madagascar, pays en développement caractérisé par la présence simultanée d'une méga-biodiversité et d'une extrême pauvreté.

I – La généalogie du développement durable[2]

C'est au début des années 1970 que des changements vont s'opérer, avec, notamment, les interrogations suscitées à l'issue de la période des Trente Glorieuses caractérisée par l'importance des rythmes de croissance économique, un chômage faible, le développement de la production et de la consommation de masse, etc. Les questions d'environnement semblent constituer l'un des revers de cette médaille. Les écologistes ont d'ailleurs, à cette époque, interpellé la communauté des chercheurs au sujet des limites de la croissance économique. Les débats sur l'épuisement des ressources naturelles ont commencé à faire prendre conscience que les conditions du moment de la croissance ne pouvaient pas se poursuivre de façon indéfinie. Dans leurs écrits, certains chercheurs, comme René Passet (1979), ont contribué à construire la question de l'environnement sous un éclairage qui se veut multidimensionnel (prise en compte simultanée des dimensions économiques, sociales et écologiques).

L'institutionnalisation du champ de l'environnement[3] a été également suscitée par la première conférence mondiale sur l'environnement, la Conférence de Stockholm de 1972, qui a suivi la publication du rapport Meadows. Ce rapport et cette conférence constituent deux faits marquants dans la compréhension de la notion de développement durable.

La Conférence des Nations unies sur l'environnement humain qui s'est tenue à Stockholm en juin 1972, que l'on appelle plus communément la Conférence de Stockholm, a été un événement important (participation de 113 pays, premier forum réunissant pays développés, pays en développement et pays communistes…). Elle a fait écho au rapport Meadows qui a souligné que l'avenir de la planète et de l'espèce humaine était menacé par le maintien du rythme de croissance économique et démographique. Aux prévisions selon lesquelles notre planète ne serait plus habitable à l'avenir en raison de l'expansion industrielle se sont ajoutés les pronostics néomalthusiens d'une explosion démographique dans les pays en développement. Dans ce cadre, la situation de catastrophe peut être évitée grâce à « un état d'équilibre, qui signifie de maintenir un niveau constant de population et de capital »,

---

[2] Cette première section reprend les développements de Aknin et al. (2002) sur les origines institutionnelles et historiques de la notion de développement durable.

[3] Avec par exemple la création en France d'un ministère de la Protection de la Nature et de l'Environnement le 27 janvier 1971, et la création en 1973 du Programme des Nations unies pour l'Environnement (PNUE).

d'où l'idée de la « croissance zéro » souvent associée au rapport Meadows. Cette idée a été soumise à de vives critiques qui ont été également reformulées lors de la Conférence de Stockholm. L'effort des organisateurs de la conférence pour définir un cadre consensuel suscitant l'adhésion de l'ensemble des pays participants s'est heurté aux perspectives et aux priorités politiques des pays en développement pour qui il n'était pas question de réduire les taux de croissance.

Après débats et discussions, la conférence de Stockholm a donné lieu à la Déclaration de Stockholm qui a entériné vingt-six principes pour l'élaboration de futurs accords multilatéraux, un Plan d'action pour l'environnement humain énumérant cent neuf recommandations autour de l'environnement (évaluation, gestion et mesures institutionnelles)... mais les principes énoncés n'ont pas été intégrés dans la jurisprudence internationale et les cent neuf recommandations n'ont pas été suivies dans les faits... Pour Aggeri (2001 : 8), « *les retombées seront très faibles car l'époque n'était probablement pas encore prête pour ce type de débat (les indices sur la dégradation de l'environnement étaient encore très partiels, les appuis institutionnels faibles, les chercheurs mobilisés sur ces questions encore peu nombreux...)* ». Par ailleurs, notons que les deux chocs pétroliers ainsi que la manifestation d'une crise économique importante ont conduit à un déclin de l'attention publique et politique pendant une dizaine d'années vis-à-vis des questions environnementales.

Il n'en reste pas moins que certaines idées développées lors de cette conférence seront réaffirmées dans le rapport Brundtland en 1987 (et lors de la Conférence de Rio en 1992). Maurice Strong, le Secrétaire général de Conférence de Stockholm, a d'ailleurs souligné la nécessité d'harmoniser les besoins du présent avec ceux des générations à venir et d'intégrer les considérations environnementales au sein de stratégies de développement. C'est à cette occasion qu'il lance le terme « d'écodéveloppement »[4]. Notons comme le souligne Vivien (2005) que l'écodéveloppement va être repris et approfondi au symposium PNUE/CNUCED consacré aux modes de développement et à l'utilisation

[4] Selon Sachs (1980 : 37), « *l'écodéveloppement est un développement des populations par elles-mêmes, utilisant au mieux les ressources naturelles, s'adaptant à un environnement qu'elles transforment sans le détruire (...) C'est le développement lui-même, tout entier, qui doit être imprégné, motivé, soutenu par la recherche d'un équilibre dynamique entre la vie et les activités collectives des groupes humains et le contexte spatio-temporel de leur implantation.* » Il justifie la prise en compte de trois dimensions essentielles à ce qu'est un développement des sociétés : la prise en charge équitable des besoins, la prudence écologique ainsi que l'autonomie des décisions (*self-reliance*) et la recherche de modèles endogènes à chaque contexte historique, culturel et écologique.

des ressources naturelles qui se tient à Cocoyoc au Mexique en 1974. En même temps, cette notion va être écartée du vocabulaire onusien et va être peu à peu remplacée par l'expression de *sustainable development*.

L'origine de cette expression date de l'élaboration de la Stratégie mondiale pour la conservation (*World Conservation Strategy*) par l'UICN (*International Union for Conservation of Nature and Natural Resources*), avec l'appui du PNUE (Programme des Nations unies pour l'environnement) et du WWF (*World Wildlife Fund*), au début des années 1980 (UICN et al., 1980). Présentée comme un cadre théorique et pratique à destination des pouvoirs publics, des praticiens du développement, cette stratégie vise à concilier les objectifs du développement des sociétés et de conservation de la nature, lesquels ont été trop longtemps considérés comme antinomiques.

En fait, la notion de développement durable va permettre aux organismes de conservation de se repositionner dans les arènes internationales suite à une crise de légitimité issue d'une contestation croissante de leurs actions. En effet, « l'aire naturelle protégée », le principal outil de conservation de la nature, prôné par ces organismes dans la continuité des pratiques coloniales ayant créé des réserves de chasse ou des parcs nationaux en Afrique et en Asie, repose sur l'exclusion des populations locales responsables de la destruction des milieux naturels de par leurs usages. Selon Rodary et Castellanet (2003 : 17), « *ceci a eu pour corollaire d'opposer le secteur de la conservation au reste de la population. En ce sens, la conservation dans sa forme paradigmatique centrée sur l'aire protégée n'a généralement eu, au cours du XXe siècle, aucun lien positif ni aucun objectif commun avec le développement. Non pas que les liens entre protection de la nature et les conditions sociales, économiques et politiques soient absents, mais ceux-ci vont généralement prendre la forme d'incidences négatives de la conservation sur le développement... et vice-versa* ». Des études illustrant plusieurs conséquences sociales dramatiques de cette forme de conservation sur les populations locales se sont multipliées à partir des années 1970[5]. La formalisation du lien entre conservation et développement[6] a alors commencé à se diffuser à partir des années 1980

[5] Rodary et Castellanet (2003) citent l'ouvrage de Turnbull de 1972 qui relate la destruction des Iks, survenue après que l'État ougandais eut créé un parc national sur leurs zones de chasse en les dépossédant de leurs terres de manière autoritaire et en leur imposant de se sédentariser et de pratiquer l'agriculture.

[6] Initiée en 1974 par l'UNESCO dans le cadre du programme MAB (*Man and Biosphere*) avec la création du concept de réserve de biosphère équivalent à : « *des espaces réglementés basés sur une séquence spatiale d'au moins trois niveaux de protection qui ont eu, dès leur origine, vocation à relier les besoins*

avec l'émergence de la notion de développement durable : « *la conservation comme action politique ne devait plus s'effectuer en dehors des espaces humanisés, mais au contraire au sein même de ces espaces* » (*Ibid.* : 34), d'où le passage d'une « *conservation excluante* » à une « *conservation intégrée* »[7].

En 1983 est créée la Commission mondiale pour l'environnement et le développement qui, après quatre années de travail, publie le rapport Brundtland auquel on attribue généralement la paternité du terme de développement durable. Ce rapport fait écho à plusieurs événements :

1) l'émergence et la reconnaissance institutionnelle de pollutions qualifiées de « globales »[8], parmi lesquelles on peut compter la détérioration de la couche d'ozone stratosphérique ou l'augmentation des concentrations atmosphériques de gaz carbonique ;

2) l'accumulation et l'ampleur de divers sinistres dont certains relèvent des risques technologiques majeurs (Tchernobyl en 1986), alors que d'autres relèvent de catastrophes écologiques ;

3) les risques d'épuisement des ressources naturelles (menaces d'extinction de diverses espèces et envers la biodiversité) et les atteintes environnementales accentuées par les pluies acides.

Si le terme de développement durable n'intègre pas d'idées véritablement nouvelles (par rapport à la notion d'écodéveloppement énoncée dans les années 1970), il présente néanmoins l'avantage de systématiser les impacts négatifs des activités économiques et humaines sur l'environnement tout en adoptant des propositions qui tendent à être modérées pour éviter les réactions de « rejet » suscitées par le rapport Meadows[9]. Les questions d'environnement et de développement sont

---

de conservation, les impératifs de développement et une fonction logistique de coopération internationale » (*Ibid.* : 32).

[7] C'est essentiellement à partir des années 1990 que les expériences de « conservation intégrée » vont se multiplier avec la montée en puissance de la notion de développement durable (voir section 3, *infra*).

[8] Les problèmes « globaux » d'environnement renvoient aux pollutions diffuses qui ne sont pas clairement identifiées dans le temps et dans l'espace et qui sont le fait d'un grand nombre de pollueurs dont il est très difficile de définir clairement la responsabilité. Ils mettent en jeu l'avenir des générations futures et peuvent avoir des effets irréversibles qui menacent la survie de la planète et de l'espèce humaine.

[9] Dès l'introduction, le rapport prend bien soin de se démarquer du rapport Meadows en expliquant qu'il n'est ni question de sacrifier le développement à la protection, ni l'inverse, bien entendu. Pour la CMED (1987 : 10-11) « *le développent durable n'est pas un état d'équilibre mais plutôt un processus de changement dans lequel l'exploitation des ressources, le choix des investissements, l'orientation du développement technique ainsi que le*

alors considérées conjointement et non pas de manière exclusive. Les stratégies pour la mise en œuvre d'un développement durable sont alors diverses : lutte contre la pauvreté et les inégalités, changement du contenu de la croissance, modification du comportement des acteurs économiques, etc.

La Conférence des Nations unies sur l'environnement et le développement (CNUED) à Rio de Janeiro en juin 1992, à laquelle ont participé 178 pays, fait suite à la publication du rapport Brundtland et s'est tenue vingt ans après la conférence de Stockholm. Elle symbolise le véritable lancement médiatique de la notion de développement durable. Les questions abordées lors de la Conférence de Rio ont été multiples (pauvreté, participation des minorités aux processus de décision, aménagement de l'espace, gestion des différentes ressources, équité dans la distribution des richesses…). Pour Aggeri (2001 : 16) « *Rio a donné naissance à une définition extensive [du développement durable] allant bien au-delà des rapports de l'environnement et du développement en englobant les rapports Nord-Sud, la lutte contre la pauvreté, les droits de la femme, l'équité sociale, etc.* » En comparant les deux textes issus de ces conférences internationales, on constate que l'idée du rapprochement des problématiques du développement et de l'environnement présente dans la Déclaration de Stockholm (à la suite du rapport de Founex) est au centre de la Déclaration de Rio ; la problématique démographique semble avoir moins d'importance et les références à l'épuisement des ressources renouvelables sont marginales. Par contre, la Déclaration de Rio illustre la montée en puissance de la société civile, des ONG notamment, ainsi que des représentants du monde des entreprises[10], alors que la référence à la planification qui figurait dans la Déclaration de Stockholm est marginalisée[11].

Il est alors intéressant d'analyser la traduction de la production des savoirs des économistes sur le développement durable avant d'en étudier la traduction dans des politiques publiques à Madagascar, exemple illustratif de pays en développement mettant le développement durable au premier plan de ces choix politiques. Nous verrons, au préalable, qu'il

---

changement institutionnel sont déterminés en fonction des besoins tant actuels qu'à venir. »

[10] Pour la CMED (1987 : 76), le développement durable ne pourra être atteint que par une « volonté politique ». Cela passe par plusieurs réformes institutionnelles et juridiques : participation plus grande du public, des ONG, des industriels… aux prises de décision ; renforcement des agences internationales (PNUE, Banque mondiale entre autres) ; coopération élargie au niveau international, etc.

[11] La notion de planification (environnementale) n'a pas disparu pour autant des programmes des pays en développement comme Madagascar. Voir section 3.

n'y a pas un courant unique homogène donnant sens à cette notion, mais qu'il existe plusieurs courants à la base d'interprétations différentes de ce qu'on entend par développement durable.

II – Les interprétations du développement durable par les économistes

Même si la notion de développement durable a connu une popularité croissante aux niveaux politiques et académiques, ainsi qu'une large reconnaissance institutionnelle de la part de nombreux organismes internationaux (Organisation des Nations unies, Programme des Nations unies pour l'environnement, Banque mondiale, Commission européenne, etc.), l'expression de son succès ne saurait masquer les nombreux points de clivage qui structurent le débat. En 1989, John Pezzey a ainsi recensé plus de soixante définitions. Une telle abondance est évidemment l'indice de conceptions différentes, voire divergentes sur le sens de ce concept. Au risque d'être schématique, on peut distinguer quatre grandes conceptions du développement durable. L'enjeu est alors d'expliciter les recommandations normatives de ces différentes conceptions qui ne sont pas étanches les unes aux autres (étant divergentes sur certains aspects et convergentes sur d'autres).

Le développement durable vu par les tenants de l'approche néoclassique

Les tenants de l'approche néoclassique (école « anthropocentrique ») pensent qu'il est toujours possible de substituer des actifs dits manufacturés aux actifs naturels, et donc qu'il n'y a pas de réelle contrainte environnementale (Hartwick, 1997)[12] : les biens environnementaux interviennent dans la fonction d'utilité des particuliers ou des décideurs au même titre que les autres biens de consommation, et on peut donc toujours remplacer les premiers par les seconds ; de même, la fonction de production permet des substitutions entre les ressources épuisables et les autres facteurs de production. Les tenants de cette approche considèrent également que la nature n'a qu'une valeur instrumentale et que le progrès technique finit toujours par apporter des

---

[12] Pour une synthèse sur la théorie de la croissance exogène avec ressources naturelles et environnement, principalement développée dans les années 1970 et reprise dans le cadre des modèles de croissance durable, voir, entre autres, Beltratti (1996) et Chichilinsky et al. (1997).

solutions pour réparer les dommages avant qu'ils ne deviennent trop importants.

Dans ce cadre, le marché, à travers les changements de prix relatifs, fournit un guide approprié pour l'allocation optimale des biens et services environnementaux. La crainte de l'épuisement de ressources naturelles dotées d'un prix de marché (énergies fossiles, matières minérales) n'aurait pas de fondement si on laissait jouer les mécanismes de marché. Les stratégies d'exploration, stimulées par le mouvement des prix assureraient la reconstitution des réserves ; à mesure que les prix des ressources rares s'élèveraient, il y aurait stimulation des recherches technologiques. Ces dernières permettraient non seulement aux substitutions adéquates de se déclencher mais aussi l'accroissement de l'efficacité de leur emploi, si bien qu'une même unité physique de ressource engendrerait de plus en plus de richesse. Ce point de vue a engendré une théorie économique de l'exploitation optimale des ressources naturelles qui détermine une trajectoire optimale d'épuisement des ressources et permet la poursuite de la croissance économique en dépit de l'épuisement de certaines ressources.

Quant aux problèmes de pollution, il s'agit de trouver le moyen « d'internaliser les effets externes » induits grâce, par exemple, à un système de taxation visant à la réalisation d'un « taux optimal de pollution » égalisant le coût social marginal du dommage et le coût marginal de réduction de la pollution.[13] Quant à l'usage de « biens naturels collectifs », il s'agit de trouver des procédures sociales internalisant les externalités induites et mettant fin aux situations de libre accès qui engendrent le gaspillage et la destruction des actifs[14], grâce à la mise en place de droits de propriété adéquats.

La confiance quant à la disponibilité et à la substituabilité des ressources ainsi que dans les vertus de la régulation marchande, à quelques domaines près, reste de mise chez les tenants néoclassiques du développement durable.

---

[13] Le problème est que ce taux optimal de pollution l'est d'un point de vue économique, et non pas d'un point de vue écologique. Il se peut qu'il dépasse la capacité d'assimilation de l'environnement et qu'il induise des dommages irréversibles sur le long terme (*cf.* le thème des externalités dynamiques développé par Pearce, 1976).

[14] Les agents économiques sont incités à ne pas révéler leurs préférences pour les biens collectifs dans la mesure où ils sont certains de pouvoir en bénéficier sans en acquitter le prix ; ce comportement est qualifié de « passager clandestin ». Dans le cas de ressources en libre accès, la logique du « premier arrivé, premier servi » induit une surexploitation des ressources et leur épuisement.

Les travaux de Hartwick (1977, 1978) stipulent que le développement est durable s'il s'accompagne d'une non-décroissance du stock total de capital. Ils envisagent des schémas de compensation intergénérationnelle, le plus souvent fondés sur des possibilités infinies de substitution entre actifs naturels et manufacturés et, sur l'équivalence, du point de vue du bien-être, entre biens de consommation et biens environnementaux. Solow (1986, 1993) développe cette approche en faisant référence aux problèmes liés à l'épuisement des ressources naturelles. Toutefois, si une ressource naturelle telle que le pétrole, qui ne constitue pas véritablement une aménité, peut être épuisée à long terme dès lors qu'un autre input de nature humaine ait pu lui être substitué, lorsque l'actif environnemental est la qualité de l'air, ou la qualité de l'eau, il devient difficile d'admettre que ce dernier puisse être continûment dégradé sous prétexte qu'un actif physique de nature humaine s'accumule de manière à laisser inchangé le stock de capital total. Les problèmes de pollution sont par nature physiques, et non pas liés à la valorisation d'un stock global.

Le développement durable vu par l'École de Londres

Une deuxième approche, initiée par Pearce (1988), qualifiée d'École de Londres souligne la nécessité de maintenir constant dans le temps un stock minimum de capital naturel pour qu'un développement durable soit possible. Ces économistes, reprennent en partie l'appareil analytique de l'école néoclassique (en termes de modélisation de la croissance), mais ils s'en écartent dans la mesure où ils tentent d'intégrer explicitement des contraintes de reproduction de l'environnement. Cette démarche est inspirée par les travaux de Baumol et Oates (1971) dans le domaine de la pollution, et elle est étendue au domaine de la gestion des ressources naturelles. Dans ce cadre, il convient, d'une part, de déterminer des normes environnementales (de pollution, ou d'exploitation de ressources) en termes physiques indépendamment de toute optimisation économique et, d'autre part, de chercher à les atteindre au moindre coût économique. À titre d'exemple, l'objectif de préservation de l'environnement s'exprime, dans le modèle de Barbier et Markandya (1990), par trois contraintes qui encadrent la fonction d'utilité sociale intertemporelle : l'exploitation des ressources renouvelables doit se faire en deçà de leur taux de renouvellement, l'extraction de ressources épuisables doit se faire à un rythme permettant leur remplacement par des ressources naturelles renouvelables, l'émission de déchets doit être compatible avec la capacité d'assimilation et de recyclage de l'environnement. La résolution d'un tel modèle permet alors de déterminer un sentier de croissance le long duquel le bien-être est non décroissant, tout en tenant compte de contraintes environnementales absolues.

Cette analyse comporte néanmoins un certain nombre de limites qui en réduit la portée : la croissance considérée est le plus souvent exogène[15]; par ailleurs, le modèle de Barbier et Markandya (1990) est déterministe et n'intègre pas l'incertitude sur les effets des actions humaines sur l'environnement[16] ; enfin, dans ce type de modèles, la détermination du sentier de croissance optimale dépend du critère utilitariste escompté de bien-être social qui induit une « dictature du présent » en raison du principe même de l'escompte, accordant un poids décroissant aux générations futures[17].

Les tenants de l'École de Londres reprennent les différentes modalités de régulation par les prix exposées par les économistes néoclassiques du développement durable. Ces dernières reposent *in fine* sur l'analyse coûts-avantages qui vise à comparer les coûts et les bénéfices escomptés des projets ou des politiques mis en place, à l'aide du calcul de leur valeur actuelle nette[18]. Pour ce calcul, les méthodes d'évaluation environnementale cherchent généralement à mesurer le consentement à payer (ou à recevoir) des acteurs ou des individus pour bénéficier d'une amélioration de la qualité de l'environnement ou pour en éviter une dégradation[19].

L'analyse coûts-avantages connaît de multiples applications, tant dans les pays développés que dans les pays en développement. Nous retiendrons, comme exemple illustratif, l'étude de Carret et Loyer (2003) présentant une évaluation des coûts et des avantages du réseau d'aires protégées à Madagascar, ainsi que des gains et des pertes des différents groupes sociaux concernés. Les auteurs ont évalué trois types de

---

[15] Cette critique a été dépassée par l'élaboration de modèles de croissance (et non pas de développement) endogène « verts ». Gastaldo et Ragot (1996) proposent une revue de la littérature sur l'analyse du développement durable à l'aide de modèles de croissance endogène avec pollution. Voir également la contribution de Chevé et Ragot dans Schubert et Zagamé (1998). Pour les modèles de croissance endogène avec ressources renouvelables comme facteur de production, voir, entre autres, Bovenberg et Smulders (1995).

[16] Cette critique a été dépassée par la suite : pour une extension des modèles de croissance durable dans un cadre stochastique voir Ayong Le Kama (1999).

[17] Pour une discussion sur la portée et les limites de l'adoption d'autres critères, tels que le critère utilitariste non escompté ou le critère égalitariste, voir la contribution de Hiriart et Schubert dans Schubert et Zagamé (1998).

[18] Si la valeur actuelle nette est positive, cela signifie que le projet évalué comporte des bénéfices escomptés supérieurs aux coûts.

[19] De nombreux auteurs ont montré les limites de l'évaluation contingente reposant sur une révélation des préférences des individus. Voir, entre autres, Beaumais et Assouline (2002).

bénéfices associés à la conservation de la biodiversité (*via* les paiements directs des pays du Nord), l'écotourisme (*via* les droits d'entrée, la valeur ajoutée nationale directe – transport, hôtellerie, etc. – et indirecte – activités induites –) et la protection hydrologique des bassins versants (*via* les consentements à payer des usagers de l'eau : riziculteurs et consommateurs d'eau potable). Ils ont également identifié les coûts composés des coûts de gestion directs (coût d'opérations et d'investissement) et des coûts d'opportunité liés au maintien de l'interdiction de la déforestation dans les aires protégées (perte de revenus de l'agriculture sur brûlis et de la récolte de bois de feu, principales causes de la déforestation). En considérant un horizon temporel de 15 ans, ils ont comparé les bénéfices avec les coûts estimés et ont montré que le maintien du réseau malgache d'aires protégées était économiquement bénéfique pour le pays (avec une valeur actuelle nette de 15,7 US$/ha/an). Sur cette base, après avoir identifié les gagnants et les perdants et de multiples incertitudes, les auteurs ont proposé des pistes de réflexion sur la durabilité du financement du réseau d'aires protégées et sur les alternatives à la déforestation d'origine agricole et énergétique. L'analyse coûts-avantages présente un certain nombre de limites sur lesquelles nous reviendrons (voir *infra*, note 26). Nous pouvons néanmoins noter que la production de savoirs n'est pas déconnectée des choix politiques. Durant le Sommet de Durban en 2003, le Président de la République malgache a effectivement décidé de porter à six millions d'hectares la surface des aires protégées à Madagascar (au lieu de 1,7 millions d'hectares) correspondant à 10 % de la superficie du pays.

Le développement durable vu par les tenants de l'écologie profonde et les partisans de la décroissance

D'un autre côté, on trouve les tenants de « l'écologie profonde » (*Deep Ecology*) et ceux de la théorie de la décroissance qui reprennent les travaux du Club de Rome. Des auteurs comme Naess (1990), Devall et Sessions (1985), accordent une valeur à la nature indépendamment des besoins humains et prônent un état stationnaire de l'économie. Cette approche conçoit la nature, l'ensemble des espèces (animaux, plantes…) et les écosystèmes comme ayant un droit à l'existence autonome et indépendant de toute appréciation utilitariste où le souci de préservation de l'environnement ne se manifeste que par l'utilité qu'il représente pour l'homme. Dans ce cadre, « *la vie est supposée posséder une valeur en elle-même ; le fondement du droit à l'existence des non humains n'étant plus utilitariste mais éthique, le développement durable se définirait comme un développement ne portant pas atteinte aux autres formes de la vie terrestre* » (Hatem, 1990). Cette approche qualifiée de « conservationniste », stipule que les ressources et les problèmes d'environnement imposent une contrainte absolue à la croissance économique et que cette dernière doit être stoppée ou pensée autrement. Ce sont les partisans de la croissance zéro ou de l'état stationnaire.

Les partisans de l'état stationnaire soulignent la nécessité d'imposer des contraintes écologiques absolues à la sphère économique et de maintenir constant l'ensemble du stock de capital naturel dans le temps. Les hypothèses retenues par Daly (1991) sont les suivantes :

- on se situe dans un monde où ce n'est plus le capital créé par l'homme, mais le capital naturel qui est le facteur limitant de la croissance. La production de capital manufacturé nécessite le plus souvent l'intervention du capital naturel. En outre, ce dernier remplit des fonctions de support de vie qui ne peuvent pas être remplies par le capital manufacturé.
- Le progrès technique a des impacts extrêmement limités à l'égard du capital naturel. Par exemple, les nouvelles technologies ne sont pas nécessairement moins polluantes.
- Les prix ou les rentes de rareté sont des notions limitées pour évaluer l'environnement.
- L'incertitude et l'irréversibilité justifient le recours au « principe de précaution ».

Compte tenu des hypothèses précédentes, le capital naturel doit être préservé dans son intégralité ; il est évalué à l'aide d'une multitude d'indicateurs environnementaux en termes physiques. Se pose alors le problème d'agrégation de ces derniers, de la disponibilité d'une information trop disparate et trop détaillée.

La préservation du capital naturel dans son intégralité implique des taux de croissance économique et démographique réduits. En effet, les croissances économique et démographique sont susceptibles d'accroître la consommation d'énergie et de matières premières responsables à la fois de l'épuisement des ressources et des problèmes d'environnement, ou encore de la détérioration et de la diminution du capital naturel. Toutefois, l'arrêt de la croissance énergétique et matérielle sacrifie les préoccupations économiques et sociales au profit de préoccupations écologiques, ce qui va à l'encontre d'un développement durable.

Avec une justification quelque peu différente, des économistes se prononcent en faveur d'un objectif de décroissance. Certains rejettent l'idée de développement, notion connotée par l'avancement du monde occidental et la marchandisation des rapports sociaux (Latouche, 1994). Latouche (1994) et les tenants de « l'après-développement » considèrent que le développement durable n'est qu'une coquille vide qui dissimule la réalité des rapports sociaux et des rapports de force entre les pays du Nord et des Suds ; ils suggèrent de remplacer cet objectif par celui d'une « décroissance durable » et « conviviale » (recherche de l'autonomie des individus). D'autres auteurs partisans de la décroissance, comme Harribey (1998), sont moins sceptiques à l'égard de la notion de développement durable ; ils pensent que celle-ci peut donner un nouveau contenu et du sens à l'idée de développement. Très critiques à l'égard des politiques libérales sous-jacentes aux stratégies de développement, ils prônent une décélération de la croissance précédée d'un changement des rapports de production capitalistes et d'une diminution des inégalités de richesse avec l'aménagement d'une période de rattrapage pour les plus pauvres. Comme le souligne Vivien (2005 : 97), « *dans ces deux camps, au-delà des oppositions qui touchent en particulier l'analyse du capitalisme, il s'agit à terme de réinventer un imaginaire en matière de changement social* ».

Le développement durable vu par les tenants de l'Économie écologique

Enfin, la dernière approche, l'économie écologique (*Ecological Economics*) se détache nettement des néoclassiques mais est moins radicale que la précédente (*Deep Ecology*, partisans de la décroissance). Elle est complémentaire à l'École de Londres dans la mesure où elle partage le diagnostic sur le respect d'une contrainte minimale de préservation d'un capital naturel qualifié à l'occasion de « critique »[20] ; l'objectif de durabilité se définit alors comme la non-décroissance dans le temps du stock de capital naturel permettant de produire un flux constant de richesses, sous forme de biens et de services économiques et de services environnementaux ; toutefois elle distingue de l'École de Londres, notamment en ce qui concerne les recommandations formulées en matière d'évaluation des dispositifs de régulation (voir *infra*).

[20] En effet, les actifs environnementaux fournissent des services fondamentaux (tels que la fonction de support de vie, *cf.* la couche d'ozone…) ou des valeurs de non-usage uniques et irremplaçables (*cf.* les oiseaux, les récifs de corail…). Ils sont en partie complémentaires aux actifs économiques et en partie substituables par ces derniers.

Ce courant de l'économie écologique s'est peu à peu organisé et institutionnalisé depuis les années 1980[21] et son but principal est d'instituer un dialogue scientifique entre la sociologie, l'économie, la physique, l'écologie, les sciences politiques, le droit, etc., dans l'objectif d'appréhender le développement durable dans une perspective élargie. C'est un courant de pensée assez hétéroclite, dont l'objet porte sur la recherche des conditions de coévolution entre les écosystèmes et les systèmes économiques (Vivien, 2005). Si certains s'intéressent aux dimensions biophysiques de l'activité économique et étudient les limites écologiques à l'activité humaine (*via* des modèles bioéconomiques) (Costanza et Daly, 1992), d'autres mettent davantage l'accent sur les questions institutionnelles associées à la régulation des ressources naturelles ainsi que sur les enjeux redistributifs des questions environnementales (Martinez-Alier et O'Connor, 1996 ; Martinez-Alier, 2002).

Pour les tenants de l'économie écologique, la (re) définition de l'interdisciplinarité entre l'économie et l'écologie passe par une réflexion approfondie sur les conflits d'intérêts, sur le pragmatisme et la positivité du discours scientifique, ainsi que sur l'interaction existant entre les processus cognitifs et les processus de prise de décision en matière d'environnement. La plupart des problèmes environnementaux contemporains ont en effet des caractéristiques épistémologiques particulières qui font qu'ils n'apparaissent pas comme des contraintes écologiques clairement définies auxquelles sait répondre la société. Bien au contraire, l'ignorance est présente à tous les niveaux de l'expertise ; les dommages sont mal cernés, incertains et difficilement évaluables ; les causalités et les responsabilités ne sont pas toujours clairement établies ; la rationalité des acteurs est nécessairement limitée. Entourée d'incertitudes et de controverses scientifiques, la reconnaissance du problème d'environnement est un processus complexe de construction sociale où interfèrent intérêts économiques, industriels, politiques et médiatiques. Dans le contexte qualifié par Godard (1993) « d'univers controversé », les thèses scientifiques qui s'opposent sont invoquées par les acteurs en fonction de leurs stratégies propres, en vue de faire adopter les règles communes qui leur seront favorables. La « stabilisation » du problème d'environnement à laquelle on assiste – le problème des pluies

---

[21] Ce courant est né à la fin des années 1980 avec la création de la Société Internationale pour une « économie écologique » et la parution de la revue *Ecological Economics* en 1989, la Société européenne d'économie écologique ayant pour sa part été crée en 1996. Pour une présentation de ce courant voir, entre autres, Turner et al. (1997), Gowdy et Erickson (2005), Common et Stagl (2005).

acides par exemple[22] – naît de cette interférence entre l'univers cognitif et l'univers de l'action, et les mesures prises ne répondent souvent qu'imparfaitement à l'expertise (tant initiale que finale) du problème écologique. Il importe que les « conventions d'environnement »[23] qui en résultent, ne soient, d'une part, ni prématurées, ni rigides pour préserver l'univers des options (en ce sens elles respecteraient le principe de précaution) et, d'autre part, qu'elles définissent des objectifs clairs qui permettront aux acteurs de faire jouer leur rationalité. Mais elles souffrent le plus souvent d'un manque de volonté politique. L'analyse de tels processus prouve que les problèmes d'environnement, comme l'a montré Godard (1990) se posent en termes de « légitimité » avant de l'être en termes d'efficacité. Tout le débat sur l'environnement est d'abord un affrontement entre différentes « visions du monde ». Il existe en effet une pluralité de légitimités et de « visions de la nature » au sein de toute société humaine, occidentale ou autre, et entre les sociétés elles-mêmes. Il existe d'autres types de légitimités, d'autres types de savoirs, de valeurs, de représentations du monde, d'institutions, que ceux étudiés par les tenants du courant néoclassique[24]. Les économistes écologiques cherchent

---

22 Voir Faucheux et Noël (1990) pour la controverse autour des pluies acides. Notons simplement que les certitudes scientifiques que l'on croyait établies (mise en cause des oxydes d'azote (No_X) dans le problème de l'acidification des lacs et des forêts) ont été ébranlées à partir des années 1990 et que les explications monocausales ont été révisées, la pollution atmosphérique n'étant plus qu'un facteur parmi d'autres du « dépérissement des forêts ». Dans le même temps, des décisions ont cependant été prises sur cette base et, où les intérêts économiques et politiques allemands ont joué en faveur de l'essence sans plomb et l'installation de pots catalytiques, avec une mise au second plan du problème écologique du dépérissement des forêts. Pour une analyse des controverses autour du changement climatique, voir Faucheux et Joumni (2005).

23 Par exemple, le Protocole de Montréal réglementant la production et la consommation des produits incriminés dans la destruction de la couche d'ozone : signé en 1987, il est entré en vigueur en 1989, et a fait l'objet depuis de plusieurs révisions qui ont abouti à un « durcissement » de l'accord. Voir Faucheux et Noël (1990).

24 En associant une « nature » particulière à chacune des « cités » proposées par les sociologues Boltanski et Thévenot, Godard (1990) propose une typologie de « légitimités » qui articulent la définition d'un ordre social désirable et un mode de coordination des rapports entre les individus. Ces légitimités peuvent être invoquées alternativement par les mêmes individus, elles ne correspondent pas à des groupes sociaux précis. Godard distingue : 1) une « nature marchande » : dans une « cité » où les relations entre individus sont pensées sous forme d'échanges marchands, la nature apparaît sous la forme d'objets individuellement désirables, appropriables et échangeables ; 2) une « nature industrielle » : dans un société conçue comme une machine, où le travail et la

alors à rendre compte de cette pluralité, à l'inverse des économistes du courant néoclassique.[25] Pour les économistes écologiques, il ne faut pas perdre de vue que « l'environnement » est une construction sociale – et pas seulement à travers la seule détermination de son « utilité ».

Enfin, en matière d'aide à la décision et d'évaluation des dispositifs de régulation, les économistes écologiques préconisent le recours au multicritère, afin de dépasser les limites de l'analyse coûts-avantages (ACA)[26]. À titre d'exemple, pour évaluer des dispositifs de gestion communautaire à Madagascar, Froger et Méral (2007) ont élaboré une méthode hybride combinant une ACA et une analyse multicritère pour cumuler les avantages de ces méthodes (analyse dynamique, données économiques et monétaires pour l'ACA ; méthode partiellement

---

production sont au centre des préoccupations, la nature apparaît comme une « ressource naturelle » à exploiter, comme un potentiel énergétique et matériel à utiliser ; 3) une « nature civique » dans une « cité » qui émane de la volonté de citoyens libres et égaux et où l'administration et les institutions politiques représentatives de la démocratie occupent une place centrale, la nature constitue avant tout un lieu d'application du principe démocratique, à savoir le libre accès pour tous ; 4) une « nature de renom » : dans une « cité » où importe la notoriété, la nature est valorisée, positivement ou négativement, par son aspect médiatique ; 5) une nature « inspirée » : dans une « cité » où ce sont les valeurs spirituelles qui importent, la nature sera considérée parce qu'elle transcende l'homme ; 6) une « nature domestique » : dans une « cité » reposant sur des liens personnels, des appartenances et des lignées, la nature sera objet identitaire transmissible à d'autres membres du groupe. Ayant vocation à l'universalité, chaque principe de légitimité apparaît exclusif de tous les autres. Aucun pourtant ne serait être supérieur aux autres. Un « trouble de légitimité » apparaît dès que coexistent plusieurs légitimités.

[25] La façon dont ces derniers posent les problèmes d'environnement n'est que l'expression d'une de ces légitimités, d'une de ces échelles de valeurs qui sous-tendent tout discours sur la société.

[26] L'une d'entre elle renvoie au caractère parfaitement compensatoire de l'ACA : toute perte est compensée par un gain même si les domaines d'impact (populations et/ou institutions) sont différents ; de nombreux gains assez faibles profitant à beaucoup ont autant de poids qu'un gain élevé profitant à peu d'agents. Les effets négatifs sont masqués puisqu'au final l'ACA présente un avantage net global. Si l'ACA suppose l'existence d'une compensation entre des entités différentes, rien n'est dit sur l'effectivité des mécanismes de compensation (Méral, 2005). Par ailleurs, il existe une incompatibilité de nature entre l'ACA et l'esprit de certains dispositifs de régulation, comme les dispositifs de gestion communautaire dans les pays du Sud (Herimandimby et Méral, 2006). En effet ces derniers n'ont pas pour seul objectif d'être rentables, de générer d'importantes retombées économiques, ils visent également à orienter les pratiques des populations locales vers une gestion durable des ressources naturelles effective et à les pérenniser.

compensatoire ou non compensatoire, prise en compte d'aspects qualitatifs non traductibles en termes monétaires pour le multicritère), tout en en minimisant leurs inconvénients. Les auteurs ont retenu trois objectifs à l'aune desquels l'évaluation des dispositifs a été réalisée : un premier relatif à l'obtention d'une viabilité financière et économique satisfaisante (aspects quantitatifs), un second portant sur l'optimisation des effets induits au niveau local et hors site (aspects qualitatifs) et un troisième se concentrant sur la « durabilité » ou encore la pérennité des filières de valorisation promues par les dispositifs de gestion communautaire (aspects quantitatifs et qualitatifs). En appliquant cette méthodologie à un site pilote (Gestion décentralisée à Arivonimamo), les auteurs ont pu illustrer un nombre important de caractéristiques socio-économiques absent de l'application simple de l'ACA (effet d'entraînement local modéré, ancrage territorial de la filière soie valorisée par le dispositif, etc.). La présentation d'un diagnostic global multicritère a également permis d'envisager des recommandations comme par exemple un meilleur recouvrement fiscal et une plus grande mobilisation des moyens d'action des associations locales au sein de la filière. Cette analyse fait écho à une option politique préconisée par bon nombre d'économistes écologiques qui repose sur la gouvernance concertative et la planification participative dans la construction des normes et des règles pour assurer un développement durable.

Les interprétations du développement durable par les économistes nous ont permis non seulement de souligner les convergences et les divergences entre les différents courants (qu'il convient de considérer comme n'étant pas hermétiques entre eux), mais aussi de mettre en évidence plusieurs options politiques (rarement explicitées) qui ne sont pas figées dans le temps, ni exclusives les unes des autres : dispositifs de régulation marchande (école néoclassique) accompagnés d'une planification centralisée (École de Londres), dispositifs « conservationnistes »[27] (*Deep Ecology*), dispositifs participatifs et/ou de redistribution (économie écologique). Même s'ils sont le plus souvent imbriqués entre eux, quels sont les dispositifs « privilégiés » adoptés par les pays en développement ? Quelles sont les ruptures et les continuités des choix politiques de conservation et de gestion durable des ressources naturelles opérés par ces pays ?

[27] Selon l'acception anglo-saxonne, ou « préservationnistes » selon Estienne Rodary et Christian Castellanet (2003).

III – Une mise en perspective des politiques de développement durable dans les Suds au prisme de Madagascar[28]

Afin de mettre en perspective les politiques de développement durable, ou plus précisément les dispositifs de conservation et de gestion durable des ressources naturelles, notre attention va porter sur un pays en développement en particulier, Madagascar. Le choix de ce pays, *hot spot* en biodiversité et caractérisé par une extrême pauvreté, s'explique par l'existence d'un dispositif original et précurseur de planification environnementale impulsé par des organismes d'aide (principalement la Banque mondiale) et le gouvernement malgache (Chaboud et al., 2007). Ce dispositif, intitulé « Plan d'action environnementale » (PAE)[29], vise à mettre en œuvre un ensemble de politiques, de programmes, d'actions pour lutter contre les dommages environnementaux subis par le pays et ses habitants, au premier rang desquels figure la déforestation, et à créer ou à renforcer le dispositif institutionnel malgache en vue de pérenniser ces actions[30]. L'expérience malgache nous permet d'illustrer plusieurs faits stylisés sur l'évolution des politiques de conservation et de gestion

---

[28] Certains développements de cette section ont été repris de Froger (2006). Ils ont été actualisés, complétés et mis en perspective par rapport à cet ouvrage. Voir Aknin et al. (2005) pour une analyse des enjeux de développement durable dans les pays en développement.

[29] Comme le souligne Andriamahefazafy et al. (2007), 38 pays africains et de l'océan indien se sont dotés d'un Plan national d'action environnementale entre 1990 et 1996. Cette période se divise en trois phases : une période qualifiée de pionnière (1989-1990) dans laquelle on trouve Madagascar, le Lesotho, Maurice et le Botswana ; une période intermédiaire (1991-1993) avec 9 nouveaux plans et une période d'accélération (1994-1996) avec 25 autres plans.

[30] La mise en œuvre du PAE de Madagascar, dont les principaux éléments ont été inclus dans une charte, appelée *Charte de l'Environnement Malgache,* a été prévue pour une durée de 15 ans, afin de gérer les problèmes environnementaux qui menacent le patrimoine de la biodiversité de Madagascar et d'assurer un développement durable. Ce PAE est divisée en trois programmes : le PE I (programme environnemental I) de 1991 à 1997, dont les principaux objectifs ont été le démarrage du PAE, la mise en place des fondements institutionnels et les actions de conservation les plus urgentes ; le PE II (programme environnemental II) de 1997 à 2002, qui a consisté à intensifier des actions menées lors du programme précédent et à rendre opératoire la décentralisation de la gestion des ressources naturelles ; enfin dans le cadre du PE III (programme environnemental III) de 2003 à 2008, il s'agit de poursuivre les efforts entrepris lors des phases précédentes en tentant d'enraciner les principes et l'esprit du développement durable dans les pratiques, tant de la population que des institutions malgaches.

durable des ressources[31] et sur l'influence exercée par les organismes internationaux et les organisations de conservation.

Avant et au cours des années 1980, de nombreuses critiques ont été énoncées à l'égard des politiques conservationnistes, imposées initialement par les puissances coloniales occidentales au XXe siècle et relayées ensuite par les États en développement devenus indépendants[32], notamment sur le caractère autoritaire des dépossessions de terre lors de la création d'aires protégées. « *Ces critiques notaient l'étroite imbrication qui existe, depuis les premières mises en réserve, entre une pratique présentée comme strictement scientifique et la production d'un espace social particulièrement inégalitaire, articulé sur un double processus d'inclusion et d'exclusion : exclusion des populations par la création d'espaces clos ou par la marchandisation des ressources auxquelles elles n'ont plus accès ; et inclusion, mais en position subordonnée, dans un système étatique de contrôle de l'espace et des ressources* » (Rodary et Castellanet, 2003 : 31). Les politiques conservationnistes ont été accusées d'imposer des logiques et des pratiques techniciennes, voire technocratiques, en matière de gestion des ressources ; logiques et pratiques entrant en contradiction avec les systèmes de règles préexistants, ce qui a fragilisé les institutions locales sans être capable de les remplacer par d'autres systèmes de régulation efficaces (Lavigne Delville, 2001). Dans ce contexte, on assiste à une critique virulente des politiques étatiques dans le domaine de l'environnement. En effet, depuis l'indépendance dans les années 1960, et ce jusqu'au début des années 1980, la plupart des États en développement, y compris Madagascar, ont procédé à une nationalisation de la propriété des ressources pour assurer une gestion directe de l'environnement. Cette pratique a été : (i) « centralisatrice », parce que la gestion des ressources était un monopole de l'État et de l'administration ;

---

[31] Les faits stylisés analysés dans cette section ne sont pas spécifiques à Madagascar puisque des processus similaires sont constatés en Afrique subsaharienne (Bertrand et al., 2006).

[32] « *Le travail entrepris très tôt par les organisations non gouvernementales au moment des indépendances allait être très fructueux dans la réappropriation des problématiques conservationnistes par les nouveaux chefs d'Etat, qui ont évalué rapidement que ce secteur était potentiellement porteur d'une manne financière non négligeable et que l'enjeu valait bien un investissement dans une problématique à laquelle ils avaient été longtemps été opposés* » (Rodary et Castellanet, 2003 : 22-23). Voir Andriananja (2006) pour l'exemple de la politique forestière malgache caractérisée par une gestion conservationniste, à la fois exclusive et répressive, au profit de l'autorité en place depuis l'époque royale jusqu'aux années 1980-1990 (Roi, administration coloniale, État indépendant).

(ii) « interventionniste », en ce sens que l'administration, par l'intermédiaire de ses agents, exerçait des surveillances et des contrôles sur tout agissement des communautés et des individus touchant aux ressources naturelles renouvelables ; (iii) « répressive », puisque le dispositif juridico-administratif mis en place pour les réaliser instaurait interdiction, amende et emprisonnement et enfin (iv) « exclusive », parce que les communautés et les individus n'avaient accès à aucune forme de prise de décision effective dans la gestion des ressources naturelles (Froger et al., 2004).

C'est au cours des années 1980 qu'un changement s'est fait sentir, avec la *Stratégie mondiale de conservation* (voir *supra*, section 1). Cette dernière vise à promouvoir l'intégration de l'environnement dans la planification du développement ; elle a été effectivement transposée au niveau de quelques pays en développement pour servir de base de stratégies nationales (Falloux et Talbot, 1992), notamment à Madagascar en 1984. La notion de développement durable qui émerge à la même période permet aux « conservationnistes » de s'appuyer sur le développement sans trop dénaturer l'objectif de conservation, celui-ci devenant au contraire un élément-clé des modalités d'amélioration des conditions de vie, et elle permet également au « monde du développement » (agences d'aide, organisations non gouvernementales, etc.) d'intégrer des préoccupations environnementales dans les politiques de développement. Il est question de « *conservation intégrée, entendue non pas comme un processus d'appropriation de l'espace (.../...) mais comme un mouvement d'imbrication entre la conservation sectorielle et les autres formes d'exploitation des ressources naturelles. Ce qui est recherché est un dépassement de l'opposition spatiale entre les pratiques de mise en valeur (agriculture, exploitation forestière, etc.) et la préservation des ressources sauvages, alors que, dans le modèle du parc, cette opposition impliquait, selon l'importance respective de l'une ou de l'autre, que les modes d'usage de l'une s'inscrivent de manière interstitielle et conflictuelle dans l'espace de l'autre* » (Rodary et Castellanet, 2003 : 35-36). Cette idée est au cœur des « territoires de conservation et de développement », envisagés comme alternatives aux aires protégées classiques par la Coopération française à Madagascar.

Pour réaliser cet objectif d'intégration entre conservation et développement, la mise en place de processus participatifs impliquant les communautés locales dans la conservation des espaces et des espèces est alors mise au premier plan (Wells et al., 1992). Historiquement, cette tendance s'est diffusée progressivement au cours des années 1980 et a été formalisée au cours des années 1990 dans plusieurs pays en développement, y compris Madagascar. Nous distinguons deux phases :

celle du début des années 1990, avec l'exemple des Projets de conservation et de développement intégrés (PCDI) ; celle du milieu des années 1990, avec l'exemple du transfert de gestion aux communautés locales. Il convient de souligner les limites ou les ambiguïtés de ces différents dispositifs pour atténuer la rupture perceptible par rapport aux pratiques antérieures.

L'exemple de projets à finalité participative mis en place au début des années 1990, tels que les PCDI est significatif. Appuyés notamment en Afrique par l'USAID (Agence américaine d'aide au développement), ces projets ont représenté un des nouveaux instruments utilisés pour la conservation, ou encore pour la gestion des aires protégées. Ils ont résulté de la critique d'une approche technico-scientifique et d'un constat d'inefficacité d'une forme de gestion stricte des aires protégées consistant à imposer de l'extérieur des parcs naturels, des zones protégées, excluant de ce fait les populations locales qui les occupaient, tout en interdisant l'accès aux riverains. Les PCDI ont ajouté une zone tampon sous contrôle d'un ministère avec la participation des populations limitrophes. Afin d'éviter les occupations illicites des espaces protégés et les situations de libre accès aux ressources provoquées par les difficultés de contrôle, l'objectif des PCDI a consisté à mobiliser les communautés locales pour la conservation en offrant des revenus monétaires ou des petits projets de développement locaux contre l'abandon du droit d'accès à l'espace et aux ressources protégées (Hufty et Muttenzer, 2002).

Toutefois, le caractère participatif de ces projets est limité ; comme le souligne Buttoud (2001 : 63), « *les PCDI, basés sur une approche participative par simple consultation, ont cherché à fixer les populations sur la périphérie des aires, en y développant des activités agricoles. Les limites économiques, de même que la permanence de l'accès libre ne changèrent rien au problème* ». On retrouve encore dans les premières orientations des PCDI cette tendance à imposer sur le plan local une vision extérieure, impliquant d'autres logiques que celles des acteurs locaux, premiers concernés. Selon Hufty et Muttenzer (2002 : 286), « *à leurs débuts, les PCDI ont été dirigés par des biologistes étrangers, progressivement remplacés par des nationaux, mais eux aussi biologistes et venant de la capitale. Les uns comme les autres étaient peu au fait des coutumes locales, peu compétents face aux complexités des situations sociales locales, et ne parlaient pas le dialecte local. Leur tendance a été d'inféoder l'aspect développement aux objectifs de conservation, considérés comme prioritaires et, du fait de leur mauvaise intégration dans les réseaux locaux, de renforcer les principes d'exclusion et d'autorité sur lesquels reposent les PCDI en dernière instance* ».

À partir du milieu des années 1990, sous l'impulsion des bailleurs de fonds internationaux et des organisations non gouvernementales, se popularise l'idée de transférer la gestion des ressources renouvelables aux communautés locales (gestion communautaire) pour les responsabiliser en leur confiant la gestion durable et éventuellement la valorisation de certaines ressources comprises dans les limites de leur terroir. Les « communautés locales de base » qui se voient confier la gestion des ressources sont composées des habitants d'un hameau, d'un village ou d'un groupe de villages (Maldidier, 2001). À Madagascar a été instaurée, en 1996, une politique de gestion communautaire des ressources naturelles connue sous le nom de loi GELOSE (Gestion locale sécurisée). Cette loi 96-025 relative à la gestion locale sécurisée (GELOSE)[33], à la base des procédures de transferts de gestion, repose sur trois grands principes (Belvaux et Rabearisoa, 2007) :

- l'établissement d'un contrat entre différentes parties prenantes : l'État *via* les services techniques déconcentrés de l'administration, la commune et les communautés locales de base bénéficiaires ;

- l'intervention d'un médiateur, personne extérieure, ayant pour principaux objectifs de déceler les conflits potentiels pouvant remettre en cause le contrat établi et de faciliter la négociation d'objectifs communs (dans une démarche patrimoniale) qui seront transformés en règles de gestion respectueuses de l'environnement et des intérêts des populations ;

- la possibilité pour une communauté d'obtenir une sécurisation foncière relative – « *constatation publique, collective et contradictoire des occupations foncières sur l'ensemble du territoire concerné : ce n'est ni une immatriculation, ni un cadastrage. Les droits sont convenus entre les parties mais ne sont pas garantis par l'État de façon absolue et inattaquable* » (*Ibid.* : 3).

Au-delà des avantages d'une gestion communautaire et d'une gouvernance décentralisée (Ostrom, 1990), plusieurs difficultés peuvent être soulignées. À titre d'exemple, la mise en œuvre de la gestion décentralisée sur le terrain malgache s'est heurtée au cours des premières années à des obstacles qui, pour la plupart d'entre eux, n'ont pas été encore aujourd'hui levés. Parmi ces derniers, on peut citer (Belvaux et Rabearisoa, 2007) :

---

[33] La GELOSE s'insère dans un cadre plus général de textes relatifs à la décentralisation, à la création des communes et des provinces autonomes : loi 93-005 du 28 janvier 1994 portant orientation générale de la politique de décentralisation ; loi 94-007 du 26 avril 1995 relative aux pouvoirs, aux compétences et ressources des collectivités locales décentralisées ; loi 94-008 du 26 avril 1995 fixant les règles relatives à l'organisation, au fonctionnement et aux attributions des collectivités territoriales décentralisées.

- une élaboration lente et sans respect chronologique des textes d'application de la loi GELOSE dont certains n'ont pu encore être adoptés ;

- la parution, en février 2001, du décret sur la Gestion contractualisée des forêts (décret 2001-122, spécifique au transfert des ressources forestières relevant du domaine privé de l'État) portant préjudice à l'application de la loi GELOSE, dans la mesure où le contrat n'est signé qu'entre deux parties (État et communautés bénéficiaires), qu'il n'impose pas l'intervention d'un médiateur, et qu'il occulte les procédures en matière de sécurisation foncière relative ;

- un manque d'harmonisation sur le terrain des dispositifs d'intervention des opérateurs et des organismes d'appui ;

- la procédure de sécurisation foncière relative estimée par les opérateurs et organismes d'appui comme trop complexe (difficulté de mise en œuvre, manque d'implication des services fonciers, etc.) et dénotant un processus décisionnel qualifié de « trop centralisé » ;

- le manque d'une véritable campagne d'information nationale sur les transferts de gestion à destination du grand public ;

- l'absence d'un système de suivi-évaluation ne permettant pas de connaître la situation exacte des transferts de gestion sur le territoire national[34].

Par ailleurs, la décentralisation des pouvoirs et la gestion durable des ressources naturelles sont deux processus qui se conjuguent difficilement sur une échelle de temps compatible avec celle des projets ou programmes actuels des opérateurs et organismes d'aide. Belvaux (2007) souligne le déficit d'encadrement des collectivités territoriales et des structures de regroupement local, l'incapacité de l'administration et de ses services déconcentrés à produire des documents de planification (zonage et aménagements forestiers), de nombreuses insuffisances en matière de contrôle des flux (produits forestiers ligneux et non ligneux) et un laxisme dans le recouvrement de l'impôt (taxes et redevances) : « *la restauration d'un 'État de droit' constitue la pierre angulaire pour améliorer le système. Une administration forte, dotée de moyens de contrôle adaptés, une gouvernance locale autonome ne subissant pas de pressions politiques exogènes, la mise en place d'une fiscalité 'de*

[34] En 2005, près de 500 contrats de transfert de gestion couvrant une superficie évaluée à 500 000 ha et concernant 50 000 ménages ont été comptabilisés (Resolve et al., 2005). L'étude réalisée par le consortium Resolve-PCP-IRD en 2005 fait le constat d'une multiplication ou d'une « course » aux contrats de transfert de gestion entre 2001 et 2004. Cela a rendu très difficile l'identification de ces contrats, l'estimation de leur superficie, du nombre de ménages concernés, des ressources impliquées, voire dans certains cas de l'effectivité du contrat.

proximité' permettant au citoyen de voir comment est utilisé et à qui profite l'impôt figurent parmi les principaux axes de travail à encourager » (*Ibid.* : 22).

Par ailleurs, à Madagascar, les expériences de planification participative et d'élaboration des priorités de développement local par les acteurs du développement rural à travers des dispositifs spécifiques (structures de concertation régionale, planification spatiale, plans communaux de développement verts) ont rencontré un succès mitigé (Andriamahefazafy et al., 2007 ; Belvaux et Rabearisoa, 2007).

Ces quelques exemples, non exhaustifs, illustrent les difficultés rencontrées par les expériences en matière de politique intégrée[35] de développement et de conservation basées sur le participatif et le local. Comme le souligne Rodary (à paraître : 6), « *une critique d'essence politique pointe les limites de l'objectif d'une gestion strictement locale de la nature, en recomplexifiant l'analyse sociale et en indiquant les liens intrinsèques qui existent entre les communautés locales et les structures nationales ou mondiales. Ces analyses ont montré que pour des raisons à la fois propres aux structures socio-politiques locales (impossibilité d'une participation égalitaire), aux influences politiques nationales (limitation de la décentralisation dans le cadre étatique), et aux réseaux économiques (presque toujours nationaux ou internationaux), la conservation basée sur l'intéressement local est presque toujours un échec* ». Le constat « d'échec » de ces expériences peut également justifier le retour à des formes plus classiques de conservation.

Actuellement à Madagascar, une orientation forte marquée par la « Vision Durban » a été impulsée à l'issue du congrès mondial sur les aires protégées en Afrique du Sud en septembre 2003 avec l'augmentation de la surface des aires protégées annoncée par le Président de la République malgache (voir *supra*, section 2). La mise en place correspondante du système des aires protégées malgaches (SAPM) semble traduire une influence croissante des organisations non gouvernementales de conservation, voire un mouvement de balancier vers une approche centralisée et plus conservationniste à partir du constat du bilan plutôt mitigé des transferts de gestion (Resolve et al., 2004, 2005 ; Andriamahefazafy et al., 2007). Traduite dans le Plan d'action de Madagascar pour la période 2007-2012, cette nouvelle politique prévoit donc d'augmenter les aires protégées pour la conservation et la valorisation de la biodiversité, réduire le processus de dégradation des

[35] Rodary et Castellanet (2003) notent que les expériences qualifiées de réellement « intégrés » restent rares. Par ailleurs, les formes classiques de protection spatiales (sous la forme de parcs et de réserves) ne sont que partiellement remplacées et restent actuellement dominantes.

ressources et renforcer l'efficacité de l'administration. Cela traduirait-il un « retour en force » de formes plus classiques de conservation ? Il est encore trop tôt pour le savoir. Toutefois plutôt qu'un retour en arrière, cette tendance illustre l'imbrication des principes de décentralisation et de planification participative (au niveau intercommunal et au niveau régional) et l'inertie des pratiques plus classiques de conservation et d'aménagement territorial (Vision Durban).

Bibliographie

Aggeri F., 2001, Développement durable et gouvernement de l'environnement : la formation d'un nouvel espace d'action collective, Communication au Séminaire Condor, 13 décembre.

Aknin A., Froger G., Géronimi V., Méral Ph., Schembri P., 2002, « Environnement et développement. Quelques réflexions autour du concept de développement durable », *in* Martin J.-M. (dir.), *Développement durable : doctrines, pratiques, évaluations*, Paris : IRD Éditions : 51-72.

Aknin A., Froger G., Géronimi V., Méral Ph., Schembri P., 2005, *Quel développement durable pour les pays en voie de développement ?*, Cahier Gemdev n°30, Paris.

Andriamahefazafy F., Méral Ph., Rakotoarijaona J.R., 2007, « La planification environnementale : un outil pour le développement durable ? », *in* Chaboud C., Froger G., Méral Ph. (dir.), *Madagascar face aux enjeux du développement durable. Des politiques environnementales à l'action collective locale*, Paris : Karthala, 23-49.

Andriananja H.R. (2006), Gouvernance des ressources forestières et aide à la délibération : le cas de la station forestière de Manjakatompo, Thèse de doctorat en sciences économiques, Université de Versailles Saint-Quentin-en-Yvelines.

Ayong Le Kama A., 1999, Ressources environnementales et soutenabilité de la croissance, Thèse de doctorat, Université de Paris I.

Barbier E.B., Markandya A., 1990, « The Conditions for Achieving Environmentally Sustainable Growth », *European Economic Review*, 34, 659-669.

Baumol W.J., Oates W.E., 1971, « The Use of Standards and Prices for the Protection of the Environment », *Swedish Journal of Economics*, 73, 42-54.

Beaumais O., Assouline M., 2002, *Économie de l'environnement*, Paris : Bréal, Amphi économie.

Beltratti A., 1996, *Models of Economic Growth and Environmental Assets*, Kluwer Academic Publishers, Dordrecht.

Belvaux E., 2007, « La mise en œuvre d'une politique décentralisée de gestion des ressources naturelles : un exercice délicat », *in* Chaboud C., Froger G., Méral Ph. (dir.), *Madagascar face aux enjeux du développement durable. Des politiques environnementales à l'action collective locale*, Paris : Karthala, 51-79.

Belvaux E., Rabearisoa A., 2007, « La valorisation économique des ressources transférées aux communautés locales : un outil au service d'une gestion décentralisée des ressources naturelles », soumis à la revue *Mondes en développement.*

Bertrand A., Karsenty A., Montagne P., 2006, *L'État et la gestion locale durable des forêts en Afrique francophone et à Madagascar*, Paris : L'Harmattan.

Bovenberg A., Smulders S., 1995, « Environmental Quality and Pollution Augmenting Technological Change in a Two – Sector Endogenous Growth Model », *Journal of Public Economics*, 57, 369-391.

Buttoud G. (2001), *Gérer les forêts du sud : l'essentiel sur la politique et l'économie forestière dans les pays en développement*, Paris : L'Harmattan.

Carret J-C., Loyer D., 2003, Comment financer le réseau d'aires protégées terrestres à Madagascar ?, document de travail préparé pour la Conférence de l'UICN sur les parcs naturels à Durban, World Bank, Agence française pour le développement.

Chaboud C., Froger G., Méral Ph. (dir.), 2007, *Madagascar face aux enjeux du développement durable. Des politiques environnementales à l'action collective locale*, Paris : Karthala.

Chichilinsky G., Heal G., Vercelli A. (eds), 1997, *Sustainability: Dynamics and Uncertainty*, Dordrecht: Kluwer Academic Publishers.

CMED, 1987, *Notre avenir à tous*, traduction française, Montréal : Ed. du Fleuve, 1989.

Common M., Stagl S., 2005, *Ecological Economics*, Cambridge: Cambridge University Press.

Costanza R., Daly H.E., 1992, « Natural capital and sustainable development », *Conservation Biology*, vol. 6, n°1: 37-46.

Daly H., 1991, *Steady States Economics*, Washington DC: Island Press.

Devall B., Sessions G., 1985, *Deep Ecology: Living as if Nature Mattered*, Peregrine Smith Books, Salt Lake City.

Falloux F., Talbot L., 1992, *Environnement et développement en Afrique – Crise et opportunité,* Paris : Édition Maisonneuve et Larose.

Faucheux S., Noël J.F., 1990, *Les menaces globales sur l'environnement,* Paris : La Découverte, collection Repères.

Faucheux S., Joumin H., 2005, *Economie et politique des changements climatiques*, Paris : La Découverte, collection Repères.
Froger G., 2006, « Significations et ambiguïtés de la gouvernance dans le champ du développement durable », *Mondes en développement*, vol. 34, n°136 : 11-28.
Froger G., Méral Ph., 2007, *« Vers une évaluation économique multicritère des dispositifs de gestion communautaire »* in Chaboud C., Froger G., Méral Ph. (dir.), *Madagascar face aux enjeux du développement durable. Des politiques environnementales à l'action collective locale*, Paris : Karthala, 109-133.
Froger G., Méral Ph., Herimandimby V., 2004, « The expansion of participatory governance in the environmental policies of developing countries: the example of Madagascar », *International Journal of Sustainable Development*, vol. 7, n°2: 164-184.
Gastaldo S., Ragot L., 1996, « Sustainable Development through Endogenous Growth Models », *in* S. Faucheux, D. Pearce, J. Proops (eds), *Models of Sustainable Development*, Cheltenham : Edward Elgar: 73-87.
Godard O., 1990, « Environnement, modes de coordination et systèmes de légitimité : analyse de la catégorie de patrimoine naturel », *Revue économique*, 41 (2) : 215-241.
Godard O., 1993, « Stratégies industrielles et conventions d'environnement : de l'univers stabilisé aux univers controversés », *INSEE Méthodes*, n°39/40 : 145-174.
Gowdy J., Erickson J.D., 2005, « The Approach of Ecological Economics », *Cambridge Journal of Economics*, vol. 29, n°2: 207-222.
Harribey JM., 1998, *Le développement soutenable*, Paris : Economica.
Hartwick J.M., 1978, « Substitution Among Exhaustible Resources and Intergenerational Equity », *Review of Economic Studies*, 45: 347-354.
Hartwick J.M., 1977, « Intergenerational Equity and the Investing of Rents from Exhaustible Resources », *American Economic Review*, 67: 972-974.
Hartwick J.M., 1997, « National Wealth, Constant Consumption, and Sustainable Development », *in* H. Folmer et T. Tietenberg (eds), *The International Yearbook of Environmental and Resource Economics 1997/1998: A Survey of Current Issues*, Edward Elgar.
Hatem F., 1990, « Le concept de développement soutenable : une origine récente, une notion ambiguë, des applications prometteuses », *Economie prospective internationale*, n° 44.
Herimandimby V., Méral Ph., 2007, « Quels indicateurs pour l'évaluation économique des transferts de gestion ? », *in* Montagne P. et Cooke A. (dir.) *Le transfert de gestion à Madagascar : de 1995 à 2005 ; dix ans d'efforts*, à paraître.

Hufty M., Muttenzer F., 2002, « Devoted Friends: the Implementation of the Convention on Biological Diversity in Madagascar », *in* Le Prestre Ph. (ed.), *Governing Global Biodiversity*, Londres : Ashgate : 279-310.

Hugon Ph., 2006, « Le renouveau de l'économie du développement dans un contexte de mondialisation », *in* Froger G. (dir.), *La mondialisation contre le développement durable ?*, Bruxelles : P.I.E Peter Lang : 29-52.

Latouche S., 1994, « Développement durable : un concept alibi. Main invisible et mainmise sur la nature », *Revue tiers-monde*, vol. 35, n°137 : 77-94.

Lavigne Delville P., 2001, *Quelle gouvernance pour les ressources renouvelables ?*, Paris : Etudes de l'Agence Française de Développement.

Maldidier C., 2001, La décentralisation de la gestion des ressources renouvelables à Madagascar : Les premiers enseignements sur les processus en cours et les méthodes d'intervention, Antananarivo (http ://www.ksurf.net/~smb-mad/new.htm).

Martinez-Alier J., 2002, *The Environmentalism of the Poor*, Cheltenham : Edward Elgar.

Martinez-Alier J., O'Connor M., 1996, « Ecological and economic distribution conflicts », *in* Costanza R., Segura O., Martinez-Alier J. (eds), *Getting Down Earth. Practical Applications of Ecological Economics*, Washington : Isand Press: 153-183.

Méral Ph., 2005, « Fondements, limites et perspectives de l'analyse coûts-avantages », *Liaison Énergie-Francophonie*, n°66-67 : 40-45.

Naess A., 1990, « Sustainable Development and Deep Ecology », *in* J.R. Engel et J.E. Engel (eds.), *Ethics of Environment and Development*, New York : Belhaven Press.

Ostrom E., 1990, *Governing the Commons : the Evolution of Institutions for Collective Action*, Cambridge : Cambridge University Press.

Passet R., 1979, *L'économique et le vivant*, Paris : Payot. 2nde Ed., Paris : Economica, 1996.

Pearce D.W., 1976, « The Limits of Cost Benefit Analysis as a Guide to Environmental Policy », *Kyklos*, 29: 97-112.

Pearce D.W., 1988, « Economics, Equity and Sustainable Development », *Future*, 20: 598-606.

RESOLVE-PCP-IRD (Consortium), 2004, Évaluation et perspectives des transferts de gestion des ressources naturelles dans le cadre du programme environnemental 3, Rapport Final de la phase 1, Antananarivo.

RESOLVE-PCP-IRD (Consortium), 2005, Évaluation et perspectives des transferts de gestion des ressources naturelles dans le cadre du programme environnemental 3, Rapport Final de Synthèse, Antananarivo.

Rodary E., (à paraître), « Développer la conservation ou conserver le développement », *Mondes en développement*, n°141, à paraître en 2008.

Rodary E., Castellanet C., 2003, « Les trois temps de la conservation », *in* Rodary E., Castellanet C., Rossi G. (dir.), *Conservation de la nature et développement. L'intégration impossible ?*, Paris : Karthala : 5-44.
Sachs I., 1980, *Stratégies de l'écodéveloppement*, Paris : Éditions ouvrières, coll. développement et civilisation.
Smouts M.C. (dir.), 2005, *Le développement durable. Les termes du débat*, Paris : Armand Colin, collection Compact civis.
Solow R., 1986, « On the Intergenerational Allocation of Natural Resources, *Scandinavian Journal of Economics*, 88: 141-149.
Solow R., 1993, Sustainability : « An Economist's Perspective », *in* Dorfman R. et Dorfman N. (eds.), *Selected Readings in Enviornmental Economics*, New York : Norton.
Schubert K., Zagamé P. (dir.), 1998, *L'environnement : une nouvelle dimension de l'analyse économique*, Paris : Vuibert.
Turner K., Perrings C., Folke C., 1997, « Ecological Economics : Paradigm or Perspective ?, *in* Van den Berg J. et Van der Straaten J. (eds.) *Economy and Ecosystems in Change*, Edward Elgar : 25-49.
UICN, PNUE et WWF, 1980, *Stratégie mondiale de la conservation.* La conservation des ressources vivantes au service du développement durable, Gland : UICN/PNUE/WWF.
Vivien F.D., 2005, *Le développement soutenable*, Paris : Éditions la Découverte, Collection Repères.
Wells M., Brandon K., Hannah L., 1992, *People and Parks: Linking Protected Area Management with Local Communities*, Washington D.C.: IBRD/WWF/USAID.

Le développement et les peuples autochtones : conflits de savoirs et enjeux de nouvelles pratiques politiques

Irène BELLIER
CNRS-EHESS
IIAC- LAIOS

Le développement n'est pas le produit simple de politiques étatiques dont on peut suivre l'évolution historique, le support institutionnel, l'impact économique ou l'application régionale. En tant que processus qui s'incarne dans une forme de « gouvernance mondiale », il est encodé par les pratiques de nombreux agents, bailleurs de fonds, récipiendaires ou opérateurs. L'ensemble dessine une constellation dont les étoiles majeures sont représentées par les États, par les organisations internationales – dont de grands organismes bancaires et financiers –, sans oublier les organisations non gouvernementales (ONG) et sur un mode distinct, les firmes transnationales. Quelque part dans cette constellation figurent les groupes sociaux, les communautés, villages et individus, destinataires des programmes et des politiques de développement sur lesquels ils ne sont pas toujours invités à se prononcer. Le développement apparaît bien souvent comme le produit d'une politique émanant des pays riches et visant à améliorer la situation d'autrui, que ce soit avec ou sans son consentement[1]. Cela introduit la question de l'identification des sujets du développement et de leur reconnaissance comme acteurs, une perspective relativement nouvelle dans les études du développement.

---

[1] En 1986, l'Assemblée générale des Nations unies adoptait une Déclaration réaffirmant l'existence d'un droit fondamental au développement. Ce texte décrit le développement comme « un processus global, économique, social, culturel et politique qui vise à améliorer sans cesse le bien-être de l'ensemble de la population et de tous les individus » (préambule), « dans lequel tous les droits de l'homme et toutes les libertés fondamentales (peuvent) être pleinement réalisés » [article premier (1)].

La perspective du développement s'inscrit en effet dans une relation de pouvoir. Elle engage une vision du monde – ce qu'il est et ce qu'il deviendra – qui est traversée par des logiques symboliques, par des logiques sociales et économiques et par des rapports de force. Selon que l'on se place du côté des politiques, du côté des savoirs ou du côté des récipiendaires, les acteurs varient : du personnel politique aux agents institutionnels, des acteurs collectifs (organisations internationales ou collectivités locales) aux individus, lesquels sont souvent distingués par catégories ; citoyens, paysans, indigènes, hommes, femmes ou enfants, etc.

Dans le contexte de la mondialisation, la dynamique du développement s'inscrit dans un schéma de pensée faisant de la croissance économique et de la lutte contre la pauvreté les piliers d'une action internationale relativement coordonnée au niveau des discours et des recommandations. Les deux options de la lutte contre la pauvreté et de la croissance semblent, au plan argumentatif, parées d'une vertu universelle : la situation des populations vivant dans une pauvreté absolue (*abject poverty,* en anglais) n'est pas acceptable, le développement passe nécessairement par la genèse de richesses. Mais les processus de changement nécessaire pour atteindre ces objectifs mettent en tension des logiques politiques et des intérêts économiques, des valeurs culturelles et des logiques sociales. À l'universalisme de la réflexion présidant au bien fondé du développement dans les instances internationales et nationales, répond le particularisme des mécanismes de mise en œuvre au plan local et l'antagonisme des intérêts économiques et sociaux.

Le caractère contradictoire du développement semble disparaître lorsque l'on appréhende le phénomène globalement comme le font les États, par exemple lors du rapport annuel à l'ONU sur la mise en œuvre des Objectifs du Millénaire pour le Développement (OMD). Il resurgit en revanche si, changeant d'échelle, on passe du général – à savoir le pays ou la société saisis à travers des indicateurs nationaux – au particulier, et que l'on observe ce que développement veut dire au niveau de la communauté locale, de tel territoire ou par catégorie de populations. Ce genre d'opérations met en évidence le besoin constant de redéfinir les indicateurs pour appréhender l'impact des choix politiques sur les populations cibles, ou apprécier la valeur des programmes dessinés par les politiques de coopération.

Cet article explore l'une des multiples contradictions des politiques de développement, en partant de l'exemple d'une catégorie de sujets relativement peu visibles. Ils sont cependant présents dans une multiplicité d'États dont la majeure partie est considérée comme États en développement, émergents, en transition, moins avancés ou très endettés, selon la terminologie de la Banque mondiale. Ces sujets qui souhaitent être reconnus comme « Peuples autochtones » tendent à construire leur action politique dans les pays où ils vivent et à l'échelle globale – c'est l'enjeu de la construction du « mouvement international des peuples autochtones » depuis les années 1970. Depuis une trentaine d'années, par un combat mené auprès des Nations unies pour le respect de leurs droits et l'obtention de droits collectifs, en négociant les termes d'une Déclaration universelle des droits des peuples autochtones (DDPA), leurs représentants tentent de protéger leur existence – en tant que sociétés, cultures et peuples à part entière – et de défendre des propositions pour garantir leur avenir dans l'ensemble de la planète. En raison d'une marginalisation historique dans l'espace social et politique de l'État – laquelle est au cœur de la définition de la catégorie « peuples autochtones » (cf. *infra*) –, les « autochtones » se perçoivent comme victimes plutôt que bénéficiaires des politiques de développement des États (Tauli Corpuz, 2005). Il est vrai qu'ils se retrouvent plus souvent en bout de chaîne des programmes de développement qu'au moment de leur définition.

La réalité de leurs situations – de peuples, communautés ou populations locales – au regard du développement est variable et leurs organisations représentatives expriment des vues très différentes sur le sujet. Pour de multiples raisons liées à la perte des territoires ancestraux, à la pression démographique, à la convoitise des ressources naturelles dans les régions qu'ils occupent, à la négation de leurs identités culturelles et linguistiques par des politiques d'assimilation, une série de petits peuples est en danger dans le monde, et les politiques de développement mises en œuvre au niveau national ne garantissent pas leur survie. Les mesures de protection qui sont parfois adoptées, via des « politiques indigénistes » rénovées, sont insuffisantes à enrayer un processus accéléré de disparition. La question du modèle politique, juridique et constitutionnel de l'État « en développement » est de première importance pour explorer les voies de la résolution des conflits concernant les peuples autochtones, dont les priorités se focalisent aujourd'hui sur l'usage des ressources territoriales et la reconnaissance de formes de souveraineté. Par leur présence dans les instances onusiennes, les organisations autochtones tentent de former une voix (Bellier, 2007a) pour peser sur la construction des normes internationales.

Face à la montée en puissance de ce mouvement qui s'appuie sur le développement de réseaux transnationaux, la perspective d'un « développement avec identité » traverse les organisations internationales qui prônent, de la Banque mondiale à la Commission africaine des droits de l'homme et des peuples, une ligne de réflexion visant à construire l'État de droit et à garantir la bonne gouvernance par l'incorporation de la société civile. Les organisations autochtones revendiquent cette inscription dans la société civile, et en appellent à la communauté internationale pour cela, mais les avancées dans ce domaine restent tributaires des termes de référence occidentaux et l'on peine à envisager les modalités d'un développement échappant à la pensée dominante des bailleurs de fonds qui proviennent essentiellement du Nord. Toutefois cette dichotomie Nord/Sud, ou Occident/reste du monde n'est pas adaptée à la réflexion sur le développement des populations autochtones. Car cela ne concerne pas seulement ceux d'entre eux qui sont localisés dans les États du sud, en Afrique, en Amérique latine ou en Asie. Le développement, entendu comme le droit à garantir un avenir pour la génération future, préoccupe tout autant ceux d'entre eux qui vivent dans les pays les plus développés du monde, comme le sont les États-Unis, le Canada, la France, l'Australie, la Nouvelle-Zélande, ou la Scandinavie, dans lesquels ils occupent, comme ailleurs, une position très marginale.

I - Les Peuples autochtones : des acteurs mettant en question le développement des États ?

Les « peuples autochtones » ne représentent pas la totalité des groupes ethniques du monde et ils ne sont pas nécessairement en minorité démographique. En tout petit nombre au Brésil, en Guyane, en Australie ou en Russie, ils représentent de 60 à 90 % de la population en Bolivie ou au Guatemala, tandis qu'en Inde, des dizaines de millions d'Adivasi se sentent concernés par une construction politique susceptible de leur conférer une nouvelle identité. Ils résident dans environ soixante-dix-sept pays et représentent selon les chiffres retenus par l'ONU, à peu près 400 millions de personnes sur les cinq continents.

On ne dispose pas de statistiques globales ni toujours de statistiques au niveau national, pour diverses raisons tenant à la construction historique de l'État et au modèle d'assimilation (ou d'intégration) des « minorités ethniques » qui est pratiqué, lequel varie selon les époques. Le fait est que les critères d'ethnicité sont souvent exclus des formulaires de recensement – comme c'est le cas en France, ce qui entraîne aujourd'hui un débat très sérieux sur l'intérêt des statistiques ethniques et leur compatibilité avec le modèle républicain d'intégration nationale. Par ailleurs, il est assez commun que les populations qui vivent à l'écart, sur des territoires éloignés des centres, ou qui sont marginalisées et placées en situation d'infériorité par une politique raciste de déni de citoyenneté, soient simplement oubliées des recensements nationaux. Enfin, lorsque des efforts de recensement « ethnique » sont réalisés, on observe deux phénomènes perturbant l'identification des populations concernées : soit que les individus hésitent à s'identifier à une catégorie jugée inférieure et choisissent celle qui leur paraît mieux placée dans la hiérarchie sociale ; soit que les agents du recensement attribuent automatiquement une appartenance ethnique au vu du phénotype, de l'habitat ou du mode de vie de la personne recensée. La question de l'identification du nombre des populations ou des peuples concernés par les revendications autochtones revêtant un caractère hautement sensible tant pour les États que pour les « autochtones », les experts de la Commission des Droits de l'Homme des Nations unies se sont efforcés de développer une approche par les problèmes vécus, plutôt que de réifier les identités.

Une définition complexe, efficace mais toujours problématique

L'expression « peuple autochtone » désigne une catégorie politique, non reconnue en France en raison du principe constitutionnel de l'unité de l'État, du peuple, de sa langue et du territoire. Elle est le fruit d'une réflexion relative à un ensemble de personnes vivant en situation d'exclusion relative, qui a débuté aux Nations unies dans les années 1970. Sa valeur est définie autant par les études des experts qui visent à identifier son champ d'application que par les avancées juridiques qui accompagnent son utilisation progressive dans le droit international coutumier (déclarations et conventions) et jurisprudentiel (par ex. décision de la Cour suprême du Canada) (cf. Bellier à paraître et 2006a).

Les spécificités des populations autochtones ont été mises en évidence par Jose Martinez Cobo, professeur de sociologie équatorien qui fut chargé par le Conseil économique et social de l'ONU, en 1971, de réaliser « une étude du problème de la discrimination à l'encontre des populations autochtones ». Cela mobilisa l'assistance d'un autre expert, Augusto Willemsen Diaz, prit une douzaine d'années et occupa cinq volumes (E/CN.4/sub 2/1986/7 et add 1-4). De cette étude, ont été retenus quelques critères identificatoires. Ce sont « *des peuples et nations qui présentent une continuité historique avec les sociétés précédant la conquête et la colonisation de leurs territoires, qui se considèrent comme distincts des autres secteurs de la société dominant totalement ou partiellement ces territoires. Ils constituent aujourd'hui, des secteurs non dominants de la société et sont déterminés à préserver, développer et transmettre aux générations futures leurs territoires ancestraux et leur identité ethnique, sur la base de leur existence continue en tant que peuple, en accord avec leurs propres systèmes culturels, leurs systèmes légaux et leurs institutions sociales »*[2]. Ces éléments permettent aux organisations internationales, et nous citerons à titre d'exemple le document relatif à la mise en œuvre des directives de la Banque mondiale (O.D. 4.10, 2005), de préciser qui, ou plutôt ce que sont les « peuples autochtones » concernés par leurs programmes ou recommandations.

Plus de 60 % des peuples autochtones se situent dans la zone Asie-Pacifique, mais ce sont les peuples amérindiens du nord, du centre et du sud des Amériques qui sont le plus mobilisés dans la construction de cette identité politique (Morin, 1992, 1994, 2006). En une trentaine d'années, le mouvement s'est étendu aux cinq continents et la réflexion sur le sens de « peuples autochtones » s'est approfondie à mesure que différentes réalités, aux plans juridiques et politiques, étaient prises en considération. Cela aboutit dès la fin des années 1980, en Amérique du sud, à des changements constitutionnels significatifs pour reconnaître publiquement l'existence des « peuples, nations, nationalités, autochtones/*indigenas »* dans une dizaine de pays (Bellier, 2006 b). Il fallut attendre 2002 pour que la Commission africaine des droits de l'homme et des peuples constitue un groupe d'experts pour cerner la question de l'autochtonie en Afrique – c'est-à-dire pour identifier les problèmes vécus par certaines populations dont le destin ne se confond pas avec celui de la nation tout entière, alors que le discours commun, des représentants des États notamment, consiste à dire « nous sommes tous autochtones ». L'objectif est de proposer les éléments de politiques permettant de protéger les groupes humains, particulièrement pasteurs, éleveurs, chasseurs et cueilleurs, qui se retrouvent en situation de marginalité et de vulnérabilité et, dans la plupart des cas, en butte à des discriminations raciales (CADHP-IWGIA, 2005, GITPA-IWGIA 2007).

La notion de « peuples autochtones » dans le contexte international ne relève pas simplement d'une conception classique (au sens de « né de la terre même », Loraux, 1998). Elle est le fruit d'un acte militant dont la puissance s'actualise dans le rapport de force. L'expression « peuples autochtones » (et les autochtones tiennent au pluriel pour signaler la portée collective de leur mouvement) met en tension trois dimensions – politique, juridique et linguistique – qu'il faut prendre en considération séparément pour apprécier les situations réelles et déconstruire la globalité d'une représentation à partir de laquelle ne peut s'affirmer qu'une position idéologique (Bellier, 2006a). Ce sont les activistes

---

[2] Ces critères, leur usage, les problèmes que posent au plan politique des Etats la définition de telles entités, la relation entre autodéfinition et reconnaissance par les autorités publiques, ainsi que la problématique des normes propices à les protéger ne peuvent être abordées ici (Bellier, à paraître, Shulte-Tenckoff et Ansbach, 1997).

autochtones, les organisations de droits humains, les déclarations militantes qui permettent d'identifier ce que « peuples autochtones » veut dire, tout autant que quelques juristes engagés qui s'efforcent de montrer comment la qualification « autochtone » ne devrait pas entacher la reconnaissance de ces populations en tant que « peuples » au sens international du terme. Parallèlement, plusieurs organisations internationales reprennent cette expression pour élaborer leurs programmes d'action, ce qui conduit à appréhender la question sous différentes faces : dimension idéologique du concept, dimension linguistique et culturelle des sociétés en danger de disparition, dimension juridique de l'application des droits individuels de l'homme et de la définition des droits collectifs, dimension politique des régimes de gouvernance revendiqués ou concédés.

Le positionnement politique des autochtones en tant qu'acteurs, leur montée en visibilité (par des manifestations locales, la saisine des tribunaux ou la mobilisation de l'opinion internationale), leur insertion progressive dans les structures sociales, économiques et universitaires ont induit une série de changements dans une multitude de domaines ; des musées aux casinos, en passant par les migrations urbaines et le commerce équitable. La transformation du paysage social et politique des « indigènes », longtemps considérés par les ethnologues dans le paradigme de l'altérité, a suscité quelques controverses chez les anthropologues (Messer 1995, *Social Anthropology,* 2006). Les uns pour critiquer le mouvement autochtone en multipliant des arguments sur l'idéologie conservatrice qui le nourrirait en s'opposant à la tendance naturelle des sociétés du monde à l'échange et au nomadisme (Kuper, 1993). Les autres pour appuyer la quête de droits du mouvement autochtone, au plan humain voire humanitaire, en observant la question sous l'angle du pluralisme de l'État et du multiculturalisme de la société. Les réflexions relatives au concept de « multiculturalisme » (Taylor, Wieworka) et les perspectives séparatistes qui l'accompagnent parfois, qu'elles soient déclinées dans le discours français sous le nom de « communautarisme » ou dans le discours anglophone indien sous celui de « *communalism* » conduisent aujourd'hui à rejeter ce terme pour lui préférer celui de « interculturalité ». Ce dernier terme est sans doute plus propice à penser la relation qui doit se créer entre les « cultures » pour vivre ensemble dans un espace social et étatique commun. Toutefois, Saugestad (2001) évoque un consensus du discours politique, juridique et anthropologique sur le sens de « peuples autochtones » autour des quatre critères : « premiers arrivés » c'est-à-dire que les autochtones descendent de ceux qui étaient là avant d'autres ; « dominés », ils vivent sous la domination de structures étatiques qui leur sont étrangères ; « différents sur le plan culturel », au regard de la société majoritaire dans laquelle ils sont considérés comme formant une minorité ; « auto définis », ils se reconnaissent comme autochtones. L'intérêt de ce faisceau de critères est de pouvoir en apprécier les éléments séparément, ce qui est notamment utile pour ce qui concerne le débat épineux sur les questions territoriales.

Si chacun de ces critères est l'objet de nombreuses interprétations tant en droit qu'en sociologie, anthropologie ou histoire, les trois critères de la domination, de la différence culturelle et de l'auto-perception concernent directement la réflexion sur le développement. Du point de vue des autochtones qui entendent se constituer comme des acteurs légitimes et prendre pied dans un développement politique qui les a exclus jusqu'à présent, il est d'abord essentiel de connaître la réalité de leurs situations, pour comprendre ce qui les différencie des minorités nationales, non pas en termes d'« essence » ou de « nature » mais dans le contexte du droit international, et pour les associer au règlement des situations conflictuelles.

Des peuples contre l'État ?

La caractéristique principale des « peuples autochtones », résultant de la construction politique de la catégorie sur une vingtaine d'années par les organisations autochtones ou par les organisations internationales de soutien (dont International Working Group for Indigenous Affairs, Survival International, Cultural Survival, entre autres), est leur exclusion des espaces politiques nationaux. L'enjeu du mouvement actuel est de chercher à transformer ces situations d'exclusion et de déni de souveraineté par la voie du dialogue plutôt que le conflit ouvert. Longtemps privés de citoyenneté, considérés comme des mineurs au Brésil jusqu'en 1988 (Albert, 2001), dénommés de manière péjorative « sauvages », « arriérés » ou « barbares » dans la majorité des pays africains, privés de libre circulation en Thaïlande ou en Birmanie, les autochtones aussi dénommés « indigènes », « aborigènes », « natifs » ou « peuples premiers » (Bellier, à paraître) ont conscience des inégalités du monde. Entendant être considérés comme « égaux en droit et dignité » à tout autre « peuple », ils réclament la reconnaissance du droit des peuples à disposer d'eux-mêmes, en se réservant la possibilité soit de gagner une autonomie dans les États qui les englobent, soit de demander la sécession du territoire national (cas des peuples inscrits sur la liste des territoires à décoloniser, par exemple Nouvelle Calédonie).

Face à un mouvement qui s'appuie sur l'interprétation des dispositions du droit international et convoque la Morale, notamment pour lutter contre le racisme et la discrimination dont souffrent de nombreuses minorités ethniques, les États ont longtemps résisté à l'usage du terme « peuples » dans le projet de Déclaration (DDPA), préférant retenir l'expression « populations », « communautés » ou « individus » autochtones. Cette tendance témoigne de la volonté étatique d'asseoir la puissance sur le contrôle des personnes, dans la perspective foucaldienne de l'État disciplinaire. Mais l'enjeu essentiel de cette bataille conceptuelle n'est pas tant l'identification de l'autochtonie (voire ses différences avec les concepts d'indigénat, de tribalisme ou d'ethnicité) que le déni de la reconnaissance comme « peuple ». Celle-ci ouvre en effet la possibilité de réclamer l'application du droit des peuples à disposer d'eux-mêmes, lequel est établi par la Charte des Nations unies (1948), la Déclaration 1514 sur la décolonisation (1960), les deux Pactes internationaux relatifs aux droits civils et politiques (PIDCP), économiques, sociaux et culturels (PIDESC) (1966), la Convention sur les relations amicales entre les États (1970), la Conférence d'Helsinki (1975 et l'OSCE) et la Conférence de Vienne sur les droits de l'homme (1993). C'est un droit que les États entendent limiter par l'application de deux autres principes clés du droit international que sont le droit à l'intégrité territoriale et le droit à la souveraineté politique.

À l'échelle de la planète, et compte tenu de la diversité des situations politiques dans lesquels ils se trouvent, les autochtones n'entendent pas nécessairement faire usage de ce droit. Ils s'efforcent même de rassurer les États sur la nature de leurs exigences, en argumentant en termes de construction démocratique, de garanties constitutionnelles, de respect de la diversité et de promotion des droits linguistiques et culturels (Droits et démocratie, 2002). La formation de l'État fait moins partie de leur horizon politique que la transformation de l'État nation pour que celui-ci reconnaisse la diversité des populations présentes sur le territoire et se donne les moyens de faire respecter les instruments de lutte contre le racisme et la discrimination. Mais ils refusent la distinction faite par les États du Conseil de Sécurité (notamment USA, Royaume-Uni, France) entre une forme interne ou externe du droit à l'autodétermination, et un enjeu fondamental les oppose à l'Etat sur la propriété foncière et l'utilisation des ressources du sol et du sous-sol. Ce problème se pose avec d'autant plus d'acuité aujourd'hui que les territoires jusqu'alors préservés et sur lesquels ils vivent en raison d'un isolement relatif, sont l'objet de prospections nouvelles de la part des entreprises dites extractives (minières, forestières notamment).

Peuples autochtones, développement et mondialisation

En 2003, le groupe de travail de l'ONU sur les populations autochtones (GTPA) qui se consacre depuis 1982 à la revue des faits concernant leurs droits de l'homme et libertés fondamentales, tenait une session spéciale sur le thème de la mondialisation. Les représentants des organisations du monde entier y présentèrent des analyses très riches, dont la synthèse met en évidence une double propriété de la mondialisation. D'un côté, l'intégration économique est assimilée à un néo-colonialisme, avec un effet fortement destructeur des cultures autochtones, de l'autre les nouvelles technologies permettent d'échanger des idées, de développer des réseaux de soutien sur une base transnationale et de travailler au blocage de l'insécurité économique et sociale induite par les nouvelles formes du capitalisme libéralisé. Pour un expert de ce groupe, E.H. Guissé, membre de la Sous-commission pour la Promotion des minorités et la protection des droits de l'Homme, l'impact du processus de mondialisation sur les droits économiques, sociaux et culturels des peuples autochtones tient à la destruction de leur environnement, à la non régulation des activités des firmes transnationales et à l'absence de consultation des communautés dans les projets de développement. Du côté des contributions autochtones, qui sont à la fois plus diversifiées que le rapport de l'expert (une centaine de déclarations) et moins exhaustives en raison du temps imparti à la communication (trois minutes), on observe une convergence, d'un bout du globe à l'autre, des représentations du processus dans un sens critique. Elles dénoncent les atteintes portées par les entreprises multinationales et l'absence de protection des communautés locales de la part de gouvernements pour qui les autochtones ne représentent aucun enjeu politique (Bellier, 2007b).

Dans ce contexte, la question du développement se présente comme un processus mettant en scène des acteurs de force très inégale ; les États, les multinationales, les ONG et les peuples autochtones. Sur la scène internationale qui les réunit à l'occasion des séances des groupes de travail les concernant aux Nations unies, comme dans le cadre des grands sommets de la planète ou des conférences internationales sur le développement durable, le changement climatique, la propriété intellectuelle ou la société de l'information, un dialogue s'établit entre les États, les représentants autochtones et les ONG de protection des droits humains ou écologiques. Dans ces forums, les autochtones plaident la reconnaissance de leurs capacités, la protection de leurs connaissances et savoirs traditionnels et l'élargissement de leurs droits, à travers l'adoption d'un instrument juridique protégeant les droits collectifs. Mais il n'existe pratiquement pas d'espace de dialogue avec les entreprises multinationales si ce n'est à travers les organes des Nations unies qui servent en quelque sorte de portail pour intégrer les vues de ces dernières comme, par exemple, la Banque mondiale ou l'Office mondial pour la propriété intellectuelle (OMPI).

Pour que leurs savoirs et leurs capacités soient reconnus, les autochtones cherchent de nouvelles voies d'action politique de deux façons : dans la négociation avec les États d'un ensemble de droits dont le principe de l'autodétermination constitue le pilier central, et dans la constitution de réseaux d'information et d'action transnationaux. Au-delà des échanges d'expériences (dites de « bonnes pratiques » en langage international) et de la communication quasi instantanée avec le reste du monde des situations les plus critiques d'agression (massacres, conflits, etc.), l'organisation en réseau permet de développer le lobbying auprès des États, de suivre les activités des multinationales et de communiquer les éléments permettant de se défendre par rapport à des pratiques non éthiques. Un bon exemple de cette nouvelle construction de la relation entre savoirs et politiques est donné par le site de *Indigenous Forum on Globalisation* qui associe autochtones et experts et produit une carte très instructive sur les « effets de la globalisation sur les peuples autochtones » (www.ifg.org).

II - Les autochtones dans la gouvernance mondiale et les expériences de participation politique

Alors que l'essentiel de leurs problèmes résulte de l'emprise des sociétés dominantes (avancée de fronts pionniers, protection légale des sédentaires contre les nomades, etc.) et des abus commis par des entreprises multinationales extractives, les organisations autochtones focalisent leur combat au niveau international sur la définition d'instruments et de procédés destinés à prendre en compte leurs spécificités et à les protéger. Cela se répercute au plan national par des actions visant à réformer les pratiques les concernant (campagnes d'information, participation à des commissions de réflexion, envoi de mémorandum aux fonctionnaires nationaux).

Suite à la réforme, en 2005, des organes des droits de l'homme aux Nations unies, pour des raisons budgétaires, sans doute aussi politiques, ont été dissous le Groupe de travail sur les populations autochtones – ce laboratoire de la participation autochtone qui existait depuis 1982 – ainsi que le groupe de travail sur le projet de Déclaration mis en place en 1995. Il ne reste qu'un seul organe institutionnel à leur disposition – l'Instance permanente sur les questions autochtones (IPQA), créée en 2000 et rattachée au Conseil économique et social – et une sorte d'émissaire auquel ils prêtent la plus grande attention, en la personne du Rapporteur spécial pour les droits et libertés fondamentales des peuples autochtones (IWGIA, 2007). Alors que la Déclaration des droits des peuples autochtones était adoptée par le nouveau Conseil des Droits de l'Homme en juin 2006, suscitant un très large sentiment de satisfaction, l'Assemblée générale des Nations unies ajournait son adoption formelle, en décembre, à la suite d'une manœuvre du groupe des États africains influencés par les quatre États qui s'opposent depuis 20 ans à ce projet de Déclaration : les États-Unis, le Canada, l'Australie et la Nouvelle-Zélande (Bellier, 2003). Ainsi pour mener ce travail de construction des normes internationales, il ne restait plus aux organisations autochtones que deux modalités d'action. La première, de type lobbying sur plusieurs scènes, pour peser sur les États afin de recréer par un travail de clarification politique et juridique, une dynamique favorable à l'adoption de la Déclaration. C'est ainsi que la mobilisation des réseaux autochtones transcontinentaux - qui se donnent aujourd'hui pour objectif de rendre la Déclaration effective- conduisit l'AG des Nations unies à adopter ce texte à haute teneur symbolique, le 13 septembre 2007, par une très large majorité de 146 Etats. La seconde modalité consiste à utiliser l'IPQA pour induire des évolutions positives au sein du système des Nations unies par la voie de recommandations adressées aux agences (Bellier, à paraître).

Au plan normatif, l'activisme autochtone se focalise sur l'autodétermination – comme moyen de garantir la diversité des modes d'organisation sociale, économique et politique et, par voie de conséquence, de protéger les droits culturels, éducatifs, linguistiques - et sur le droit au consentement libre, préalable et informé par lequel les membres des communautés donnent ou non leur accord aux projets de développement les concernant. Si ces deux points sont loin d'être acquis, ils constituent le fil conducteur de la dynamique autochtone car, comme le remarque Maivân Clech Lâm (2000), le droit à l'autodétermination confère au « peuple » et donc au peuple autochtone, la personnalité juridique qui permet de :

- négocier avec les États sur la base d'une égalité formelle,
- faire appel à la communauté internationale pour demander protection contre les abus des États,
- participer aux instances internationales où se prennent des décisions d'importance pour eux.

Par rapport à cet objectif, l'originalité des demandes autochtones est de chercher une personnalité juridique sans nécessairement devenir des États indépendants, ce qui les différencie des peuples et des pays qui ont visé la décolonisation au XXe siècle.

Enjeu des nouvelles pratiques politiques

Dans le contexte des politiques de développement qui nous occupe ici, c'est dans le cadre d'une personnalité juridique qui se cherche que l'exercice du droit au consentement, libre, préalable et informé est discuté par les représentants autochtones, tant parce que les modalités de consultation des communautés locales sont peu transparentes que parce que le droit de dire « Non » n'est guère respecté. C'est en particulier le cas lorsqu'un État concède une zone d'exploitation à une entreprise multinationale qui distribue des royalties aux élites locales. Les critiques autochtones portent aussi bien sur le décalage des intérêts entre les porteurs de projets et les récipiendaires que sur les modalités de consultation et de réalisation des stratégies de développement. Elles dénoncent le partage inégal des revenus, la destruction des milieux naturels – sans remise en état à la fin de l'exploitation –, les dommages des multinationales en termes de pillage des ressources et de développement d'une insécurité induite par les milices engagées pour soumettre les populations locales aux conditions de l'entreprise. Elles donnent des cas concrets, par exemple en Nouvelle-Calédonie avec l'exploitation du nickel, en Guyane avec l'orpaillage, au Niger avec l'uranium, leurs dossiers montrant les faibles retombées pour le développement local ou régional tandis que les pollutions et les préjudices causés à la santé publique ne sont guère contrôlés.

La visibilité que les peuples autochtones ont acquise au plan international commence à porter ses fruits dans les enceintes nationales comme on le voit dans les changements constitutionnels enregistrés en Amérique latine et l'adoption de lois et règlements dans différentes régions du monde (Philippines, Canada, Suède, Norvège, etc.). En France, leur cause chemine d'une manière paradoxale. Du côté des Territoires d'Outre-Mer, la reconnaissance du statut de « peuple » a été acquise dans les accords de Nouméa, à la suite du violent conflit opposant les Kanak, les Caldoches et l'État français. Du côté des départements d'Outre-Mer, l'assimilation à des « populations » est de règle, comme en Guyane, où les Amérindiens et Bushinenge sont traités par voie réglementaire comme des « populations tirant traditionnellement leur subsistance de la forêt ».

Ces peuples étant directement ou indirectement touchés par la mondialisation, ils sont, via leurs représentants ou par d'autres canaux (ONG, et églises notamment), sensibles au discours des institutions internationales sur l'État de droit et la bonne gouvernance qui marque la distinction avec le gouvernement en tant qu'institution et qui promeut un mode de gestion des affaires publiques fondé sur la participation de la société civile à tous les niveaux (national, local, régional, international). Les autochtones en acceptent le principe tout en discutant la valeur universelle des pratiques au nom desquelles, à leurs yeux, s'est développé le projet de « civilisation » qui les a privés de droits. Le cas des autochtones est à la fois un exemple de la manière dont « la société civile » participe à la réflexion des institutions publiques et des limites posées à l'exercice aux plans juridiques et politiques. Toutefois, appréhender les questions que les organisations autochtones posent à la forme de l'État (unitaire, fédéral ou pluraliste, démocratique ou autoritaire) sous l'angle de leur inclusion dans la société civile présente une faible utilité heuristique. Leurs représentants ne font d'ailleurs guère usage de ce vocabulaire car ce qui est en question c'est leur place – économique, sociale, culturelle, linguistique – dans la société et la possibilité d'exercer une souveraineté, notamment territoriale. Sur cette notion, l'étude de Madame Erica-Irene Daes, rapporteure spéciale à l'ONU sur « la souveraineté permanente des peuples autochtones sur les ressources naturelles », a donné aux autochtones de sérieux éléments d'argumentation à opposer aux États et aux entreprises multinationales (E/CN.4/sub.2/res/2004/9).

On observe que le contexte politique international a profondément changé entre le dernier quart du vingtième siècle et le début du vingt et unième. Alors que le mouvement autochtone s'est étendu d'un continent à l'autre, dans les décennies quatre-vingt et quatre-vingt-dix, à mesure que les États se démocratisaient (effet de la chute du Mur de Berlin) puis s'intégraient dans la mondialisation, on note depuis 2001 un essoufflement du mouvement des droits de l'homme, dû à la montée en puissance de l'idéologie sécuritaire et aux nouvelles formes de contrôle mises en place par les États. Cela a un impact sur la nature des revendications autochtones, avec l'apparition de nouvelles polarités (nationalisme/transnationalisme) en rapport avec la mutation du traitement institutionnel des questions autochtones. D'un côté, l'assimilation faite par un certain nombre d'États des organisations autochtones à des mouvements « terroristes » tend à radicaliser les positions en fermant les voies du dialogue « droits de l'homme » qui étaient ouvertes jusqu'alors par l'ONU. De l'autre, l'institutionnalisation des autochtones à l'ONU, par le biais de l'Instance permanente sur les questions autochtones, aboutit à généraliser la prise en considération de leurs problèmes (effet dit en anglais « *mainstreaming* »). Toute politique de développement pouvant concerner une population autochtone quelque part, il s'agit de promouvoir un traitement sectoriel à travers les différentes agences de la famille des Nations unies. Ainsi, par exemple, le Fonds de développement des Nations Unies pour la femme (United Nations Development Fund for Women, UNIFEM) se préoccupe des femmes autochtones et l'UNICEF des enfants autochtones, l'Organisation mondiale de la Santé (OMS) et l'ONUSIDA adaptent leurs programmes pour tenir compte des spécificités autochtones tandis que l'UNESCO s'attache à protéger les savoirs traditionnels et les formes d'expression de la diversité culturelle (Bellier, à paraître).

La spécificité des « peuples autochtones », de la culture au politique, de l'économique au juridique, du social au foncier, semble admise par les instances internationales et par nombre d'États. Mais la résolution des problèmes de pauvreté et de marginalisation n'est pas acquise. C'est dans cette perspective qu'il convient d'examiner la manière dont les peuples autochtones envisagent les termes de la « participation », car leur lutte pour l'émancipation, la dignité et l'égalité de droits, est liée à une exigence démocratique.

La participation politique des autochtones

L'entrée des autochtones sur la scène internationale, en tant qu'acteurs politiques, coïncide avec la contestation d'un modèle global dans lequel ils se sentent plus exclus aujourd'hui dans le cadre des politiques de dérégulation et des marchés de libre-échange qu'hier dans celui de l'État. Cela résulte de la confrontation des systèmes de valeurs et de représentations du monde par laquelle ils se sentent arrachés à leurs univers et du constat de leur faiblesse lorsque l'État laisse les multinationales agir sur les territoires dont ils revendiquent la propriété collective. C'est dans ce contexte qu'ils participent aux mobilisations de la société civile, comme celles pour « une autre mondialisation », lors des Forums sociaux mondiaux ou des contre sommets organisés parallèlement aux rencontres des pays les plus riches.

Dans le discours des « autochtones onusiens » qui font l'effort de dialoguer avec les États – tandis que d'autres privilégient la résistance locale, voire font « une autre campagne » comme par exemple le sous-commandant Marcos, au Chiapas, Mexique – la participation politique apparaît comme le levier du changement de la relation d'exclusion caractéristique de leur situation. C'est un principe démocratique très flou à partir duquel pourraient se développer de nouvelles relations avec les États comme avec les sociétés dominantes.

Rassembler en quelques mots les idées relatives à la démocratie d'un ensemble de peuples aussi différenciés est une gageure. La « démocratie » apparaît comme un régime politique d'origine occidentale qui se répand à l'échelle de la planète, aujourd'hui par la convergence des programmes de coopération internationale, des agences de développement nationales et des ONG (cf. Petric, 2007), dont les préfigurations coloniales ne leur ont pas été favorables. Pour les autochtones ayant l'expérience du changement politique, elle leur paraît préférable aux régimes autoritaires qui nient leur existence et liberté d'expression. Mais cette forme politique doit se transformer pour que les « petits peuples » contribuent avec leurs savoirs, leurs pratiques, leurs compétences symboliques et leurs technologies, à protéger une Terre dont ils se font « les gardiens » et à améliorer la condition des communautés. Cela peut passer par la reconnaissance de leurs systèmes politiques ou juridiques ou la restitution des terres spoliées, comme par des changements constitutionnels et des mécanismes de prise en charge directe des perspectives autochtones, à l'échelle de tout un pays dont « l'homogénéité nationale » est alors reconsidérée au profit de l'idée d'État plurinational (cf. Nina Pacari, députée autochtone à l'Assemblée nationale et ancienne ministre des Affaires étrangères de l'Équateur, 2002).

La mobilisation demeure la première force des autochtones. Pour Vicky Tauli Corpuz, qui présida l'Instance permanente (IPQA 2004-2007), ce sont les mobilisations locales et nationales qui ont permis l'adoption aux Philippines en 1997 d'une loi sur les droits des peuples autochtones, clone du projet de Déclaration des Nations unies, mais aussi l'abandon du barrage de Chiku, financé par la Banque mondiale. Si elle remarque que « *le droit à l'autodétermination est hypothéqué par la mondialisation car les décisions se prennent à l'OMC, au FMI, à la Banque mondiale* », elle observe qu'il est aussi mis en péril par l'adoption de lois contradictoires (2002). Elle cite l'exemple aux Philippines de deux lois, l'une sur les droits autochtones, l'autre sur les mines, cette dernière étant en contradiction avec la Constitution qui interdit le contrôle étranger à 100 % des investissements miniers. Avec la mobilisation des communautés locales, l'acquisition des compétences juridiques a permis de mettre en évidence le décalage entre les discours officiels et les pratiques sur le terrain, ainsi que la nécessité de former les fonctionnaires de l'État pour travailler avec les autochtones, sans toujours douter de leur capacité à diriger leurs affaires. Les mobilisations autochtones ont permis de stopper les programmes les plus destructeurs, en négociant une paix des Braves, comme ce fut le cas en 1973 entre les Indiens Cris, le Canada, le Québec, après un conflit durable avec la société Hydro Québec, en bloquant l'accès des territoires aux sociétés minières, en les obligeant à se retirer (Philippines, Bostwana), ou encore en nationalisant les ressources naturelles (Bolivie).

Les expériences de participation politique

Le moteur des changements observables dans les relations entre les États et les peuples autochtones, est alimenté par plusieurs sources. La première résulte de la mobilisation internationale de réseaux d'acteurs tirant profit des nouvelles technologies de communication, soutenus par des ONG de développement et de droits humains qui agissent là où l'État ne va pas ou ne va plus. La seconde tient à l'impact des organisations internationales, comme la Banque Mondiale qui agit par le biais de directives opérationnelles et les différentes formes d'injonction présidant au financement des programmes de Développement.

La lutte contre la pauvreté pour laquelle ont été inventés des « cadres stratégiques » tout comme « les Objectifs de Développement du Millénaire » illustrent une approche « technicienne » du politique. Tout donne à penser que, du point de vue des organisations internationales, il suffit de construire les bons mécanismes, les bonnes institutions, voire de développer des processus de consultation pour que les objectifs soient atteints. Sans doute y a-t-il là, pour reprendre les termes de Stiglitz (2002), un effet de croyance manifeste dans le pouvoir des mots. Car le problème réside dans le décalage avec les réalités qui se construisent sur le terrain. Éclairant est l'exemple, dans le discours de la Banque mondiale, du glissement de la notion de « droit au consentement libre, préalable et formé en connaissance de cause » (*Free Prior and Informed Consent)* que revendiquent les autochtones, à la notion de « droit à la consultation, préalable, et formée en toute connaissance de cause » que promeut la Banque. Celle-ci a construit son argumentaire sur la volonté de consulter toutes les parties prenantes d'un projet de développement, en mettant en cause la capacité des populations autochtones à le faire en raison de leur mode d'organisation sociale et politique. Il règne sur cette question un conflit de valeurs qui provient d'une représentation figée des relations sociales « traditionnelles », faisant des hommes et des anciens les maîtres absolus du pouvoir. La procédure de la Banque, visant à garantir la prise en considération des points de vue des femmes et des enfants, serait plus démocratique, permettant ainsi de faire évoluer les sociétés en question. Si cet objectif est en débat dans le monde autochtone, car les femmes prennent de plus en plus la parole pour vouloir améliorer leur situation relative, il règne un consensus entre les genres pour que le « droit à la consultation » ne se substitue pas au « droit au consentement ». Pour eux (et elles) le processus de « consultation » ne garantit pas l'information sur les conséquences à long terme d'un projet, ni la possibilité de s'y opposer. Exemples à l'appui, ils témoignent de « consultations » conduites sans exhaustivité (trois personnes sont consultées au lieu de toute une communauté, une autorité traditionnelle est sommée de donner son accord par téléphone) ou sans aucun souci de pédagogie (les documents sont rédigés de manière illisible, les multiples dimensions d'un projet de développement ne sont pas clarifiées, par exemple dans leur impact négatif sur l'environnement ou sur la santé à long terme). De ce fait, la consultation peut être formelle, fantaisiste et non contraignante. Cela ne correspond pas au sens qu'ils entendent donner aux relations entre peuples autochtones et autorités locales, nationales ou internationales pour la gestion et le développement des territoires dont ils font usage.

Pour les populations autochtones, la question du Développement se pose sous l'angle de la reconnaissance de leurs systèmes d'organisation et de leur insertion dans l'espace social, économique et politique. Deux voies sont expérimentées à l'heure actuelle ; celle de l'autonomie, pensée comme l'un des mécanismes d'exercice du droit des peuples à disposer d'eux-mêmes, et celle de la décentralisation qui demeure un mécanisme structuré par l'État. Par la première, les représentants des peuples concernés contrôleraient la gestion des affaires les concernant comme, par exemple, au Nicaragua (région de la Côte nord-atlantique), au Panama (région Kuna), en Suède, Norvège et Finlande (région Sami) ou au Groenland (région Inuit). Par la seconde, via des mécanismes de décentralisation administrative et politique (comme au Canada, Malaisie, Philippines, Venezuela, Équateur ou Mexique...), peut être mis en place un gouvernement local dans lequel les peuples autochtones sont amenés à participer à de nouvelles structures impulsées par l'État.

Ces mécanismes, qui demandent un processus d'apprentissage pour que les autochtones gèrent leurs affaires dans un cadre restant celui de l'État, se complètent de différentes formules de consultation des organisations représentatives pour développer une « relation de partenariat » (selon les termes du représentant du Canada à l'ONU). L'enjeu de ces diverses formules peut être d'éteindre des revendications coûteuses pour l'État, comme c'est le cas dans les pays du Commonwealth, ou pour réexaminer le passé et dessiner entre les autochtones et la société dominante la possibilité d'un avenir partagé (selon le type des Commissions « Vérité et pardon ») comme c'est le cas au Pérou, au Guatemala, en Afrique du Sud, ou au Rwanda. Les pays du Nord et du Sud, favorisent différentes sortes de partenariats, de modes de consultation ou d'association des populations à la décision économique et politique si bien que l'on ne peut pas vraiment considérer l'existence d'un unique modèle de référence à un cadre de gouvernance. Sur un plan général, les expériences de participation posent deux types de problèmes concernant, d'un côté, la définition des mécanismes et l'allocation des moyens budgétaires pour que la participation soit effective et protégée des changements de majorité gouvernementale, de l'autre, l'articulation des systèmes juridiques et politiques et le partage des rôles entre autorités « coutumières » et « modernes ». La prise en charge par les acteurs autochtones de fonctions de gestion dans le cadre d'institutions politiques de type occidental (par exemple, conseil municipal, départemental ou régional) ou de comités de projets, présente des difficultés au regard des modes traditionnels d'exercice du politique[3].

Pour la plupart des acteurs (dont les organisations autochtones se font l'écho), il ne s'agit plus de penser en termes de « participation » mais en termes de « partenariat ». Au vu de différentes expériences locales dont les modalités sont communiquées à l'international durant les forums onusiens ou par internet, la simple participation apparaît comme une forme molle d'inscription des acteurs marginalisés dans des procédures qu'ils contrôlent mal. De même, le principe de « la consultation » ne garantit nullement le respect par les acteurs plus puissants des droits et décisions des acteurs les moins forts. Le processus de « partenariat » qui est encouragé au plan international – c'est le thème de la seconde décennie consacrée aux peuples autochtones (2005-2015), la première ayant été insuffisante pour attester de changements significatifs – permet d'imaginer qu'un consensus est possible entre les « peuples autochtones », les États qui les englobent et les sociétés dominantes qui, généralement, les méprisent.

Sur la toile de fond des Nations unies, le discours du partenariat renvoie à des mécanismes imprécis et il tend à dépolitiser la scène du développement en la vidant de ses enjeux idéologiques. Il crée, dans un horizon temporel indéfini, la fiction d'un rapport égal entre des acteurs jusqu'alors opposés par leurs formes d'organisation, leurs pratiques politiques, leurs poids économiques ou leurs visions du monde. Personne – notamment pas les organisations qui recherchent une légitimité à l'international – ne peut résister à cet objectif du partenariat qui rassemble les parties en conflit potentiel dans un objectif qui est supposé transcender les clivages traditionnels. Au plan politique, cela conduit les États comme les représentants des peuples autochtones à réfléchir au sens de la nation et aux institutions qui la protègent. Car, au cœur des perspectives de développement des populations, de lutte contre la pauvreté, de changements stratégiques, se trouvent les questions concrètes de la mise en œuvre des projets, de leur impact socio-économique et environnemental et, avec elles, celle du choix ou de l'imposition d'un mode de développement. Le discours du « partenariat », qui se présente comme une voie pacifique de résolution des problèmes les plus ardus, renforce de ce fait la problématique de l'égalité des moyens à disposition des individus pour décider de leur avenir, une situation dans laquelle les représentants autochtones ne se retrouvent pas.

---

[3] Pour la Guyane, voir Collomb (1997) ; le Venezuela, Quispe (2005) ; le Niger, Olivier de Sardan (1999).

Bibliographie

Albert B., 2001, « Associations amérindiennes et développement durable en Amazonie brésilienne », *Recherches Amérindiennes au Québec*, vol. XXXI, n° 3.

Bellier I., 2003, « Dernières nouvelles du Groupe de travail sur le projet de déclaration des droits des peoples autochtones à l'ONU », *Recherches Amérindiennes au Québec*, vol XXXIII, n° 3 : 93-99.

---- 2006a, « Identité globalisée et droits collectifs : les enjeux des peuples autochtones dans la constellation onusienne. », *Autrepart*, n° 38 : 99-118

---- 2006b, « Le projet de déclaration des droits des Peuples autochtones et les États américains : avancées et clivages », *in* Gros C. et Strigler M. C. (dir), *Être indien dans les Amériques*, Paris : Institut des Amériques.

---- 2007a, « Partenariat et participation des Peuples autochtones aux Nations unies : intérêt et limites d'une présence institutionnelle », in C. Neveu, *Démocratie participative, cultures et pratiques*, Paris : L'Harmattan.

---- 2007b, « Les deux faces de la mondialisation, les peuples autochtones et l'ONU » ; *in La mesure de la mondialisation, Cahier du GEMDEV,* n° 31.

---- À paraître, « Usages et déclinaisons internationales de l'autochtonie dans le contexte des Nations unies », *in* Gagné N., Martin T. et Pineau M. Salaun (sld), *Regards croisés sur l'autochtonie : France-Québec*. Québec : Presses Universitaires de Laval.

CQDHP, Commission africaine des Droits de l'Homme et des Peuples, 2005, Rapport du Groupe de travail d'experts sur les Populations/communautés autochtones, Copenhague : IWGIA.

Clech Lâm M., 2000, *At the Edge of the State: Indigenous Peoples and Self-Determination*, Ardsley, New York : Transnational Publishers Inc.

Collomb G., 1997, « La 'question amérindienne' en Guyane. Formation d'un espace politique », *in* Abélès M. et Jeudy H.-P (dirs), *Anthropologie du Politique,* Paris : Armand Collomb.

Daes E.I., 2004, *Rapport final sur l'étude relative à la souveraineté permanente des peuples autochtones sur les ressources naturelles,* Nations unies.
http://ap.ohchr.org/documents/F/SUBCOM/resolutions/E-CN_4-SUB_2-RES-2004-9.doc.

Droits et démocratie, 2002, *Droit à l'autodétermination des Peuples autochtones*,
http://www.dd-rd.ca/site/publications/index.php?subsection=catalogue&lang=fr&id=1351

Gitpa-iwgia, 2007, *Peuples autochtones d'Afrique et objectifs du Millénaire*, Paris : L'Harmattan.

IWGIA, 2007, *The UN Special Rapporteur, Experiences and Challenges*, document 118, Copenhagen.

Kuper A., 2003, « The Return of the Native », *Current Anthropology*, vol 44, n° 3: 389-401.

Loraux N., 1998, *Né de la terre, mythe et politique à Athènes*, Paris : Seuil.

Morin F., 1992, « Vers une déclaration universelle des droits des peuples autochtones », *in* Giordan H. (dir), *Les minorités en Europe. Droits linguistiques et Droits de l'Homme*, Paris : Kimé : 493-507.

--- 1994, « De l'ethnie à l'autochtonie. Stratégies politiques amérindiennes », *Caravelle*, n° 63 : 161-174.

Messer E., 1995, « Anthropology and Human Rights in Latin America », *Journal of Latin America Anthropology* 1 (1) 48-97.

Olivier de Sardan J.-P., 1999, « L'espace public introuvable : chefs et projets dans les villages nigériens », *Revue Tiers-Monde*, 157 : 139-167.

Pacari N., 2002, « L'autodétermination dans le contexte d'un État plurinational : L'expérience de l'Équateur », *Droits et démocratie*, Actes du séminaire sur l'autodétermination.
http://www.dd-rd.ca/site/publications/index.php?subsection=catalogue&lang=fr&id=1351

Petric B., 2007, « Le Kirghizstan : lieu d'expérimentation pour mesurer : les nouvelles normes de la mondialisation politique », *in* Bellier I. (dir) *La mesure de la Mondialisation, Cahier du GEMDEV*, n° 31, Paris: Karthala.

Quispe, M.-T., 2005, *Venezuela, Gobiernos locales y pueblos indigenas*, IWGIA, Copenhagen.

Saugestad, S., 2001, *The Inconvenient Indigenous: Remote Area Development, Donor Assistance and the First People of the Kalahari*, Sweden : Nordic Africa Institute.

Shultes Tenckoff I. et Ansbach T., 1997, *Le droit des minorités*, Bruxelles : Éditions Bruylant.

Social Anthropology, 2006, vol 14, part 1

Stiglitz J., 2002, *La grande désillusion*, Paris : Fayard.

Tauli Corpuz V., 2002, « Un point de vue asiatique », *Droits et démocratie*, Actes du séminaire sur l'autodétermination.
http://www.dd-rd.ca/site/publications/index.php?subsection=catalogue&lang=fr&id=1351

Le champ scientifique : Cadre propice aux innovations de la recherche au Sud

Étienne LE ROY
LAJP-CEMA*f*
Université Paris 1 Panthéon-Sorbonne

Nous sommes à un moment de l'histoire des sciences sociales où la notion de discipline scientifique fait problème au moins de deux façons complémentaires, soit parce qu'elle est confondue avec la notion voisine de discipline universitaire, soit que, conjuguée au singulier, elle paraît singulièrement inadaptée à l'analyse de la complexité qu'on redécouvre dans les sciences de l'homme et de la société. La multiplication des références à la pluri, multi, inter voire transdisciplinarité est le signe depuis vingt-cinq ans d'un changement en cours dont on s'efforcera ici d'éclairer quelques implications. Écartons d'abord la confusion entre ces deux types de discipline avant d'approfondir cette contradiction, fille de la modernité, entre la discipline, un outil à portée unitaire, et l'analyse de la société comme entité plurale.

On distingue souvent difficilement la discipline universitaire de la discipline scientifique. On peut associer à la première une volonté d'unification des savoirs, de légitimation des hiérarchies professionnelles et de contrôle corporatiste, voire de répression des divergences dans la pratique de la recherche ou la transmission des connaissances. Elle est associée à l'exercice d'un pouvoir mandarinal que le mouvement de mai 1968 avait voulu sinon faire disparaître au moins « démocratiser » dans le contexte d'une fonction tribunicienne reconnue à l'intellectuel responsable, « organique » disait-on à l'époque en suivant Gramsci.

Exerçant son monopole sur le recrutement des universitaires et, par là, sur la validation des résultats, ce pouvoir mandarinal a prétendu annexer la formulation des paradigmes qui sont la matière première des pratiques scientifiques. Donc à soumettre la discipline scientifique comme discours sur la méthode à la discipline universitaire comme contrôle des mécanismes d'un pouvoir qualifié juridiquement d'*universitas* au Moyen Âge, donc auto-régulé. Mais l'institution universitaire a évolué ces trente dernières années sous le poids du nombre, des nouvelles fonctions qui lui sont assignées et de son environnement institutionnel. Les mécanismes qui en assuraient la gestion se sont progressivement grippés et l'institution paraît parfois incontrôlée, une sorte de bateau ivre (Le Roy, 1990). À l'ère de la mondialisation et de la « grande toile », l'exercice d'un monopole mandarinal s'avère un combat d'arrière-garde qui, pourtant, comporte potentiellement des risques collatéraux considérables en termes de régressions des paradigmes ou de stérilisations de problématiques. D'où des stratégies d'évitement ou de contournement qui recourent à des pratiques à la fois de segmentation des parcours disciplinaires classiques et de leurs interférences en donnant naissance, dans les espaces ainsi dégagés, à des objets qui, en raison des nouveaux types de recherche qu'ils autorisent, peuvent être qualifiés de « champs scientifiques ».

C'est donc dans ce cadre qu'on estime pouvoir dépasser la clôture de penser la complexité, donc la pluralité, avec un outil aussi réducteur qu'est la monodiscipline dès lors que celle-ci est conçue sur la base d'un monopole tant universitaire que méthodique. Cernons d'abord la notion avant d'en préciser l'emploi.

La notion de « champ » et ses multiples applications et implications sont indubitablement associées à l'œuvre de Pierre Bourdieu. Il est rétrospectivement difficile de faire la part, après une fréquentation de plus de quarante ans de cette démarche, de ce qui relève de l'emprunt direct ou d'une influence plus ou moins libératrice de l'esprit scientifique. Indubitablement, entre la lecture sociologique du champ juridique (Bourdieu, 1986) et celle, anthropologique, du champ judiciaire dans l'analyse de la place de la négociation dans le droit (Le Roy, 1986) puis son extension à une anthropologie du champ juridique, (Le Roy, 1988) il y a des passerelles, des continuités et, bien entendu, des différences, peut-être des divergences. Retenons ici une idée partagée par le sociologue et certains anthropologues du droit (Le Roy, 1999), l'association du « champ » et des « luttes ». Dans *Le sens pratique* (Bourdieu, 1980, 1986), la première formulation un tant soit peu approfondie de la notion associe ces deux termes selon une formule « champ de luttes » qui deviendra typique des approfondissements ultérieurs. Est également typique, à propos du « sens du jeu », la relation entre l'habitus et le champ, « entre l'histoire incorporée et l'histoire objectivée » (Bourdieu, 1986 : 111). La notion de champ commence dès lors à prendre un contour mieux défini puisqu'il connote « *l'espace du jeu, les règles du jeu, les enjeux etc.* » (Idem, 112). Par la suite, pour ce qui concerne l'analyse de l'économie, le champ est d'abord « *un ensemble d'institutions (...) et un corps d'agents, dotés d'intérêts et de modes de pensée spécifiques* » (Bourdieu, 1980 : 211). Et, dans son analyse du droit, il ajoutera les remarques suivantes : *« les pratiques et les discours juridiques sont en effet le produit d'un champ dont la logique spécifique est la suivante : d'une part, par les rapports de force spécifiques qui lui confèrent sa structure et qui orientent les luttes de concurrence ou, plus exactement, les conflits de compétence dont il est le lieu et, d'autre part, par la logique interne des œuvres juridiques qui délimitant à chaque moment l'espace des possibles et, par là, l'univers des solutions proprement juridiques* » (Bourdieu, 1986 : 3-4).

À partir de ces notations et des travaux qu'on y a consacrés (Le Roy, 1988, 1999), on voit émerger un emploi de la notion de champ comme un espace (au sens logique) traversé par des tensions, où se rencontrent des pratiques d'acteurs inscrits par ailleurs dans des institutions, organisant leurs démarches, leurs échanges ou leurs « marchés » puis leurs choix selon les règles (ou logiques) d'un jeu qui est caractéristique de chaque société et propre à ce contexte là. Dans le contexte de la production et de la transmission des connaissances dites scientifiques, parce que fondées, selon des protocoles *ad hoc,* sur l'exigence de l'expérimentation pour les sciences de la nature ou sur la réplicabilité pour les sciences de l'homme et de la société (Le Roy, 2006a), ce sont donc d'abord le positionnement des acteurs (producteurs et consommateurs) puis les résultats qu'ils visent selon des règles du jeu conventionnellement adoptées qui déterminent la fonctionnalité d'un « champ » original. Mais ne sous-estimons pas la difficulté car entre le statut des acteurs et la détermination des règles à élaborer puis à respecter, il y a nombre de variables à prendre en considération, au moins huit dans *Le jeu des lois* (Le Roy, 1999), ouvrage qui vérifie la pertinence d'une telle approche « dynamique » dans cinq champs scientifiques particuliers. Nous en proposerons une relecture partielle dans les pages suivantes en approfondissant successivement les caractéristiques épistémologiques du champ scientifique puis quatre applications prises dans des contextes variés.

I - Caractéristiques épistémologiques du champ scientifique

Relevons d'abord une relation à portée bijective entre le réseau et le champ scientifique avant d'en proposer sept caractéristiques.

Réseau et champ scientifique

L'existence de champs scientifiques semble être le plus souvent associée à celle de réseau, structure ouverte, non définie spatialement, donc non déterminée pas un mode d'institution particulier (Eberhard, 2002). La principale spécificité du réseau est qu'il assure regroupement, circulation, écoulement, communication, ici communication des savoirs. Le réseau se distingue de la filière, déterminée par une fonctionnalité spécifique, une orientation et un objectif à atteindre en mobilisant les ressources nécessaires. Le réseau a pour caractéristique une indétermination fonctionnelle et institutionnelle *a priori* pouvant donner naissance à de multiples configurations. On en observera quelques-unes en seconde partie. On peut douter qu'il y ait correspondance terme à terme entre un champ et un réseau. Si un champ a besoin d'un réseau pour exister, l'inverse n'est pas nécessairement vrai. Par ailleurs, un même champ semble pouvoir être géré par plusieurs réseaux selon un partage des interventions qui se révèle à haut risque. On pose actuellement que le champ est le produit de trois facteurs, un collectif de chercheurs, quelques questions à résoudre et la possibilité de mobiliser l'intérêt de la communauté scientifique pour un type de questionnement. Selon des processus plutôt mystérieux où se conjuguent des l*eaderships*, des intérêts, des curiosités ou des engagements individuels etc., l'entrecroisement de ces trois facteurs et leur agrégation produisent des champs scientifiques spécifiques. On emploie souvent les métaphores du tricot et du nœud, un champ étant, à partir de différents « fils » qu'il faut « tricoter », un nœud de questions par référence à un objet, donc un dispositif agrégeant le jeu des questions et des réponses propres au réseau considéré. Mais, ce qui est noué peut être dénoué. Le champ est par nature instable. C'est en particulier un lieu de pouvoir : par ces nœuds transitent de l'information mais aussi de l'autorité, voire une vraie capacité de nuisance. On peut retrouver ici des faits de pouvoir dénoncés à propos de la discipline universitaire. Ils prennent d'autres configurations et, dans la mesure où ces faits resteraient méconnus, leur capacité de nuisance serait au moins aussi grande que le pouvoir mandarinal déjà contesté. Simplement, et c'est essentiel, on peut sortir du réseau sans conséquences trop importantes pour une carrière ou l'aboutissement d'un projet scientifique s'il recoupe plusieurs champs scientifiques et qu'on peut passer de l'un à l'autre. Si réseau et champ scientifique paraissent étroitement associés, on ne peut affirmer ce qui est à l'origine du processus ou commande l'autre facteur car ce serait reproduire la querelle de l'œuf et de la poule. On peut tout au plus observer qu'un réseau a plus de visibilité par le positionnement de ceux ou de celles qui le constituent dans des espaces-temps particuliers qu'un champ scientifique dont les règles de fonctionnement ne sont que partiellement énoncées formellement. Elles relèvent de ces « habitus », déjà évoqués à propos de l'œuvre de Pierre Bourdieu, et propres à ce milieu de chercheurs. C'est cette énonciation épistémologique insuffisante qui peut poser problème aux chercheurs du Sud, les faire renoncer à s'engager faute de familiarité et les maintenir dans une dépendance indue à l'égard de monopoles disciplinaires universitaires, surtout quand ils sont détenus par le Nord. Tentons d'en dégager les principales propriétés.

Sept caractéristiques :

1) Un champ scientifique est d'abord identifié par le *topos* des membres qui le constituent, au moins de ses membres fondateurs. On entend ici par *topos* une position scientifique explicite et qui sera tenue pour point de départ du raisonnement. Or on voit apparaître ici un paradoxe. Si les champs scientifiques les plus performants reposent sur des démarches multi, inter ou transdisciplinaires, le *topos* est et doit être défini selon un critère monodisciplinaire. C'est encore maintenant la condition d'accès « au club » de chercheurs pratiquant ce champ de recherches que de déclarer son appartenance à une discipline, généralement de formation. C'est l'équivalent d'une carte d'identité, voire d'une carte de crédit. Elle constitue le capital symbolique et culturel du chercheur lors de cette phase initiale d'insertion dans le champ. Cette inscription dans une discipline peut être contrôlée mais seulement pour vérifier qu'on est qualifié(e) pour être membre du club. Une fois le droit d'accès homologué, le référent disciplinaire peut et, le plus souvent dans des expériences récentes, doit être oublié tant qu'on est productif dans le champ. C'est donc un marchepied. Mais les animateurs de la recherche, têtes de file du champ, peuvent priver certains membres de leur droit d'accès aux ressources communes si, au terme d'un programme, leur contribution s'avère insuffisante, ce qui oblige à changer de casquette pour pénétrer un autre champ, ou à renoncer à la recherche.

2) Ces « nœuds » ou « agrégations » ont certaines caractéristiques de champs magnétiques. Ils exercent des capacités d'attraction et de répulsion, des idées mais aussi des chercheurs et des financements. Par ailleurs, la force ainsi exercée varie parfois de manière fort rapide moins en raison de résultats disponibles que des effets de mode. Faute d'attractivité, des pans entiers de la recherche peuvent être abandonnés,

au moins temporairement car on observe dans le domaine des recherches sur le développement des processus cycliques de prise en compte de variables considérées comme déterminantes à un moment donné, secondaires ensuite. On pense ainsi au développement rural « à la base », périodiquement redécouvert et non moins régulièrement perverti, la lutte contre la pauvreté, proclamée par la Banque mondiale comme priorité dès 1945 et qui n'a vraiment commencé à mobiliser la communauté internationale qu'à la fin de la décennie 1990. Les problèmes de santé ne sont remis au premier plan que quand une pandémie nouvelle risque d'affecter « l'économie » des maladies et du dispositif sanitaire international etc.

3) Ces champs appliquent, comme structures « ouvertes » réglées par les seules questions posées, le principe de la complémentarité des différences et non du contraire. Cette complémentarité permet de poser de nouvelles questions, insolites ou insolentes et, pour un même chercheur, de multiplier les points de vue, d'appartenir à plusieurs champs, d'y engranger de nouvelles données, et de renouveler les problématiques car les informations qu'elles proposent sont supposées transposables d'un champ dans un autre sous des conditions qu'on commence à connaître mais qu'on ne peut détailler ici (Le Roy, 2006b). Cette qualité du champ permet également les mises en réseaux complexes de dispositifs de recherche d'origine diverse, ce que ne favorisait pas l'approche monodisciplinaire.

4) Ces champs n'existent que par la production scientifique à laquelle ils donnent lieu. L'absence de publication signifie la disparition rapide d'un champ, tant pour les participants que pour l'extérieur (financeurs ou utilisateurs). On pourrait ici tirer une parallèle avec le concept de champ social semi-autonome (CSSA) qu'a systématisé l'anthropologue américaine Sally Moore. Cette auteure écrit que *« le champ social semi-autonome est défini et ses limites identifiées non par son type d'organisation (il peut être ou non composé de groupes constitués) mais par un caractère de type processuel tenant au fait qu'il peut donner naissance à des normes et assurer par la contrainte ou l'incitation leur application* » (Moore, 1973) De même que le CSSA n'existe que par les normes qui le régulent, de même les champs scientifiques ne justifient leur existence, à la fois leur identité et leur originalité, que par leurs publications. Il est donc évident que les champs scientifiques sont également semi-autonomes, qu'ils dépendent d'autres champs et d'autres instances comme les éditeurs, un ministère, un centre comme le Centre national de la recherche scientifique (CNRS) et le pouvoir mandarinal et qu'ils ne peuvent être appréhendés et explorés que dans leur contexte propre, selon un maillage relationnel à décrypter cas par cas.

5) Ces champs scientifiques peuvent être, ou non, inscrits dans, ou associés à, des institutions de recherche ou à des organismes de coopération bilatérale ou multilatérale. Une part peu connue mais très fertile de ces « nouvelles recherches » s'effectue dans le cadre d'Organisations non gouvernementales (ONG), d'Organisations de solidarité internationale (OSI) ou autres structures analogues. On sait par ailleurs le rôle d'impulsion d'organismes tels que la Banque mondiale ou le Programme des Nations unies pour le développement (PNUD) comme producteurs de « notions valises » comme la bonne gouvernance, les biens publics à l'échelle mondiale ou un développement durable et reproductible, ou de questions comme les problèmes de genre, la pauvreté pré-citée etc. Si on veut être financé, il faut s'en inspirer, les reproduire ou les appliquer. Il y a donc des champs scientifiques *« in »* inscrits dans le tissu institutionnel national et international et d'autres « *off* » qui en sont écartés par indifférence des institutions, par choix intellectuels, par sanction du pouvoir politique ou du pouvoir disciplinaire universitaire ou en exprimant un pouvoir hiérarchique institutionnel qui peut être assimilé à un « bizutage ».

6) Au sein d'un champ et à partir d'un capital initial fondé sur une formation disciplinaire et des investissements intellectuels antérieurs, le chercheur va rencontrer d'autres chercheurs dont au moins les expériences diffèrent des siennes. Pour produire dans ce champ, en répondant à un appel d'offres par exemple, chaque intervenant doit entrer en dialogie avec ses collègues, la dialogie étant entendue ici comme confrontation et convergence des logiques à l'œuvre dans chaque parcours individuel. Dans cette perspective, la référence disciplinaire est impossible à tenir au-delà de ce qu'indiqué comme relevant de la « carte d'identité », sans pour autant être ignorée. Si la rencontre entre parcours individuels est une confrontation des paradigmes disciplinaires, elle exige aussi leur dépassement. Une démarche du type du champ scientifique conduit à la pratique de la « transdisciplinarité » comme ouverture de paradigmes à d'autres paradigmes dans le respect de l'autonomie de chaque démarche mais aussi avec la claire conscience de l'interdépendance des approches supposant un dépassement des clôtures précédemment dénoncées.

7) Dans un contexte aussi ouvert et réversible, la prétention à concevoir des disciplines nouvelles pour rendre compte des nouveaux objets de recherche, ceux qu'on appelle des Objets scientifiques non identifiés (OSNI), devient seconde, voire anecdotique. Les disciplines

mères n'étant que des entrées[1], des portails dit-on sur la toile, ce qui importe c'est un consensus minimal sur le besoin d'une coalition au moins temporaire d'acteurs et de moyens sur tel ou tel objet, nécessairement défini par postulation et approché comme transdisciplinaire. La présentation des études urbaines par Michel Coquery dans *État des savoirs sur le développement* (Coquery, 1993) illustrait déjà ce type de démarche pour un domaine de la recherche en plein développement et de nature transdisciplinaire. On va l'expliciter à travers quatre exemples.

II - Le foncier, l'urbain et le politique par le bas en Afrique, le développement au GEMDEV, quatre exemples de champs scientifiques aux histoires originales

On évoquera d'abord trois expériences africaines illustrant tant la pertinence de la notion de champ scientifique que la diversité de leurs histoires propres, diversité que l'on peut imputer à des facteurs personnels (la subtile alchimie entre tempéraments et personnalités des chercheurs fait que l'agrégation des facteurs « prend ou ne prend pas ») ou institutionnels. Puis on appliquera cette démarche au groupement qui nous accueille, le GEMDEV, réseau d'institutions et non d'individus, et où on a pu le mieux observer et expérimenter les rapports à « l'institution » universitaire et le dosage ou l'équilibre à trouver dans un champ scientifique tel que celui de l'analyse du développement à l'échelle mondiale entre les principes de liberté et de reproduction disciplinaire.

Une recherche sur les politiques foncières en Afrique noire

Le problème à résoudre

Ce n'est pas faire preuve de préjugé que de faire remarquer que si l'Afrique précoloniale connaissait la propriété privée, elle en avait soigneusement exclu l'application dans les rapports fonciers, non seulement sous la forme privative mais aussi sous la forme publique ou collective. Pour dire les choses simplement, la question de la propriété privée de la terre ne se posait pas pour la seule raison que la propriété privée est une exigence et une contrainte du capitalisme. Là où le marché n'est pas généralisé, la propriété privée exclusive et absolue est inutile,

---

[1] Ne sous-estimons pas, cependant, l'importance de la discipline, si elle reste scientifique, comme cadre de conservation et de transmission des paradigmes, pour éviter d'avoir à réinventer la roue à chaque instant.

voire dangereuse. La société française en avait fait l'expérience jusqu'à la fin du XVIIIe siècle, les catégories médiévales de tenure, de domaine ou de censive privilégiant des droits complémentaires, tel le domaine éminent pour le seigneur et utile pour le serf ou le tenancier.

La colonisation française a voulu dès 1862 au Sénégal, en 1899 en Afrique Équatoriale Française (AEF), généraliser le régime de la propriété foncière comme base de l'intervention coloniale. Cette politique introduisait la double contrainte de privilégier une petite minorité de bénéficiaires et de faire l'impasse sur les sujétions financières (coûts dits par les économistes « de transaction » fort élevés) et les conséquences sociales (éclatement des communautés familiales). Dès 1908, Pierre Dareste, éminent juriste colonial, expliquait pourquoi les Africains avaient toutes les raisons de rejeter la législation domaniale et foncière (Dareste, 1908). Son avertissement n'a pas été entendu et les politiques foncières ont reproduit avec un rare aveuglement jusqu'à une période récente la revendication du monopole foncier de l'État comme moyen d'une généralisation de la propriété privée. Les politiques néolibérales de ces quinze dernières années n'ont fait que renforcer ce processus.

C'était « mettre la charrue avant les bœufs », en présupposant que les conditions de l'accumulation primitive de capital étaient réunies et permettraient de générer une marchandisation généralisée de la terre, principal facteur de production. Espérant faire l'économie du système transitoire que les paysans français ont expérimenté entre le XVIe et le XVIIIe siècles, les politiques foncières coloniales et post-coloniales ont sans doute sécurisé quelques acteurs, les planteurs en Côte d'Ivoire par exemple, quelques investisseurs étrangers plus généralement, mais ont insécurisé le plus grand nombre. Elles obligeaient à un contournement ou à un détournement de la loi et à l'invention de solutions « pratiques » ou « bricolées » qui inscrivent le foncier dans le champ du non droit, parce que les pratiques tenues pour légitimes par la majorité des acteurs sont illégales selon le droit officiel. En voulant imposer la propriété privée, ces politiques ont également, et paradoxalement, renforcé la marginalisation de l'Afrique par rapport au concert des nations en privant les Africains de la sécurité foncière qui correspondait à leur degré d'insertion dans le marché mondial. Et faute de sécurité adaptée, pas d'investissements dans la terre.

Ce sont donc ces solutions transitoires, plus ou moins métisses, que la recherche s'est efforcée de faire émerger depuis une vingtaine d'années. Ces solutions, sans exclure à terme la concrétisation d'une propriété foncière généralisée, se préoccupent ici et maintenant de réunir les conditions de mise en œuvre d'une sécurisation foncière sous la forme de plans fonciers ruraux, d'observatoires du foncier, de la théorie des maîtrises foncières etc. (Le Roy, Karsenty, Bertrand, 1996). C'est aussi en cela que la recherche actuelle dans le champ foncier apparaît comme particulièrement stimulante et innovante.

Un champ scientifique en évolution

L'aventure commence en 1979 avec la demande formulée par le ministère français de la Coopération de réaliser un état des lieux de la question foncière en Afrique sous la forme de journées d'études tenues à l'Université Paris 1 en septembre 1980. Peu de chercheurs parlaient alors du foncier et, quand ils le faisaient, c'était dans des contextes de recherche-développement en des termes parfois caricaturaux qu'on qualifiera alors de « référent précolonial » mettant en évidence, par le mode de présentation adopté, la double supériorité de l'Occident et du droit de propriété (Le Bris, Le Roy, Leimdorfer, 1982 : 23-26). La revue de la question va donc commencer par s'interroger sur l'origine de la terminologie, des catégories et des constructions logiques en montrant que, malgré les apparences d'une dominante juridique, la question ne saurait se réduire à un problème de normes juridiques à appliquer. C'est la notion de « fait social total » proposée par Marcel Mauss en conclusion de son fameux « Essai sur le don » (Mauss, 1993) qui peut rendre compte du façonnage progressif d'un champ scientifique neuf, de texture totalement interdisciplinaire[2].

Le foncier est d'abord un domaine éminemment politique et, pour le comprendre, les journées d'études sur les problèmes fonciers en Afrique vont faire appel, entre autres, à des géographes, anthropologues, historiens, sociologues, socio-économites et juristes. Au terme de ces travaux, Alain Durand-Lasserve, géographe et Jean-François Tribillon, juriste, présentent en 1980 une première configuration du champ foncier qui fait très largement écho aux analyses de Pierre Bourdieu citées en introduction. Le champ foncier est le cadre de rencontres, de luttes et de tensions mettant en cause quatre variables :

- le système des rapports de possession du sol en tant que bien ;
- le système de répression et d'exploitation des tiers qui ont besoin de la terre pour vivre ou survivre ;
- la demande solvable de terre et de terrain et

[2] Une « équation foncière » élaborée à la fin des années 1980 selon une visée exclusivement pédagogique présente le foncier comme un rapport social (S) ayant la terre, le terroir ou le territoire comme assise (T^3) et supportant trois contraintes principales, économiques (E), juridiques (J) et celles liées aux aménagements éco-systémiques (A), le tout étant fondamentalement déterminé par le politique (P) aux échelles locale, nationale et internationale.

$$F = \frac{S\,(E + J + A)^{P\ l,\,n,\,i.}}{T^{3}}$$

(Le Bris, Le Roy, Mathieu, 1991)

- les autorités publiques, légiférant, réglementant, gérant, expropriant etc. (Le Bris, Le Roy, Leimdorfer, 1982 : 333)

Le modèle ainsi constitué sera le prototype des travaux qui vont se développer ensuite et dont la préoccupation sera longtemps l'impact du mode de production capitaliste sur la production foncière et immobilière. Après les journées d'études de 1980, ces travaux porteront sur l'impact de la législation foncière (Grégoire, Le Bris, Le Roy, 1982), l'échelle locale des pratiques foncières, (Crousse, Le Bris, Le Roy, 1986), la présentation de « la caisse à outils » du foncièriste (Le Bris, Le Roy, Mathieu, 1991), puis un nouveau modèle du champ foncier abordé à partir de la problématique de la sécurisation et selon le paradigme du jeu, de la complexité et de l'incertitude (Le Roy, Karsenty, Bertrand, 1996). Un dernier ouvrage est réalisé en 1998 sous la forme d'un lexique et d'une bibliographie. Cet ouvrage sera préparé par Catherine Goislard et Miliça Cubrilo à partir d'une exploitation de la littérature composée de textes universitaires ou de rapports de consultation (Goislard et Cubrillo, 1998). Cette publication a été préparée dans le cadre d'un comité technique sur le foncier[3] qui a été mis en place en 1996 au ministère de la Coopération et clôt le cycle de recherche fondamentale ouvert en 1979. On voit apparaître alors un nouveau domaine de recherches visant à constituer un champ de connaissances ouvert sur l'intervention publique et la recherche appliquée (Lavigne Delville, 1998, Le Roy, 2006b) et où les interrogations sur le choix des politiques risquent de laisser la place à des démarches opérationnelles selon une logique de projets.

Un réseau international et interdisciplinaire comme cadre de la structuration du champ foncier

Ce type de démarche s'inscrit dans un réseau de chercheurs dénommé Réseau international de chercheurs sur la question foncière en Afrique noire (RICQFAN) qui deviendra ensuite l'Association pour la promotion des recherches et études foncières en Afrique (APREFA) pour donner la personnalité juridique et l'assise institutionnelle minimale à cette entreprise. Cette association sera pendant une dizaine d'années le partenaire des intervenants nationaux et internationaux en Afrique avant de laisser la place, sa fonction de « promotion » des études sur le foncier ayant été remplie, à un dispositif plus institutionnel, le comité technique sur le foncier précité. Ce réseau fut ainsi international, transdisciplinaire

---

[3] Actuellement (en 2007) comité technique mixte « Foncier et développement » sous la double tutelle du ministère français des Affaires étrangères, Direction générale de la coopération et du développement et de l'Agence française de développement.

et dialogique en associant la recherche fondamentale et la recherche appliquée, les décideurs et les chercheurs dans un esprit de complémentarité tant que le champ foncier ne fut pas un enjeu financier sur le marché des expertises internationales. Car, alors, le champ scientifique doit se recomposer au profit d'autres protocoles d'une recherche moins savante sans doute, mais non moins utile si elle concourt à réduire l'ignorance et la pauvreté de manière directe et selon les potentialités (*capabilities*) des acteurs.

Une approche de « l'espace urbain comme enjeu » en Afrique de l'Ouest

L'expérience dont on rend compte maintenant diffère sensiblement de la précédente par son caractère plus institutionnalisé et beaucoup plus bref. Le champ scientifique est celui pris en charge par une équipe d'une dizaine de chercheurs[4] au sein du département D, Urbanisation et sociosystèmes urbains de l'Office de la recherche scientifique Outre-mer (ORSTOM), sur financement du ministère de la Recherche de 1984 à 1987. L'évolution de la question urbaine durant les années 1970 conduit à l'émergence d'un nouveau champ de recherche, avec une montée en puissance au début des années 1980 puis une sorte de banalisation en raison d'une part d'un contrôle institutionnel se renforçant et des enjeux financiers internationaux liés au développement urbain, enjeux d'une telle importance que le politique l'emportera toujours sur le scientifique. De lézardes en ébranlements, c'est tout le dispositif de recherche sur l'urbain de l'ORSTOM qui devra se recomposer à la fin de la décennie.

La naissance d'un champ de recherche sur la participation des citadins à la gestion urbaine dans les pays en voie de développement

Jusqu'au début de la décennie 1970, l'image d'une Afrique noire rurale s'impose à tous et une ample littérature parle de l'Afrique des villages, des techniques originales de ses paysans et éleveurs ou du désastre que représente la première grande vague de sécheresses entre 1971 et 1973 dans le Sahel. On oublie toutefois de mentionner que des États comme le Congo (alors république populaire) et son voisin le Gabon sont déjà très majoritairement « urbains », entre 60 et 70 % et que les processus de migrations internes sont largement amorcés dans des ensembles qui vont devenir des mégapoles, Lagos, Le Caire, Kinshasa ou

---

[4] Programme « L'espace urbain comme enjeu, modèles de sociabilité, stratégies de pouvoir et pratiques sociales », au sein de l'unité de recherche 403, « Politiques urbaines » du département D, Urbanisation et socio-systèmes urbains de l'ORSTOM. L'équipe de recherche alors constituée était composée essentiellement de chercheurs associés et était animée par Annik Osmont.

à d'autres échelles, Dakar, Abidjan, Nairobi…

Si ce processus d'urbanisation était déjà enclenché dès avant les indépendances des années 1960, les modèles de développement économique restaient basés sur l'agriculture, l'élevage ou l'extraction minière et les villes n'étaient pas considérées comme productrices de la richesse nationale. Elles étaient plutôt consommatrices, pour ne pas dire prédatrices et, en dehors du ou des quartiers centraux (dits « plateaux » en Afrique francophone) qui illustrent l'image de respectabilité, de modernité et d'efficacité que tente de se donner chaque régime politique, la ville est laissée à l'initiative de quelques aménageurs et, surtout, des populations. Ce sont ces populations qui vont « faire la ville » selon des pratiques qu'on appelle au début des années 1980, « informelles » au sens anglais d'*informal,* ce qui n'est pas officiel et donc ne relève pas de la sphère d'intervention de l'État africain. Les recherches urbaines, au moins francophones, vont ainsi naître d'une part du travail des aménagistes, d'autre part des problèmes que rencontrent les classes populaires, problèmes qui ne feront que s'accroître à mesure que la pression du nombre et la raréfaction des moyens pèseront sur la ville.

Du côté des aménagistes, on voit surtout émerger des architectes et des planificateurs qui ont un regard technique, parfois globalisant à l'échelle d'un quartier, d'une agglomération ou d'une région et qui, le plus souvent, s'abstraient des conditions de temps et de lieu pour penser la ville selon un schéma idéal formé de nœuds, de lieux d'échanges, de dessertes, de zonages, de planification et de mise aux normes. Représentant la puissance publique, ils sont les premiers à se poser quelques questions centrales de la recherche urbaine, la fiscalité, le respect des normes d'hygiène, l'inexistence d'un marché foncier. Leur contribution porte plus particulièrement sur le support foncier des aménagements urbains : comment mobiliser l'espace au moindre coût humain et financier ? Cette approche donnera naissance à une première structure de recherche, fonctionnant en réseau international jusqu'au milieu des années 1980 et portant sur « La promotion foncière et immobilière dans les pays en développement » dont l'animateur principal sera Alain Durand-Lasserve au sein du Centre d'études de géographie tropicale (CEGET-CNRS). Elle fait une large part à la recherche opérationnelle.

Une seconde approche, plus personnalisée, se veut aussi plus scientifique et critique en dénonçant les conditions de l'urbanisation à travers l'abandon par l'État de ses obligations régaliennes. Outre des géographes, particulièrement engagés dans ce champ de recherche, des sociologues, anthropologues et économistes se mobilisent. Ces deux démarches vont se rencontrer au début des années 1980.

L'organisation du champ

Le réseau international sur « La promotion foncière et immobilière dans les pays en développement » a pour support une collection, *Pratiques urbaines,* diffusée à partir du CEGET sur la base de travaux collectifs d'une rare ampleur s'ouvrant à des chercheurs venant de pays d'Amérique latine, d'Asie du sud et du sud-est et d'Afrique. La valorisation de leurs travaux est exceptionnelle pour l'époque car on diffuse les résultats de travaux de terrain. De même, l'ouverture vers des travaux anglophones, hispanophones ou lusophones tranche avec des repliements francophones. On trouve ici tous les ingrédients du champ scientifique tel qu'on l'a cerné précédemment, avec un bouillonnement intellectuel et une générosité qui va se heurter aux contraintes des politiques de coopération aux échelles nationale (française) et internationale (particulièrement la Banque mondiale). Si on y ajoute une idéologie plutôt marxienne s'opposant aux premières dérives de type néolibérales et quelques personnalités en opposition frontale avec leurs institutions de rattachement, on peut comprendre que cette expérience du réseau ait dû évoluer. Parallèlement, est créé, après mai 1981, le département urbain de l'ORSTOM devenu depuis Institut de recherche sur le développement (IRD).

Un réseau organisé autour d'animateurs selon le principe de la grappe

C'est Émile Le Bris qui porta ce projet au sein de l'ORSTOM comme une tentative, après le retour de la gauche au pouvoir, de trouver un équilibre entre recherche appliquée et recherche finalisée, entre une programmation des opérations de recherche en vue d'interventions et des démarches beaucoup plus analytiques, proches de la recherche la plus fondamentale, privilégiée par les anthropologues et les sociologues. Vu la complexité des phénomènes à examiner, l'état des connaissances et la personnalité des animateurs, le champ scientifique avait été décomposé en entités centrées sur des thématiques plus étroites, la mobilisation de la force de travail, l'économie informelle, les dynamiques résidentielles etc. Le champ de recherche qui a donné son intitulé à la rubrique s'intéressait particulièrement aux stratégies des habitants dans la gestion urbaine dans des villes plutôt moyennes du Sahel ouest africain, de Kaduna (Nigéria) à Thiès, Rufisque ou Richard Toll (Sénégal). Autour d'un à trois animateurs, s'agrégeaient, selon le principe de la grappe, des chercheurs de l'Office et des membres associés offrant une capacité de mobilisation importante du champ scientifique mais offrant également l'image d'une recherche éclatée entre des collectifs spécialisés et en fonction d'individualités marquées. Si chaque équipe diffusait ses propres travaux dans des bulletins ou rapports, c'était principalement de la littérature

« grise », fondamentale au double sens : elle posait les questions primordiales dans la constitution d'un champ scientifique et elle servait de base à d'autres travaux. D'un point de vue scientifique, cette priorité était ainsi totalement justifiée. Mais ce type de publication était insuffisamment visible et valorisé et donc était ignoré là où les décisions de politique scientifique étaient prises, c'est-à-dire à la direction de l'ORSTOM ou au ministère de la Recherche. Le facteur « communication des résultats » sous forme de publications internationalement reconnues, dont on a parlé initialement, paraît avoir joué de manière décisive dans l'évolution du champ scientifique. Le département urbain de l'ORSTOM fut ainsi dissous et chacune des grappes qui le constituaient reprit son autonomie et rejoignit d'autres départements de l'Office, une université, l'École des hautes études en sciences sociales (EHESS) ou le CNRS. Le champ scientifique sur l'urbain se transforma ainsi en nébuleuse et chacun des champs spécifiques, tel celui sur « l'espace urbain comme enjeu » se recomposa, ce dernier autour de problématiques foncières, en relation avec l'APREFA identifiée ci-dessus.

Le politique par le bas, autour de la revue Politique africaine

Le champ de recherche qui se constitue au début des années 1980 est indissociable de la revue *Politique africaine* et de son premier directeur, Jean-François Bayart, proposant de renverser le paradigme des analyses politiques et de lire l'Afrique « par le bas », c'est-à-dire de partir des pratiques des acteurs-citoyens, et non par le haut, selon la logique des seuls décideurs. Cette révolution épistémique aura des échos dans d'autres dispositifs de recherche (Coulon et Martin, 1991) et continue d'être heuristique même si les problématiques ont également évolué depuis. Lors de sa fondation, la revue *Politique africaine* se situe au centre d'une sorte de toile d'araignée avec trois pôles dominants : le Centre d'études des relations internationales (CERI) de Paris, le centre d'études d'Afrique Noire (CEAN) de Bordeaux Talence et le Centre de recherches sur les pays de l'Afrique Orientale (CREPAO) de l'Université de Pau et des pays de l'Adour. Dans chacun de ces trois centres, se trouve un chercheur autour de la quarantaine, Jean-François Bayart à Paris, Christian Coulon à Talence, François Constantin à Pau. Chacun, dans son domaine de compétence, l'État, l'Islam politique, les relations internationales en Afrique de l'Est, est bloqué dans sa recherche par le retour en force, au milieu des années 1970, de ce pouvoir mandarinal qui ne cesse de se reproduire. Ces chercheurs et quelques-uns de leurs collègues survivent grâce aux relations extra-institutionnelles nouées à travers des colloques ou des publications communes. Initialement, on est donc en face donc d'un réseau spontané.

En 1980, se crée donc autour de ce noyau de politistes un collectif d'une quinzaine de chercheurs aux origines disciplinaires différentes, voire divergentes, mais partageant quelques exigences plus proches de l'éthique que de la science. Ils pratiquent tous, souvent assidûment, l'enquête de terrain, sont familiers des sociétés dont ils partagent la langue et les conditions d'existence. Ils sont ainsi sensibles à la complexité des situations vécues et se refusent à des explications qui conforteraient les clichés alors à la mode (sur l'intégration nationale, l'aide au développement, la démocratie africaine, l'autoritarisme, etc.). Ce qu'ils vont tenter, et réussir, c'est une sorte de révolution copernicienne en revenant à l'observation participante comme condition de la démarche scientifique pour ouvrir des perspectives neuves sous la bannière commune du politique par le bas, le nouveau paradigme proposé à la science politique africaniste.

Lire le politique par le bas

Initialement, il s'agit bien d'inverser un mode de lecture, donc de passer d'une lecture à partir du haut, de l'État, de ses acteurs et de ses logiques à une restitution des expériences et vécus des sujets politiques, de la population dans la diversité de ses composantes, de ses enjeux et des règles du jeu. Mais il ne peut s'agir de simplement renverser le sablier pour voir s'écouler à l'envers son contenu. Ce n'est pas seulement considérer les usages que font les citoyens des choix politiques de leurs élites, c'est aller beaucoup plus loin en renouvelant ce qu'on désigne, académiquement, comme politique, en l'associant à l'exercice du pouvoir d'État ou de tout type de pouvoir de décision ayant vocation à se prétendre dominant. Le paradigme du « politique par le bas » va regarder comment la musique, la littérature, l'histoire, le droit, offrent des Objets politiques non (encore) identifiés (OPNI), comment le langage de la dérision, la grammaire du pouvoir ou les représentations du monde concourent à bâtir la société que nous vivons. Il est bien évident qu'il n'est pas possible de restituer la diversité des thèmes abordés depuis plus de vingt-cinq ans, la revue ayant, dans un numéro 100, fêté ce quart de siècle par un feu d'artifice réussi.

Comme tout paradigme, le « politique par le bas » a évolué et, dès les années 1995, c'est de « politique au centre » du dispositif social dont on parle, ce centre correspondant à celui d'une autre métaphore pour désigner le réseau, l'étoile de mer.

Une revue au cœur d'une toile

La revue *Politique africaine*, trimestrielle, n'a pas, en vingt-cinq ans, connu plus d'un mois de retard dans sa diffusion, et encore ce fut si exceptionnel que la mémoire collective en garde la trace et le rédacteur en chef responsable comme son stigmate. La revue reste inscrite dans les débats internationaux, publie, en traduction française, un nombre important de travaux étrangers et a connu un renouvellement normal et finalement pacifique de ses « chefferies » (directeur, rédacteur en chef, président de l'association, secrétaire général, trésorier). Relevons aussi que la revue a subi trois cures de jouvence (présentation des textes, typographie) sans perdre son identité ni le nombre de ses abonnés, étonnamment stable sur la longue durée. D'abord installée au CERI, elle est « descendue » à Pessac en 1986, pour « remonter » à l'Université Paris 1 en 1999 et « redescendre » à nouveau au CEAN en 2005. Ce mouvement pendulaire est aussi celui de ses assemblées générales successivement organisées à Paris et à Pessac, plus conviviales au Sud qu'au Nord, il faut bien le reconnaître. Si ces assemblées ont assumé avec assez de régularité leurs fonctions d'orientation, d'évaluation et de décision, il est un trait spécifique qu'aucune des tentatives des responsables n'a pu faire évoluer : le statut léthargique de « l'association des chercheurs de *Politique africaine* » (ACPA) qui est propriétaire, avec les éditions Karthala du titre. Quelles que soient les bonnes intentions du président de l'association ou de son secrétaire général, la mobilisation de la communauté scientifique et la diffusion des travaux sont passées par d'autres canaux, et d'abord par le comité éditorial, véritable fer de lance de l'entreprise commune. Sans être une coquille vide, l'ACPA n'a pas pris le risque d'entrer en concurrence avec les institutions qui lui accordaient aide et hospitalité et où elle assure une fonction d'animation de débats scientifiques à l'échelle locale. Elle a donc gardé un profil bas, modeste, trop modeste sans doute, mais qui correspond aux rapports de force sur le marché des études politiques, du haut vers le bas et non du bas vers le haut.

Après vingt-cinq ans, le renouvellement du réseau est presque total. Il ne reste plus que trois des fondateurs à participer aux assemblées générales et le passage de relais peut aboutir naturellement à de nouvelles remises en cause qui reproduiraient alors, et c'est bien naturel, « la révolution du politique par le bas » de 1980.

L'état des savoirs sur le développement : Quelques observations sur la pratique de la recherche propre à un champ scientifique du GEMDEV

Cette théorie des champs qu'on vient d'esquisser n'est ni propre au « développement » ni spécifique d'une recherche au Sud. Chacun des champs y a des applications particulières, mais ces champs scientifiques débordent autant « les aires culturelles » ou les thèmes développementalistes que les disciplines particulières. C'est cependant l'expérience de la mise en commun de nos problématiques d'analyse du développement au sein du GEMDEV qui en a plus particulièrement révélé la pertinence.

Car le « développement » relève directement de cette théorie des champs scientifiques en voie d'élaboration. Certes, il s'agit d'un champ d'une telle amplitude que certaines pratiques peuvent y être brouillées ou perverties par des considérations disciplinaires. Mais le « développement » a la possibilité par un effet « gigogne » de contenir en son sein des champs de plus en plus spécialisés selon une épistèmê, un mode d'élaboration des connaissances, dont on va identifier quelques traits récurrents après avoir présenté l'enjeu spécifique ayant amené des membres du GEMDEV travaillant ensemble depuis dix ans à focaliser certains de leurs travaux sur un champ scientifique particulier, une présentation de « l'état des savoirs sur le développement » dans les pratiques francophones.

Une demande, un projet, une démarche, l'ensemble producteur d'un champ scientifique particulier

Comme membre de l'Association européenne des instituts de recherche sur le développement, plus connu, ce qui est déjà révélateur, sous son acronyme anglais, EADI, le GEMDEV s'était efforcé durant les années 1980 de défendre dans les réunions scientifiques internationales la place de la langue française et, plus précisément, la spécificité de la recherche francophone sur le développement. Certains de nos partenaires ayant mis en évidence la difficulté de faire l'effort de lire des travaux en français quand on n'en connaît pas la portée, le conseil de direction du GEMDEV prit l'initiative de proposer une livraison en anglais de la revue de l'EADI et mobilisa ses membres pour constituer un comité scientifique chargé non seulement de rédiger ce numéro mais aussi d'en assurer collectivement la promotion en participant à la conférence de l'EADI tenue à Oslo en 1990. La démarche à adopter divisa les intervenants. Il y avait d'une part des universitaires habitués à s'identifier à une discipline particulière et d'autre part quelques membres du comité de direction qui, ayant déjà opéré cette révolution mentale du champ scientifique, envisageaient difficilement d'illustrer l'originalité d'une recherche en reproduisant les schémas « académiques ». La solution retenue, coupant la poire en deux et compte tenu de l'avis émis par nos interlocuteurs de l'EADI, reproduisait un découpage des thèmes par disciplines universitaires mais montrait, thème par thème, comment une recherche sur le développement obligeait à modifier paradigmes et méthodes bref conduisait à des démarches du type de celle qu'on illustre ici sous l'intitulé de champ scientifique.

Le passage de la version anglaise à la version française (Choquet, Dolfuss, Le Roy, Vernières, 1993) fut l'occasion d'approfondir ce processus sans cependant remettre en cause le découpage. Mais un mouvement avait été initié dont on proposait des lignes directrices (Dolfuss, Le Roy, 1993) et qui inspira par la suite, semble-t-il, nombre de nouvelles publications, sur l'État (GEMDEV, 1997) ou sur la mondialisation (GEMDEV, 1999), par exemple.

Il était donc judicieux, dix ans après, de mesurer l'impact de cette démarche et la fécondité du champ scientifique ainsi exploré. Après la remobilisation d'un réseau qui s'était renouvelé entre temps puis un très gros travail collectif[5], le présent ouvrage propose au terme de plus de deux ans d'échanges un bilan qu'on jugera globalement positif.

Une épistèmê propre

La pratique scientifique au sein du GEMDEV ces dernières années paraît permettre d'identifier quelques traits particuliers que nous avons partagés dans nos travaux[6] et qui sont de plus en plus systématiquement exploités.

- Les paradigmes scientifiques comme suites de propositions résultant généralement d'une postulation et destinées à définir l'objet, les limites, les questions et le choix de méthodes sont au début du XXIe siècle plus modestes dans leurs prétentions, plus inscrits dans le court ou le moyen terme tant les situations sont « volatiles » et plus ouverts à la révision de la problématique et à des points de vue voisins comme on l'a déjà plusieurs fois observé.

- En effet, les situations, donc nos connaissances, sont dominées par quelques notions clefs que nous devons en particulier à la géographie et, singulièrement, à Olivier Dolfuss avec son analyse des chaos bornés

[5] Ce texte a grandement bénéficié des commentaires de nos collègues qui trouveront ici l'expression de nos remerciements, même si, selon une formule convenue, nous restons seul responsable tant des idées que de leur formulation.

[6] On doit souligner ici l'apport exceptionnel d'Olivier Dolfuss dont la très riche personnalité a dominé et dynamisé la recherche collective au sein du GEMDEV, comme partout où il était intervenu.

(Dolfuss, Grataloup, Lévy, 1999). Il s'agit des notions d'incertitude, d'instabilité, de recompositions, de détournements ou de contournements et de réinterprétations, de frontières poreuses... Toutes ces notions expriment le souci de rendre compte de dynamiques, de processus, de mouvements et des échanges qui ne peuvent être qu'imparfaitement anticipés. De ce fait, l'ère de la recherche de lois scientifiques dans le domaine des sciences sociales appliquées au développement paraît close.

- La complexité est une troisième dimension de nos préoccupations. Elle nous vient des sciences de la nature. La complexité n'est pas seulement synonyme de situations plus compliquées à appréhender vu les conditions d'accès à l'information et la démultiplication des paramètres. C'est une autre façon de penser les principes de hiérarchie et d'opposition, d'accepter que ce qui est « vrai » dans un champ peut ne pas l'être dans un autre. Car un autre héritage de la géographie est le jeu sur les échelles spatiales puis temporelles, tout changement d'échelle supposant une transposition parce que les variables ne sont pas directement comparables, que les acteurs ou les objets n'ont pas le même statut en ne s'inscrivant pas à la même échelle de problèmes. Nous sommes là face à un renouvellement de la science « moderne » qui n'est pas sans dangers.

- S'en déduit l'importance prise par la pluralité (et par la théorie du pluralisme) pour rompre le monologisme à l'œuvre dans les discours sur le développement. Dans des sociétés où tout est pensé en termes d'instances multiples, spécialisées et interdépendantes, les variables et les logiques qui les ordonnent s'écartent nécessairement de l'unitarisme du dispositif institutionnel et conceptuel (Le Roy, 1999).

- Enfin, le mythe du bon sauvage a définitivement vécu. Non seulement l'ethnocide a fait son œuvre mais, surtout, le sauvage n'est pas celui que l'on croit confusément. Il n'y a jamais eu de « bon » sauvage. Il y a pourtant de mauvais sauvages, de la pire espèce, chez nous, et on se demande jusqu'à quelle extrémité peut aller leur cruauté.

Nos travaux sont donc dominés par la prise en compte du conflit, des rapports de force, de la violence, de la destruction et de la mort dont la présence, parfois obsédante dans nos écrits, tranche avec la conception irénique antérieure. Ce qui ne veut pas dire que le récit de tant de désordres nous fasse mésestimer l'extraordinaire travail d'invention institutionnelle et conceptuelle que réalisent les sociétés du Sud à partir d'une relecture de leurs héritages (GEMDEV, 1997, 1999).

Des questionnements pour dynamiser un champ de recherche en redéploiement

Trois questions, parmi bien d'autres, peuvent nous retenir :

1) Doit-on partir des acteurs ou des institutions pour organiser notre démarche scientifique ? L'anthropologie et la sociologie répondent généralement que ce sont les points de vue, statuts et besoins des acteurs qui déterminent initialement les analyses. Les juristes partent « naturellement » des institutions. La position des politistes et des économistes peut être plus nuancée ou plus compliquée, le primat de l'acteur pouvant être posé et l'analyse institutionnelle l'emporter, ou inversement

2) Quel doit être la place réservée à l'éthique dans nos travaux ? Le statut de semi-autonomie d'un champ scientifique réduit, sans la faire disparaître, on le verra, la capacité de régulation des pratiques par les Institutions universitaires ou de la recherche. Lorsque les difficultés liées à la pratique de la recherche ne peuvent être prises en compte et résolues par une instance extérieure dotée d'une fonction normative, donc par un droit disciplinaire, c'est en faisant appel à un mode interne de régulation, l'éthique, que les solutions peuvent être trouvées. Cependant, les expériences récentes tant au sein qu'à l'extérieur du GEMDEV restent discrètes.

3) Comment aborder la diversité culturelle dans des systèmes construits, comme c'est le cas dans une partie de la recherche en sciences sociales en français, sur la base du monologisme, traduction dans le domaine scientifique d'une conception du monde unitaire véhiculée par la tradition judéo-chrétienne puis moderne, et pour lesquels toute référence au culturel est maintenant interprétée comme culturalisme, particularisme et finalement ghettoïsation ? Nombre de nos champs scientifiques sont concernés par la question du pluralisme culturel, mais les chercheurs français restent bien discrets pour ne pas dire muets face à ce qui pourrait devenir si on n'y prend garde un maccarthysme, la volonté d'imposer un nivellement des différences au nom de l'universalisme et du principe d'égalité.

Conclusion

Une remarque tout d'abord : les quatre champs scientifiques examinés ici sont nés entre 1980 et 1981. Cette convergence n'est pas accidentelle. Peut-elle être reproductible et durable ? Soulignons ensuite que deux idées ont traversé ce texte.

- Tout d'abord, sans être l'unique réservoir à idées (*think tank*), donc le facteur déterminant de l'innovation scientifique contemporaine, le champ scientifique se présente bien comme un cadre méthodique approprié tant à l'époque, le dernier quart du XXe siècle et ce début de XXIe, qu'à la spécificité des problèmes que doivent résoudre les sociétés du Sud, ne disposant ni des traditions académiques ni des moyens pour reproduire le fonctionnement des laboratoires ou des grandes structures de recherche du Nord. Ainsi, les collectifs de recherche travaillant, tant au Nord qu'au Sud, sur un matériau qui ne connaît ni les clivages disciplinaires ni les frontières paradigmatiques doivent adapter leurs moyens aux fins poursuivies et profiter des opportunités offertes par une structure de champ. Sous cet angle, on pense avoir montré que le champ scientifique est bien un outil « propice à favoriser des innovations de la recherche au Sud » en ce qu'il peut être une école de liberté dans la rigueur. On a ainsi relevé comment nous en sommes venus, collectivement, à prendre nos distances à l'égard de la propriété, du marché, de l'État, du développement, etc. non point pour des raisons idéologiques[7] mais en raison des expériences que nous partagions et qui nous menaient à voir les logiques des pratiques derrière les concepts et les théories.

- Chemin faisant, on a aussi illustré une autre idée, moins agréable, mais incontestable. Le champ scientifique est le cadre de rapports de force, d'autant plus violents que les enjeux sont symboliques. Il s'inscrit donc dans un paysage où, loin des images lénifiantes d'une vie scientifique apaisée, chaque champ scientifique s'inscrit dans d'autres champs, d'autres marchés et induit diverses compétitions comme le montrait Pierre Bourdieu (Bourdieu 1980, 1986). Ainsi, non seulement il est toujours nimbé d'idéologie mais, en outre, un détournement de ses objectifs est toujours possible et peut en pervertir la fonctionnalité.

La marge entre l'école de liberté et le risque de la servitude, dans un contexte de clientélisme par exemple, est, nous le savons, déterminée par le sens de la responsabilité du chercheur, son éthique. Rares étant les lieux ou les contextes dans lesquels ces enjeux puissent être débattus. On doit savoir gré au GEMDEV d'en avoir favorisé l'exercice en remarquant que le GEMDEV est l'un des premiers réseaux à avoir favorisé une pratique réellement interdisciplinaire d'un champ scientifique complexe, le développement, et un de ceux qui ont fourni des clés pour d'autres portes ou d'autres horizons.

---

[7] Ne nous cachons pas la réalité. Au début des années 1980 et en tant qu'enfants de Marx et de Coca-cola nous étions saturés d'idéologies. Mais les unes pouvaient contrebalancer les autres.

Bibliographie

Bourdieu P., 1980, *Le sens pratique,* Paris : Les éditions de minuit.

Bourdieu P., 1986, « La force du droit, éléments pour une sociologie du champ juridique », *Actes de la recherche en sciences sociales*, n° 64 : 3-19.

Choquet C., Dolfuss O., Le Roy É., Vernières M., 1993, *État des savoirs sur le développement, trois décennies de sciences sociales en langue française,* Paris : Karthala. Version anglaise in *The European Journal of Development Research*, 1991, vol. 3.

Coquery M., 1993, « Urbanisation et urbanisme », *in* Choquet C., Dolfuss O., Le Roy É., Vernières M., *État des savoirs sur le développement, trois décennies de sciences sociales en langue française,* Paris : Karthala : 191-212.

Coulon C., Martin D.-C. (eds.), 1991, *Les Afriques politiques*, Paris : La Découverte.

Crousse B., Le Bris É., Le Roy É. (eds.), 1986, *Espaces disputés en Afrique noire, pratiques foncières locales,* Paris : Karthala.

Dareste P., 1908, « Le régime de la propriété foncière en Afrique occidentale », *Recueil de législation, de jurisprudence et de doctrine coloniales,* III : 1-24.

Dolfuss O., Le Roy É., 1994, « Prolongations, ce n'est qu'un début, continuons le combat », *in* Choquet C., Dolfuss O., Le Roy É., Vernières M., *État des savoirs sur le développement, trois décennies de sciences sociales en langue française,* Paris : Karthala : 212-226.

Dolfuss O., Grataloup C., Lévy J., 1999, « Le monde : pluriel et singulier », GEMDEV, *Mondialisation, les mots et les choses,* Paris, Karthala : 81-120.

Eberhard C., 2002, « Le droit en perspective interculturelle, images réfléchies de la pyramide et du réseau », *Revue Interdisciplinaire d'Études Juridiques,* Numéro spécial, vol. 49.

GEMDEV, 1997, *Les avatars de l'État en Afrique,* Paris : Karthala.

GEMDEV, 1999, *Mondialisation, les mots et les choses,* Paris : Karthala.,

Goislard C., Cubrilo M., 1998, *Bibliographie et lexique du foncier en Afrique noire,* Paris : Karthala-Coopération française.

Grégoire E., Le Bris É., Le Roy É. (et alii), 1982, *Les politiques foncières de l'Etat en Afrique noire francophone. Enjeux et perspectives,* Rapport au Ministère de la coopération et du développement, Paris : RICQFAN.

Lavigne Delville P. (dir.), 1998, *Quelles politiques foncières pour l'Afrique rurale ? Réconcilier pratiques, légitimité et légalité,* Paris : Kathala-Coopération française.

Le Bris É., Le Roy É., Leimdorfer F. (eds.), 1982, *Enjeux fonciers en Afrique noire*, Paris : Karthala.

Le Bris É., Le Roy É., Mathieu P. (eds.), 1991, *L'appropriation de la terre en Afrique noire, outils d'analyse, de décision et de gestion foncières,* Paris : Karthala.
Le Roy É., 1986, « L'ordre négocié : L'oralité juridique et les mutations techniques et sociales », *Science, Technologie, Société*, Numéro spécial 'Ordre juridique, Ordre technologique', vol. 12 : 117-133
Le Roy É., 1988, « Qu'est-ce qu'un champ juridique ? », *Le droit dans une perspective anthropologique, les expériences françaises et allemandes,* Université de Fribourg en B., Recueil des actes du colloque du 6 au 8 avril 1988, polygraphié.
Le Roy É., 1990, « Le bateau ivre de l'africanisme universitaire en France », *Politique africaine*, n° 39 : 161-165, spécial 10ème anniversaire.
Le Roy É., 1999, *Le jeu des lois, une anthropologie dynamique du droit,* Paris : LGDJ.
Le Roy É., 2006a, « Bricolages anthropologiques pour promouvoir, en Afrique et ailleurs, un dialogue entre univers juridiques », *McGill Law Review.,* vol. 50, n° 4, « Navigating the transsystemic » : 951-966.
Le Roy É., 2006b, *Quelques enjeux aux origines de la création d'un comité technique mixte sur le foncier au Ministère de la Coopération en 1996*, Paris : Ministère des Affaires étrangères, communication introductive au 10ème anniversaire du CTF.
Le Roy É., Karsenty A., Bertrand A., 1996, *La sécurisation foncière en Afrique, pour une gestion viable des ressources renouvelables,* Paris : Karthala.
Mauss M., 1993, *Sociologie et anthropologie,* Paris : PUF, col. Quadrige.
Moore S., 1973, « Law and Social Change : the Semi-Autonomous Social Field as an Appropriate subject of Study », *Law and Society Review*, 7: 719.

Quelle place pour les villes dans la production des connaissances sur le développement ?

Annik OSMONT
Laboratoire Théorie des mutations urbaines
Université Paris 8

Charles GOLDBLUM
Institut français d'urbanisme
Université Paris 8

Esquisser un état des savoirs relatifs aux formes de l'urbanisation, aux dynamiques urbaines (spatiales, économiques, humaines) spécifiques au monde en développement, implique d'identifier les connaissances produites dans ce domaine et leurs conditions de production, notamment en France. Il s'agira de montrer comment, dans le cheminement de ce segment de la recherche urbaine, se fait et se défait l'articulation entre développement en général et développement urbain en particulier, à travers l'appréhension d'une production spécifique de connaissances scientifiques.

Il convient de souligner en préambule que, dans le contexte des pays en développement, l'urbanisation a longtemps été considérée comme un phénomène provisoire, en partie réversible, notamment en raison de son lien avec des migrations temporaires. Aussi était-elle placée en dehors du champ de l'analyse du développement, sinon au titre de ses effets induits. C'est au cours des années 1950 que l'on a commencé à considérer l'urbanisation des pays sous-développés comme irréversible. C'est aussi de cette époque que date un intérêt croissant pour les questions urbaines et les caractères propres que celles-ci revêtent dans ce contexte – intérêt porté par des sociologues [le chef de file étant Georges Balandier (1955)] et des géographes, africanistes pour la plupart, en rupture avec une approche strictement anthropologique des changements sociaux et culturels identifiés dans l'urbanisation.

Toutefois les pesanteurs académiques et l'ampleur des questions posées par une croissance urbaine souvent rapide et non maîtrisée ont longtemps conduit à considérer la ville comme un mal à traiter, voire une maladie incurable, renvoyant l'image d'un « mal-développement », d'un développement économique et social en négatif, marqué par les formes de la pauvreté et de la violence, par l'insécurité et par l'exposition à des risques multiformes. Cette posture est encore présente en arrière-plan des discours statuant sur l'« anarchie urbaine » ou le « chaos urbain ». Mais paradoxalement, c'est aussi la peur que suscite l'urbanisation qui renouvelle périodiquement l'intérêt à son égard, ainsi que les questions posées aux chercheurs à son sujet.

En outre, sur le plan de la production de connaissances, la recherche urbaine pour le développement a longtemps été marquée par des logiques disciplinaires qui ont affecté les schémas d'interprétation théorique. Alors que les questions urbaines relatives aux pays en développement sont complexes, ne serait-ce qu'en raison de la confrontation des sociétés traditionnelles à des dynamiques de transformation aux vecteurs exogènes, et requièrent de ce fait d'engager des démarches mobilisant une pluralité de disciplines, la recherche urbaine pour le développement souffre particulièrement des cloisonnements disciplinaires qui marquent encore ce champ de recherche, rendant difficile son émergence en tant que tel. Du fait des exigences propres de la pluridisciplinarité, ainsi que des contraintes spécifiques liées aux terrains d'investigation, la recherche urbaine dans ce domaine a longtemps été, et demeure souvent encore, marginale dans les instances scientifiques.

Il faut cependant souligner que l'apparition, à la fin des années 1960, de courants globalement modernistes et critiques, le plus souvent d'inspiration marxiste, a marqué les disciplines et contribué à attirer progressivement l'attention sur l'urbanisation dans le Tiers-monde comme objet de recherche.

Cette évolution, qui a essentiellement concerné la géographie, la sociologie, la socio-anthropologie et l'économie, n'a toutefois pas écarté les logiques disciplinaires. Celles-ci se sont maintenues, et se maintiennent encore pour partie, parce que la demande de recherche urbaine – celle des autorités politiques et administratives chargées de la coopération au développement – a été pendant longtemps peu manifeste à l'égard des sciences sociales. Dans un domaine plus technique, on a vu se développer très tôt des recherches appliquées, non spécifiquement urbaines, mais sectorielles et sous-sectorielles, en rapport avec la recherche de réponses immédiates à des problèmes de construction, notamment de logements, et d'infrastructures urbaines dans les pays tropicaux.

Dans le domaine opérationnel, celui de l'urbanisme, on peut dire sans exagération qu'il y a eu longtemps absence de relations directes entre les chercheurs et les praticiens qui avaient en charge l'élaboration et la mise en œuvre de la planification urbaine, à travers l'assistance technique des Missions d'urbanisme du ministère de la coopération et des bureaux d'études.

Dans ce cadre historiquement complexe, la recherche académique, menée tant dans un cadre universitaire que dans des laboratoires propres du Centre national de la recherche scientifique (CNRS), a connu une montée en puissance dans les années 1960. Les travaux de terrains, nombreux et de qualité, ont notamment permis de relativiser le modèle occidental comme cadre théorique et opérationnel dominant de l'aménagement urbain, et d'introduire de nombreuses nuances liées notamment à l'observation fine des mécanismes et des pratiques de production et de gestion des villes des pays en développement. Cette sorte de pression scientifique a compté pour beaucoup dans l'adoption par les pouvoirs publics d'une politique d'appui plus systématique à la recherche urbaine dans ce contexte particulier. En effet, même si les situations urbaines sont source à la fois d'inquiétude et d'attente en matière de développement, il semble bien, avec le recul, qu'on ait été en présence d'une demande de recherche assez largement induite par les chercheurs.

Ainsi que l'observe Michel Coquery (1983), ce n'est qu'à la fin des années 1960 et au début des années 1970 « qu'apparaissent des analyses susceptibles d'ébranler le credo des « experts » et des responsables politiques » quant à leur vision de l'habitat précaire dans les villes du Tiers-monde. Notons seulement que la production scientifique a été très largement de caractère monographique, ou bien a porté sur l'analyse des changements sociologiques et économiques affectant les nouveaux citadins. C'est la recherche **en** ville qui prédomine.

Il faut attendre le tournant des années 1970 pour que se manifeste une demande de recherche nouvelle. Rompant avec les logiques de recherche antérieures, c'est la recherche **sur** la ville, sa fabrication et sa gestion, qui va devenir prédominante. La ville est dès lors constituée comme objet de recherche, dans une perspective de développement, tandis que le développement urbain est lui-même alors constitué comme secteur d'élaboration de politiques de coopération, au moins dans les organismes internationaux d'aide au développement.

Dans cette évolution, on note un poids plus important de l'économie, avec un rapprochement entre économistes et géographes, en particulier sur le thème de l'économie urbaine informelle en parallèle des approches du foncier et de l'habitat, mais aussi de la sociologie sur le thème de la marginalité, ou encore d'une socio-anthropologie dans des recherches sur les néo-citadins, le tout dans une approche culturaliste et dualiste, cette dernière étant illustrée par Milton Santos (1971) notamment. L'opposition entre ville formelle, moderne et ville informelle, traditionnelle s'impose comme paradigme à la fois empirique et théorique d'une abondante littérature.

De ces travaux et réflexions se dégage progressivement l'idée que les phénomènes urbains sont complexes et diversifiés, et qu'ils requièrent une approche pluridisciplinaire et comparatiste, mettant progressivement au second plan l'étude monographique. Devant la rapidité des transformations sociales et spatiales, la nécessité d'une prise en compte de la dimension temporelle concernant à la fois les rythmes de l'activité urbaine et le développement des villes dans la durée, est également plus communément admise.

La ville pose ainsi une multitude de questions, et il y a une multitude d'objets de recherche à construire pour cerner cette totalité en mouvement qu'est chaque ville. C'est aux conditions de cette construction de la ville comme objet pluriel d'investigation et singulièrement à la spécificité des politiques comme objet de connaissance que nous consacrons la première partie de cette contribution. Ces objets de recherche mobilisent des approches et des disciplines très variées : sociologie, géographie, anthropologie, économie, démographie, droit, architecture, sciences de l'ingénieur… Cependant, la production des connaissances dans ce domaine ne peut pas être dissociée des conditions institutionnelles de cette production. La seconde partie traitera du rôle des actions incitatives de recherche en référence à l'expérience française de recherche urbaine pour le développement. La troisième partie précise les orientations actuelles données aux recherches et programmes de recherche dans le champ urbain, notamment à partir du Programme de recherche pour le développement (PRUD).

I – La ville comme objet de recherche et les politiques urbaines comme outil de développement

Depuis la période qui commence au début des années 1970, la ville est désormais reconnue comme objet spécifique de connaissance, en référence notamment, mais non exclusivement, à l'élaboration de politiques publiques de coopération urbaine, et ce à plusieurs titres :

- l'analyse des mécanismes de l'urbanisation dans la durée est indispensable pour mesurer leurs effets sur l'organisation de l'espace urbain et mieux éclairer les décisions à prendre en matière de gestion patrimoniale de la ville ;

- les villes sont le lieu de transformations économiques et sociales en forte accélération au cours de ces dernières années : sous-emploi, économie informelle, zones de précarité et d'illégalité… il est capital d'identifier ces évolutions, éventuellement de les localiser dans l'espace urbain, de les observer et de les analyser, pour en comprendre la logique ;

- les villes sont, à part entière, des acteurs majeurs du développement local et, pour les grandes métropoles, du développement à l'échelle mondiale ; compétition et « marketing » territorial marquent la gestion du développement urbain ;

- les citadins revendiquent, y compris sur un mode conflictuel, leur participation à la gestion de la ville et aux décisions relatives à l'agencement de leur cadre de vie. Ces démarches trouvent un écho dans certaines idéalités urbaines portées par les experts et souvent partagées par les chercheurs ; l'irruption du problème de la gestion démocratique de la cité conduit à l'identification et à l'analyse de nouveaux espaces publics de négociation et de concertation dans la cité et à la recherche d'un intérêt local.

Au-delà de ces dimensions particulières, nombre de recherches, enregistrant les incidences urbaines de l'économie mondiale, imposent de considérer la ville comme objet global en tant que socio-système spécifique. Il en est ainsi de celles portant sur les métropoles, les villes portuaires, les villes dites « individuelles », liées à une mono-activité industrielle, les villes privées, les réseaux de villes, les villes dans leur espace régional. Ces configurations représentent autant d'avatars de la mondialisation contemporaine et sont données à comprendre comme tels. Cette forme d'approche converge avec la nécessité ressentie par de nombreux décideurs, politiques notamment, de privilégier une vision de la ville autre que dépossédée de son histoire, segmentée géographiquement, fragmentée socialement et économiquement, et sectorisée dans son fonctionnement et dans sa gestion.

La question urbaine dans son contexte

Si ces questions concernent la recherche urbaine dans son ensemble, la spécificité de la ville en tant qu'objet de recherche se charge de significations distinctes dans le contexte des pays en développement, en particulier pour les raisons suivantes :

- l'ampleur de la croissance urbaine et la rapidité de l'accroissement des taux d'urbanisation ont posé, dans la durée, des problèmes structurels difficiles à résoudre, même s'il y a un léger fléchissement de la tendance depuis quelques années ; loin de se résorber, les extensions périphériques faiblement ou non intégrées à la ville moderne, utile à la production des richesses, tendent à devenir majoritaires, tant en surface qu'en peuplement, dans la plupart des villes, grandes et moyennes ;

- les transformations économiques et sociales observables dans les villes des pays en développement n'échappent certes pas encore aux modèles occidentaux d'urbanisation ; cependant ces modèles sont constamment réinterprétés, ou bien contournés ou détournés, ce qui impose de se garder d'interprétations globalisantes et linéaires du développement urbain ;
- alors même que la mondialisation semble signifier une uniformisation des stratégies urbaines de développement, une très grande diversité de situations apparaît, qui requiert un dispositif spécifique de recherche ;
- les socio-systèmes urbains s'inscrivent encore très souvent dans des systèmes de pouvoir peu ou non démocratiques, dans lesquels l'articulation entre intérêt local et intérêt général est peu lisible, de même que la démarcation entre démocratie représentative et démocratie participative, cette dernière étant souvent médiatisée par des organisations non gouvernementales (ONG), tant nationales qu'internationales.

À cela s'ajoute le fait que, dès le début des années 1970, l'hégémonie des théories libérales puis néolibérales du développement, très en vogue dans les sphères anglo-saxonnes proches des organisations internationales d'aide au développement, va se refléter directement sur les conceptions du développement urbain et sur l'élaboration des politiques d'aide dans ce domaine. La demande de recherche va se trouver infléchie par ces tendances.

Les phases de la recherche urbaine au gré des politiques publiques de régulation de l'urbanisation.

Jusque vers le début des années 1970, ces politiques publiques représentent, notamment en Afrique, un transfert assez brutal des modèles du développement économique et social, totalement marqué par la vision rostowienne du rattrapage, des étapes du développement, et du décollage économique. Dans les plans nationaux de développement, c'est dans les chapitres consacrés au logement social, aux équipements d'infra et de superstructures, qu'on voit apparaître le secteur urbain comme secteur de développement, et la ville comme lieu physique de sa mise en scène. Lieu d'expression de la souveraineté pour les États, la capitale se devant d'en concentrer les symboles, la ville commence à être reconnue dans son importance stratégique pour le développement.

Une seconde période est marquée par l'intrusion de politiques urbaines inspirées du libéralisme. Véhiculées par les organisations internationales d'aide au développement, ces politiques sont bientôt relayées par les coopérations bilatérales – en particulier dans les domaines du foncier urbain et de l'habitat avec la tendance à la mise en extinction, à partir de 1970, des politiques volontaristes dans ces domaines au profit de la promotion du *self help* (auto-construction). De là découle une demande de recherche qui donne lieu à une abondante production scientifique, concernant aussi le domaine de la recherche opérationnelle. Dans les années 1970, les productions françaises les plus innovantes en la matière sont le fait du réseau de recherche sur *La promotion foncière et immobilière*, animé par Alain Durand-Lasserve (1980) et qui a mobilisé et coordonné les activités de nombreux chercheurs et laboratoires de recherche.

Une véritable rupture de portée épistémologique s'opère à la fin des années 1980, qui se consolide dans la décennie 1990 : la doctrine néolibérale devenant pensée orthodoxe en matière de développement, la ville acquiert le statut de facteur à part entière du développement tel que conçu selon cette doctrine. En vertu de cette posture, exprimée comme une « évidence théorique » (Sassen, 1991), si l'urbanisation est un facteur du développement, le développement requiert l'urbanisation. Ainsi conçu, et dans ces limites, le développement urbain est reconnu comme champ de recherche à part entière. Dans cette perspective, les questions sont principalement posées, dès lors, par les développeurs, qu'ils soient décideurs, bailleurs de fonds ou praticiens. La question essentielle devient celle de la maîtrise économique et humaine du développement urbain et de son articulation, dans sa contribution au développement en général, ce qui passe par une maîtrise institutionnelle du développement urbain – en d'autres termes, par la *gouvernance urbaine* (Osmont, 1999).

Il y a donc une production importante de recherches – essentiellement portée par les bailleurs de fonds internationaux, dépositaires autoproclamés de l'orthodoxie doctrinale – avec quelques bons auteurs de référence, de préférence anglo-saxons, et quelques exemples de « bonnes pratiques ». À cette production les milieux spécialisés, en France, ne participent que marginalement, même si par ailleurs des thèmes tels que la métropolisation, la décentralisation, la coopération décentralisée, la gestion urbaine, attirent l'attention de ces chercheurs et orientent, sur le plan thématique, un nombre appréciable de thèses relatives aux villes et à l'urbanisation dans le monde en développement. En effet, alors que dans la phase précédente la recherche urbaine française s'est signalée tant par l'originalité de ses approches (notamment celles prenant en compte les questions foncières et les filières populaires de production de l'habitat) que par leur caractère souvent critique, c'est d'Amérique du nord que viendra la vision sans doute la plus lucide des incidences des vocables mis en circulation par les grandes organisations internationales sur un monde internationalisé de la recherche étonnamment réceptif à ces discours. Ainsi, à propos de la gestion urbaine, la recherche est effectivement redevable à Richard Stren (1993) d'avoir engagé ce travail de déconstruction de ce qu'il nomme d'un néologisme anglo-saxon, *an elusive concept.* Ce concept, rapporté d'abord, selon lui, à la gestion publique urbaine (*urban public management*), trouve d'autres terrains d'application à mesure que le discours des organisations internationales – du moins dans sa *doxa* dominante, vient, à sa manière, enrichir de ses supposés concepts le champ de la pensée urbaine et sémantiquement les nourrir des commentaires et élaborations auxquels les chercheurs semblent, dès lors, devoir consacrer leur fonction d'exégètes.

La recherche urbaine pour le développement a, dans ce contexte, en particulier en France, pris un retard certain par rapport aux conceptions et modèles, indicateurs, études de cas promus par les grands bailleurs de fonds internationaux et par les organes de recherche commandités par ces institutions, en décalage aussi par rapport à l'engagement des pouvoirs publics, des collectivités territoriales et des ONG dans le champ de l'action urbaine en coopération.

Relance et convergences : aux sources d'une remobilisation institutionnelle

Après cette relative éclipse, la recherche urbaine est de nouveau inscrite au rang des priorités dans l'optique des stratégies de développement ; ce pour plusieurs raisons. Il existe une convergence nouvelle entre politiques, chercheurs, opérateurs, pour considérer que la ville et l'urbanisation constituent des défis majeurs pour le développement. Le rapport produit en 1999, à la demande du Premier Ministre, par Laurence Tubiana (1999) au titre de la mission « Environnement et développement », définit des orientations claires quant à la place de la ville dans la perspective du développement durable.

D'autres documents récents, émanant par exemple de la Banque mondiale, affirment que la mondialisation requiert l'urbanisation et la métropolisation. Dans son rapport sur le développement dans le monde 1999-2000, intitulé *Le développement au seuil du XXIe siècle* (Banque mondiale, 2000), cet organisme a consacré deux chapitres au développement urbain. Ces chapitres (6 et 7), intitulés respectivement « Des villes dynamiques au service de la croissance » et « Des villes vivables », sont très explicites quant aux priorités : les villes doivent devenir les acteurs de leur développement, tant au plan économique qu'au plan social, pour s'inscrire dans un développement compétitif.

Par ailleurs, les grands opérateurs internationaux développant des stratégies économiques dans les pays du Sud portent une attention particulière aux villes et au développement urbain, ainsi qu'aux politiques publiques mises en œuvre par les responsables nationaux et locaux, afin de créer un cadre satisfaisant pour le développement d'activités économiques qui opèrent à une échelle planétaire. Pour les grandes firmes, préparer des partenariats économiques dans des métropoles émergentes suppose une meilleure connaissance du terrain ; l'installation de ces firmes requiert l'équipement en infrastructures pour la réalisation desquelles les opérateurs français dans le domaine des services urbains bénéficient d'une position internationalement reconnue.

Ces bouleversements structurels, rapides et profonds, résultant largement des évolutions des relations économiques internationales et mettant en jeu les systèmes territoriaux à différentes échelles, ont des conséquences sur la situation et le devenir des groupes sociaux qui composent la société urbaine, et qui sont mis à l'épreuve de leur intégration à cette nouvelle donne urbaine. Le rôle de régulation sociale dévolu à la gestion urbaine trouve, de ce fait, une actualité renouvelée.

Ces mêmes bouleversements ne sont pas sans incidences quant au regain de l'intérêt institutionnel en matière de recherche urbaine et quant à leur formulation – notamment dans le cadre de programmes incitatifs de recherche. À cet égard, certaines caractéristiques marquant les relations entre le monde de la décision politique et celui de la recherche méritent d'être relevées, car elles éclairent aussi, de notre point de vue, quelques singularités quant aux approches et orientations de recherche qui les démarquent quelque peu du courant international dominant dans ce domaine. C'est dans ce contexte que se construisent les structures de la recherche urbaine française en coopération.

II – Les spécificités françaises de la recherche urbaine pour le développement

Les effets stimulants d'une demande institutionnelle : les années 1980

La première spécificité française est liée à la demande institutionnelle de recherche, qui s'est manifestée par la mise en place d'une politique de recherche en commandite. À cet égard, les années 1980 constituent une période faste qui s'ouvre avec la création, en 1981, d'un Département Recherche en coopération pour le développement au sein du ministère de la Recherche et la mise en place d'un programme mobilisateur intitulé : « Recherche scientifique et innovation technologique au service du développement du Tiers-monde ».

Les objectifs de ce programme mobilisateur, placé sous la double tutelle des ministères de la Recherche et de la Coopération et animé par Michel Rochefort, étaient de stimuler et de structurer la recherche française autour de thèmes relatifs au secteur urbain jugés potentiellement porteurs en termes de développement économique, de structurer un milieu scientifique dans ce domaine au sein des pays partenaires et d'assurer des transferts de technologie en leur direction.

Les actions ultérieures lancées dans ce cadre, avec pour intitulé « Recherches urbaines en coopération » (1982) et « Investissements publics et développement » (1985), reprennent des thématiques esquissées précédemment : techniques urbaines, production de la ville et de l'habitat, croissance urbaine et processus migratoires, mais dans un dispositif élargi, procédant par appels d'offres.

Après une interruption de cette demande institutionnelle entre 1986 et 1988, on assiste à la mise en place d'un programme de recherche sur « Les problèmes posés par la gestion urbaine dans les Pays en voie de développement (PED) », lancé par le ministère de la Recherche et géré par l'ORSTOM[1], autour des thématiques faisant écho aux démarches de décentralisation et de gestion urbaines promues par les organismes internationaux notamment à travers le Programme de gestion urbaine (PGU) réunissant la Banque mondiale et le Programme des Nations unies pour le développement (PNUD).

Source d'une abondante production, l'institutionnalisation de la recherche urbaine relative aux pays en développement va ainsi jouer un effet d'entraînement sur les principaux organes de recherche : mise en place du département « Urbanisation et socio-systèmes urbains » à l'ORSTOM en 1982 ; lancement par le CNRS, en 1985, d'un programme de recherche intitulé « Politiques et stratégies du développement dans le Tiers-monde », faisant une place à la recherche urbaine. L'effet d'entraînement porte également sur des actions de recherche opérationnelle menées à l'initiative d'autres structures ministérielles ou interministérielles, tel le programme Recherche expérimentale en coopération (REXCOOP), du Plan Construction (ministère chargé de l'urbanisme), notamment dans le domaine de l'habitat. Plus spécifiquement orienté vers les questions urbaines – y compris dans une dimension internationale – le Plan Urbain, créé en 1984, a financé et continue de financer des recherches. Mais seul le programme « Jeunes,

[1] Devenu, depuis, l'Institut de recherche pour le développement (IRD).

ville, emploi », lancé en 1993 par le ministère de la Coopération, s'inscrit clairement dans la perspective de la recherche-action, avec un volet recherche et un volet projets.

Le panorama ainsi dressé des actions incitatives les plus marquantes en matière de recherche urbaine dans les pays en développement jusqu'au début des années 1990 donne certes l'image d'un foisonnement quelque peu hétérogène. Il convient cependant de noter que, d'une part, les travaux de recherche menés dans ce cadre s'inscrivent largement, sur le plan des problématiques et des références théoriques, dans les débats d'idées qui agitent les sciences sociales et le champ politique dans la période considérée ; ainsi du renouvellement des approches et des ruptures de conceptions de la croissance urbaine dont témoignent, chacune à sa manière, la conférence « Habitat » de Vancouver en 1976 (ONU, 1976), qui a entériné la rupture avec une conception dualiste du développement urbain, et la table ronde de Talence de 1977 (Durand-Lasserve, 1980), qui a ouvert la possibilité d'une démarche scientifique critique novatrice. D'autre part, au travers de ces diverses facettes, ces actions ont contribué à structurer le milieu de la recherche dans ce domaine particulier de la recherche urbaine en coopération, en France au sein des grands organismes de recherche et des universités et dans une moindre mesure dans les pays en développement partenaires ; elles ont également contribué à une ouverture de l'Europe dans ce domaine.

Pendant toute cette période, les conditions favorables qui ont permis l'émergence, peu à peu reconnue dans d'autres pays, d'un milieu de recherche structuré, aux productions importantes en nombre et en qualité, ont provoqué une dynamique d'échanges et de débats entre chercheurs, professionnels et gestionnaires du développement urbain. Il n'est que de signaler les nombreux groupes de travail et de réflexion qui, à l'Agence coopération et aménagement (ACA), ou sous l'égide de la Direction des affaires économiques et internationales (DAEI) du ministère de l'Équipement, ont permis de confronter analyses scientifiques et pratiques opérationnelles.

Un coup d'arrêt brutal en 1993, et une renaissance en 2000

Ce milieu de la recherche n'en a ressenti que plus durement le coup d'arrêt brutal porté, en 1993, à toute cette dynamique, et visant un appel d'offres ambitieux du ministère de la Recherche et de la technologie sur le thème de « Crise et mutations dans les villes des pays en développement ». Alors que cet appel d'offres avait mobilisé une soixantaine d'équipes confirmées autour de sous-thèmes novateurs : la redistribution des pouvoirs urbains, la segmentation des sociétés urbaines, l'évolution et les effets des politiques urbaines, cette action fut purement et simplement annulée à la faveur du changement gouvernemental de 1993 ; la même année, emporté officiellement par des logiques disciplinaires, le département « Urbanisation et socio-systèmes urbains » de l'ORSTOM/IRD disparaissait.

Certes tout l'effort consacré à la structuration de ce secteur de la recherche n'est pas pour autant voué à l'abandon : c'est également en 1993 qu'une première tentative de coordination en matière de recherche urbaine sur le Tiers-monde se manifeste entre le CNRS, l'ORSTOM et les équipes de recherche universitaires, avec la création du réseau InterUrba. Jusqu'à sa suppression en 1996, celui-ci a assuré une veille scientifique, et a participé activement à la préparation d'Habitat II (Istanbul, 1996). Cette conférence internationale a mis nettement en évidence l'émergence de thématiques nouvelles, les interrogations relatives à la métropolisation, à la gouvernance des villes, à la pauvreté urbaine venant se substituer aux approches monographiques, localisées et sectorisées.

Par ailleurs, on voit apparaître tout aussi nettement le poids croissant des institutions internationales sur les profils de la recherche. Cette emprise met en question notamment les capacités de rendre compte et de valoriser sur le plan international l'originalité de l'expérience française de collaboration durable entre structures de recherche et ministères ou agences spécialisées dans le débat sur la place de la ville et des interventions urbaines dans le développement.

C'est, d'une certaine manière, dans le prolongement de ces diverses démarches que le Programme de recherche urbaine pour le développement a été lancé - programme dont le GEMDEV a été l'artisan et dont il a assuré la coordination scientifique, mais dans un nouveau contexte désormais marqué par les interrogations relatives au statut de la planification urbaine face à la mondialisation économique, au rôle des acteurs publics et privés dans le développement urbain, ainsi qu'à l'intégration de la protection des patrimoines architecturaux, urbains et paysagers dans l'optique d'un « développement urbain durable ».

Une approche critique du champ urbain dans le développement

Une autre spécificité des recherches menées en France dans ce domaine se situe quant à elle au plan des fondements théoriques et de l'élaboration de problématiques, et de ce fait concerne la production scientifique elle-même, sans être pour autant totalement dégagée des conditions institutionnelles de cette production, telles qu'esquissées plus haut.

Notons en effet que la recherche urbaine française a été largement inscrite dans une approche marxiste à la fin des années 1960 (Lefebvre, 1968), y compris pour les recherches spécialisées sur la rente foncière urbaine, sur les mouvements sociaux urbains et sur le logement social. Ce climat a fortement inspiré les chercheurs qui se sont intéressés aux questions urbaines émergentes dans les PED. Certains, comme Manuel Castells (1972), reprenant les analyses urbaines des pays développés et les adaptant aux réalités spécifiques des PED, s'attachent à montrer que l'urbanisation sans l'industrialisation entraîne des phénomènes de marginalisation des populations urbaines, liés au développement d'un secteur informel de l'économie. Castells (1975) est ainsi conduit à analyser les luttes urbaines qu'il distingue des mouvements sociaux urbains, les premières étant données pour la manifestation momentanée de résistances et de revendications parfois violentes, mais sans la structuration sociologique, idéologique et politique qu'on retrouverait dans les seconds. Les controverses ont été nourries, et ont largement traversé les frontières à l'époque. Cet arrière-plan éclaire la réticence que les chercheurs de la communauté scientifique française ont manifestée dans la durée à l'égard du « prêt-à-penser », véhiculé notamment par les organismes internationaux. Dans le champ du développement urbain, ils ont formulé de manière assez précoce des réflexions sur la crise urbaine, s'interrogeant sur sa nature : crise de la ville, de ses processus de croissance, ou crise de la gestion sociale et politique des questions urbaines ?

Plus récemment, et dans la même posture de refus d'une réduction de la recherche à la problématisation des approches en adéquation avec les modalités opérationnelles préconstruites au travers desquelles les organismes internationaux d'aide au développement tendent à diffuser leur conception universaliste du développement urbain (Osmont, 1995), un certain nombre de chercheurs ont posé la question des villes qui, en dépit d'une apparence chaotique, fonctionnent en quelque sorte de surcroît.

Quelles que soient les différences, voire les divergences entre les courants de pensée, c'est en l'occurrence leur diversité même qui paraît ici significative ; elle contribue en effet à installer l'idée que la ville est à considérer, avant tout, comme un champ de problématiques complexes, à la fois locales et globales, où s'enchevêtrent les modes et niveaux d'approche : l'observation et l'analyse des situations socio-économiques, vues sous un angle historique et dynamique, diachronique et synchronique, dans un espace spécifique, la ville, mais aussi l'observation et l'analyse des politiques et des logiques d'intervention publiques et privées des acteurs qui modèlent et transforment la ville, et de leur impact sur les configurations sociales et spatiales. De même s'impose progressivement l'idée que ces situations, ces interventions, ne sauraient être correctement observées sans que soient analysées également les représentations culturelles, les idéalités sociales qui sous-tendent l'action et qui marquent, elles aussi, la configuration de l'espace urbain. Se dégagent ainsi, plutôt qu'un paradigme commun, des logiques de recherche communes qui, s'intéressant à la ville comme objet d'intervention, aux acteurs et aux actions de développement urbain, trouvent des intérêts convergents avec les logiques institutionnelles de coopération.

La mise en œuvre du Programme de recherche urbaine pour le développement (PRUD) par le ministère français des Affaires étrangères au titre du Fonds de solidarité prioritaire (FSP), qui a mobilisé une trentaine d'équipes de recherche, constitue à la fois une manifestation et un moment organisateur de cette convergence.

III - Le PRUD (2001-2004), porteur de nouvelles orientations de recherche

Deux axes thématiques principaux ont traduit les interrogations nouvelles concernant le développement urbain dans la mondialisation, dans le souci de combler les déficits de recherche reconnus par la communauté scientifique et par la sphère opérationnelle. Le premier axe concerne les interventions sur les villes et désigne un domaine d'investigation sur des objets précis. Le second, relatif aux logiques et stratégies d'acteurs présidant donc aux interventions, concerne avant tout la démarche, le mode d'approche (Osmont, Goldblum éds., 2004a, 2004b).

Les interventions sur les villes comme objet de recherche

Un déplacement s'est opéré depuis l'époque pionnière de la recherche urbaine, qui a privilégié l'observation des mécanismes de l'urbanisation dans un contexte de développement. L'attention s'est maintenant portée sur la ville comme domaine spécifique de l'aide au développement. Les politiques publiques urbaines et les dispositifs d'action sur les villes constituent ainsi un objet de recherche renouvelé, dans la mesure où ces interventions se partagent de plus en plus entre la classique coopération d'État à État et la coopération décentralisée ; or cette dernière associe plus nettement le public et le privé, dans une vision localisée, et met en jeu des relations entre de nouveaux acteurs, collectivités locales, société civile, ONG, petites et moyennes entreprises.

La spécificité de cet objet de recherche dans les pays en développement tient pour beaucoup au fait que les politiques urbaines (relatives à l'habitat, aux services urbains) et les dispositifs techniques, financiers, institutionnels destinés à les mettre en œuvre sont élaborés, au titre de l'aide, selon les modèles opérationnels des organismes multilatéraux, régionaux et bilatéraux d'aide au développement.

Ainsi en est-il des programmes de décentralisation, d'appui aux collectivités locales, de privatisation des services urbains, et plus largement des politiques de développement urbain intégré inscrites dans des programmes de réformes économiques et administratives à l'échelle du pays. C'est le cas notamment des politiques urbaines qui, entrant dans la logique des programmes d'ajustement structurel, se traduisent par la privatisation des organismes de production du logement social comme de la gestion des services urbains.

C'est aussi le cas des actions relatives à la gouvernance urbaine, visant à inscrire localement des réformes de structure en matière d'administration, de fiscalité, à assurer une meilleure coordination entre partenaires économiques et sociaux du développement urbain et à optimiser l'allocation et l'utilisation des ressources. C'est enfin le cas des projets sectoriels du développement urbain, notamment de la réalisation ou la réhabilitation d'équipements d'infrastructures ; ils constituent autant d'objets spécifiques de la recherche urbaine pour le développement.

L'analyse de ces dispositifs et des modèles opérationnels qui les sous-tendent vise à renouveler les questionnements spécifiques concernant la ville en développement, à travers une analyse des convergences et des décalages entre ces dispositifs et les initiatives qui se développent, à l'échelle nationale et locale, lors de leur mise en œuvre. Se pose alors la question du degré de pertinence de ces dispositifs transférés qui ont, certes, pu faire la preuve de leur caractère opératoire dans des sociétés urbaines développées, mais dont la transposition dans des sociétés historiquement, économiquement et culturellement distinctes demeure sujette à caution.

Au début des années 1990, le déficit de recherche dans ce domaine touchant au transfert de modèles a été manifeste, d'autant plus que l'approche opérationnelle des questions urbaines a considérablement évolué : on est passé d'une approche par problèmes, auxquels la planification urbaine devait apporter des solutions globales, à une approche par projets, censés apporter des solutions à des problèmes précis, délimités dans le temps et dans l'espace (par exemple, les projets de restructuration de quartiers) ; or ces projets se révèlent être eux-mêmes à l'origine de nouveaux types de problèmes sur le terrain de leur mise en œuvre, dans la mesure où le mécanisme de leur conception revient souvent à construire les problèmes autour de solutions disponibles, au détriment d'une adaptation aux besoins des bénéficiaires.

Ainsi, les divers projets, leur contenu, leurs modalités de mise en œuvre spatiale, technique, financière, institutionnelle, sont à constituer comme autant d'objets spécifiques d'analyse dans le domaine du développement urbain. Le fait que ce mode d'intervention sur les villes soit devenu le modèle opérationnel largement dominant dans l'aide apportée de l'extérieur au développement urbain (l'aide-projet), légitime à ce titre également l'intérêt spécifique qu'il représente pour la recherche urbaine concernant les pays en développement. Enfin, dans cette approche par projet, l'entrée en jeu, sur la scène du développement local de ces pays, d'investisseurs privés puissants agissant à une échelle internationale appelle aussi des analyses spécifiques en termes de recherche urbaine, celles-ci concernant plus particulièrement les stratégies de déterritorialisation et de reterritorialisation qu'impliquent ces projets, et les difficiles négociations qui sous-tendent leur implantation.

L'analyse des logiques et stratégies d'acteurs

Ce second axe ne se situe pas sur le même plan que le précédent. Ces logiques et stratégies d'acteurs, lorsqu'elles s'inscrivent dans des projets urbains, dans les interventions de gestion urbaine, apparaissent comme une composante problématique et thématique de l'axe précédent. Mais leur insertion dans des espaces urbains complexes, faisant l'objet d'interventions multiples, déborde aussi le cadre limitatif des projets et impose une autre lecture.

En outre, dans la configuration actuelle du développement urbain, marquée par la puissance des acteurs privés que sont les firmes internationales et par un développement de politiques urbaines de privatisation associées à des politiques globales de réformes structurelles drastiques (voire incluses dans celles-ci), on a pu constater là aussi un important déficit de recherche concernant l'analyse des stratégies, des logiques et des pratiques sociales des principaux acteurs qui font et gèrent la ville.

Enfin, la présence active de certains acteurs urbains constituant de puissants réseaux économiques et sociaux qui développent des stratégies situées à la marge, voire en dehors, des domaines et des territoires d'intervention de la gestion urbaine, conduit à reconsidérer le champ de l'action urbaine et des situations qui en résultent au-delà des distinctions courantes entre les sphères publique et privée. Ainsi la création, en centre ville ou en périphérie, de pôles d'activités informelles appuyées sur des réseaux internationaux (religieux ou non), oblige à une relecture du (ou des) secteur(s) informel(s). Sont également devenues objets d'analyse, de ce point de vue, les stratégies résidentielles d'évitement développées par les promoteurs privés et certaines catégories d'habitants qui se retranchent de la ville commune pour réaliser et habiter des villes privées échappant aux règles communes de gestion urbaine. L'approche en termes de logiques et stratégies d'acteurs peut être distinguée de la précédente dans la mesure où elle met en lumière les représentations de la ville à l'œuvre dans le champ du gouvernement des villes et ouvre sur une série de questions mettant en relation les conceptions du politique et de l'urbain avec les réalités de la gestion des villes et du développement urbain. Dès lors, de nouvelles questions se posent aux chercheurs :

- la ville est-elle pour tous ses habitants un lieu d'intégration sociale ? Les questions du droit à la ville, de la citadinité dans son rapport à la citoyenneté, sont à prendre en compte dans l'élaboration des problématiques de recherche.

- Quelles sont les règles du jeu entre les acteurs publics et privés ? Comment s'exerce la maîtrise d'ouvrage urbaine, quels rapports entre maîtrise d'ouvrage/maîtrise d'œuvre, quels sont les acteurs impliqués dans les mécanismes de concertation, de gestion partagée, et plus largement dans la construction d'une démocratie locale renouvelée ?

- Quels sont les mécanismes de rejet par rapport à ce devenir ? Qui sont ces acteurs qui, d'importance diverse selon les cas, s'installent à la marge de ces processus ? Les comportements de désaffiliation, de non affiliation, de dissidence ou de sécession urbaines, sont à observer, car ils participent des facteurs d'incertitude et de risque dont la recherche urbaine doit tenir compte, mais qui restent largement en dehors de son actuel champ d'investigation.

En s'appuyant sur de nombreuses observations empiriques, les travaux menés dans le cadre du PRUD[2] ont mis au jour la grande diversité des situations et des postures adoptées par les acteurs multiples et hétérogènes du développement urbain ; cette diversité se trouve, de fait, à l'origine de compromis négociés, de concessions qualifiées de bricolage institutionnel, d'arrangements locaux qualifiés de composites ou d'hybrides. Il s'agit là des nouvelles figures du gouvernement des villes qui, selon un mode opératoire souvent considéré comme hétérodoxe, visent – et atteignent peut-être – des objectifs de régulation et de redistribution, piliers de la lutte contre la pauvreté. Les analyses portent sur des régulations tangibles, sur l'émergence de la municipalisation dans la décentralisation, sur la persistance des filières traditionnelles dans la gestion foncière, sur la dimension politique des relations public/privé dans la mise en place d'une gestion déléguée des

[2] http://www.isted.com/programmes/prud/prud-publications.htm

services urbains, sur le rôle de progrès, de résistance, des élites locales, notamment professionnelles, sur le rôle de groupes non conventionnels, réseaux de commerçants notamment, dans le développement local. Ce faisant, les analyses proposées redonnent à la gouvernance un contenu politique, au sens plein de politique urbaine, celle qui vise la conception et la pratique du gouvernement de la cité. Il y a là une invitation à remettre sur le métier le modèle de gouvernance urbaine construit et appliqué depuis quinze ans.

Conclusion : éclairages et zones d'ombre

Les recherches récentes relatives aux villes et aux territoires urbains, à leur place dans la problématique du développement font apparaître qu'outre sa contribution attendue quant à l'élaboration des politiques de développement, la production de connaissances sur les villes des pays en développement se double de la production d'un savoir en matière de développement. L'approche des questions soulevées dans cette perspective par et à partir de la recherche urbaine implique ainsi un effort de théorisation sur le développement, ainsi qu'un réexamen des questions d'ordre méthodologique se rapportant au champ urbain lui-même. De ce point de vue, les problèmes de méthode que soulèvent l'uniformisation des approches et leur détermination à partir de la sphère opérationnelle méritent une attention particulière tant sur le plan de la conceptualisation que sur le plan des techniques de recherche.

Une première question, d'ordre général pour la recherche urbaine, concerne l'uniformisation du vocabulaire urbain. Si certains termes à connotation théorique – tels que : espace public, intérêt général, local, citoyenneté, citadinité, démocratie – œuvrent à la construction de la connaissance des réalités urbaines au-delà des différenciations nord/sud, certains termes se présentant comme des catégories d'analyse (la pauvreté, l'exclusion, le genre, la société civile), et surtout certains termes à visée opératoire (la décentralisation, la gouvernance urbaine, le développement local, les coalitions locales, pour ne citer que les plus usités actuellement) ont trouvé dans le contexte des pays du sud non seulement des terrains d'application ou de promotion, mais une source d'enrichissement sémantique. L'uniformisation mentionnée participe en effet de l'internationalisation de la production urbaine non seulement dans son expression matérielle, mais dans ses modèles, manières de faire et de juger des écarts à la norme.

De sérieuses recherches sont à présent engagées, pour décrypter, parfois sur un mode critique, ces « mots de la ville » souvent tributaires de l'idéologie des sphères opérationnelles qui en assurent la promotion.

(UNESCO, 2004) Ces questions d'ordre méthodologique voire d'ordre épistémologique constituent un vaste chantier, dont l'enjeu est de redonner sens aux mots, et ainsi de permettre de dépasser un « prêt-à-penser », de plus en plus remis en cause dans ses fonctions de paradigme pour l'approche du champ urbain (Dupin, Paquot, Kleinschmager, 2006). L'introduction de la notion de *desakota* – néologisme créé par le géographe Terry McGee (1991), à partir de l'indonésien (*desa* : village ; *kota* : ville) pour désigner les nouvelles configurations périphériques aux grandes agglomérations urbaines des pays émergents de l'Asie du sud-est, constitue à cet égard une tentative remarquable. L'analyse des mutations sociales et foncières, mutations complexes liées à la mondialisation, à laquelle elle ouvre la voie, mérite d'être signalée en raison de sa diffusion au-delà du monde en développement. Dépassant l'habituelle distinction rural/urbain, sur laquelle reposait l'idée, fortement ancrée dans le domaine du développement, du « biais urbain » et de la ville prédatrice, elle éclaire en retour certains aspects de la métropolisation observables dans les pays dits du Nord.

Sur le registre des problèmes de méthode, la recherche urbaine relative aux pays du Sud est également exposée aux questions d'ordre instrumental qu'implique notamment la mise au point d'un appareillage statistique et cartographique. C'est un domaine où les modalités de la production de connaissances rejoignent les conditions de mise en œuvre des projets, mais qui est de plus en plus marqué par les exigences en matière d'indicateurs propres aux dispositifs d'évaluation des projets, notamment dans le cadre de l'aide publique au développement. Avec le développement des banques de données urbaines et des systèmes d'information géographique on dispose certes d'outils de connaissance remarquables, y compris sur des questions majeures comme celle de la pauvreté, voire de la paupérisation urbaine, mais qui posent quelques questions de fond : quel est le degré de pertinence des indicateurs retenus, quelle pondération donner à des indicateurs qualitatifs par rapport aux indicateurs quantitatifs, et comment garantir la validité des indices retenus ? En termes de transfert de connaissances, on se trouve ici confronté aux difficultés inhérentes à la classique logique de diffusion de l'innovation à partir des pays les plus avancés sur le plan technico-scientifique. Or la mise en œuvre de l'appareillage statistique ou cartographique et des méthodes de recherche qui y sont associés implique une fiabilité des dispositifs de recueil des données qui fait le plus souvent défaut dans le monde en développement ; dans le champ urbain, on dispose souvent de données plus précises concernant les projets menés dans le cadre de l'aide au développement, voire au titre d'opérations privées que de documents descriptifs de l'état actuel des villes. C'est du reste là une caractéristique inhérente au monde en développement, renforcée du fait qu'en raison même de leur rareté, le contrôle des données, de leur production ou de leur contenu entre dans des logiques institutionnelles de pouvoir. On ne saurait, pour autant, nier l'intérêt que peut présenter l'existence d'observatoires urbains dotés de tels instruments pour prévenir les catastrophes naturelles et assurer une fonction d'alerte dans le domaine de l'environnement voire dans celui des conflits ; mais comment éviter que l'approche instrumentale ne se substitue aux problématiques de recherche, que la sophistication du traitement ne se substitue au souci de fiabilité des données, voire à la finalité même de la mise en jeu de ces méthodes ? Et comment faire en sorte que ces banques de données deviennent de véritables tableaux de bord, susceptibles de rendre compte des évolutions et des dynamismes à l'œuvre ?

Ces réflexions méthodologiques, inspirées par les travaux menés à partir du GEMDEV (Goldblum, 2002), ne sauraient prétendre à l'exhaustivité ; elles sont livrées comme révélatrices des spécificités de la recherche urbaine pour le développement, comme le sont également, par exemple, les caractéristiques particulières des acteurs concourant à la production urbaine tant réglementaire qu'infralégale, leur multiplication et la relative étanchéité dans laquelle ils opèrent. Cela rend particulièrement délicate la distinction entre ce qui relève des stratégies (en particulier des politiques de développement, des coopérations internationales) et ce qui relève des processus, exogènes ou endogènes, dont résultent les évolutions des territoires et des sociétés concernées (Osmont, Goldblum, 2003). Ce propos s'impose en raison même de la façon particulière dont la recherche en urbanisme et en aménagement croise la question du développement, en raison de son lien propre au domaine de l'action dont résultent à la fois – et non sans quelque ambiguïté – ses implications sectorielles liées à la nature des projets (en matière de transports collectifs, de services urbains, d'habitat, de réseaux techniques, d'équipement, etc.) qu'elle analyse et le statut interdisciplinaire dont elle se revendique ; en raison de la nature des objets ou des contextes – territoire, ville, fragments urbains – comme objets en crise ou contextes de crise qui permettent de légitimer les interventions.

Ces diverses considérations qui nous ont conduit à prendre les projets et les logiques d'acteurs comme objets de recherche dans le cadre du PRUD, nous mènent à présent à porter l'interrogation vers la question du gouvernement des villes et, sous le vocable de « gouvernance urbaine », à la place de cette question dans les politiques de coopération (Ooi Giok Ling ed., 1999). Il s'agit là, en effet, d'une question d'importance majeure vers laquelle convergent les actions menées au titre des diverses formes de coopération ; elle cristallise de plus en plus des enjeux de recherche et requiert des approches interdisciplinaires entre le spatial et l'institutionnel, les sciences administratives et politiques, et la sociologie. Enfin, ces mêmes considérations nous conduisent également à prendre en compte une autre dimension de la recherche pour le développement – ici considérée dans sa composante urbaine – à savoir le fait que la recherche en tant que telle, par-delà ses objets singuliers, participe de la problématique du développement. L'état de la recherche urbaine, au Nord comme au Sud, peut de ce point de vue en être considéré comme un révélateur.

Bibliographie

Balandier G., 1955, *Sociologie des Brazzavilles noires*, Paris : Armand Colin (rééd. 1985, Presses de la Fondation nationale des sciences politiques).

Banque mondiale, 2000, *Le développement au seuil du XXIe siècle – Rapport sur le développement mondial* – 1999-2000, Washington D. C.

Castells M., 1972, *La question urbaine,* Paris : Maspero.

Castells M., 1975, *Luttes urbaines et pouvoir politique*, Paris : Maspero.

Coquery M., 1983, « La coopération face aux problèmes posés par l'urbanisation dans le tiers-monde », Rapport au ministre chargé de la coopération, Paris.

Durand-Lasserve A. (éd), 1980, « La croissance périphérique des villes du Tiers-monde. Le rôle de la promotion foncière et immobilière », *Travaux et Documents de Géographie Tropicale,* CEGET-CNRS, n° 40 (numéro spécial Actes du colloque de Talence 1977).

Goldblum C., 2002, « L'urbanisation des pays du Sud. Un défi pour la coopération européenne » (présentation synthétique trilingue) et « Les grandes régions urbaines de l'Asie du Sud-est entre crise et métropolisation. Enjeux et perspectives de coopération », *in* EADI-GEMDEV, *L'Europe et le Sud à l'aube du XXIe siècle. Enjeux et renouvellement de la coopération* (Actes de la 9e conférence générale de l'EADI, 22-25 septembre 1999), Karthala : 69-77 et CD-Rom.

Lefebvre H., 1968, *Le droit à la ville*, Paris : Ed. Anthropos (coll. « société et urbanisme »).

McGee T. G., 1991, « The Emergence of *desakota* Regions in Asia : Expanding a Hypothesis », *in* Ginsburg, Norton, Koppel, Bruce, McGee T. G., *The Extended Metropolis. Settlement Transition in Asia*, Honolulu: University of Hawaii Press: 3-25.

Ooi Giok L. (ed), 1999, *Model Cities – Urban Best Practices*, Singapour: Urban Redevelopment Authority – The Institute of Policy Studies, 2 vol.: 263- 251.

Organisation des Nations unies, 1976, *Rapport Habitat : conférence des Nations unies sur les établissements humains*, Vancouver : Ed. ONU.
Osmont A., 1995, *La Banque mondiale et les villes*, Paris : Karthala.
Osmont A., 1999, « La *governance*, concept mou, politique ferme » *in Les annales de la recherche urbaine,* n° 80-81, Paris : PUCA.
Osmont A., Goldblum C. (sld), 2003, *Villes et citadins dans la mondialisation*, Paris : Karthala – GEMDEV.
Osmont A., Goldblum C., 2004a, *Gouverner les villes du Sud. Défis pour la recherche et pour l'action* (co-direction et « Bilan et apports du programme de recherche urbaine pour le développement »). Actes du colloque international de clôture du programme de recherche urbaine pour le développement (UNESCO 5-7 mai 2004), Éditions du ministère des Affaires étrangères (DGCID – série « Partenariats »).
--- 2004b, « Programme de recherche urbaine pour le développement : genèse, objectifs, apports scientifiques », *Villes en développement* (Bulletin de la coopération française pour le développement urbain, l'habitat et l'aménagement spatial), n°63-64, juin 2004 (« Programme de recherche urbaine pour le développement. Gouverner les villes du sud »).
Organisation des Nations unies, 1976, *Rapport Habitat : conférence des Nations unies sur les établissements humains*, Vancouver : Ed. ONU.
Pumain D., Paquot T., Kleinschmager R., 2006, *Dictionnaire. La ville et l'urbain*, Paris : Ed. Economica – Anthropos (coll. « Villes »).
Santos M., 1971, *Les villes du tiers-monde*, Paris : M.-Th. Génin.
--- 1975, *L'espace partagé. Les deux circuits de l'économie urbaine des pays sous-développés*, Paris : M.-Th. Génin.
Sassen S., 1991, *The Global City – New York, London Tokyo*, Princeton N. J.: Princeton University Press (trad. française : *La ville globale - New York, Londres, Tokyo,* Paris, Descartes & Cie, 1996).
Stren R., 1993, « Urban Management in Development Assistance. An Elusive Concept », *in Cities,* n° 10-2: 125-138
Tubiana L., 1999, « Ville et développement durable », Paris : Rapport au premier Ministre.
UNESCO – Programme MOST, 2004, Collection « Les mots de la ville » sous la dir. de Depaule, J.-C. et de Topalov, C. (vol. 1 – *Nommer les nouveaux territoires urbains* ; vol.2 – *Les divisions de la ville* ; vol. 3 – *Parler en ville, parler de la ville*), Paris : Éd. de l'UNESCO, Éd. de la Maison des Sciences de l'Homme.

Du « développement rural » à la « gestion concertée des ressources »

Frédéric LANDY
GECKO, Université Paris X – Nanterre
Institut universitaire de France,
Centre d'études de l'Inde et de l'Asie du Sud

« Tout essai de description de l'évolution des idées sur le développement rural au cours du demi-siècle passé court le risque de simplification excessive. On peut certes, pour aller vite, caractériser les années 1960 comme celles de la modernisation, les années 1970 comme celles de l'intervention de l'État, les années 1980 comme celles de la libéralisation des marchés, et les années 1990 comme celles de la participation et de l'*empowerment*. Mais les idées dominantes et leurs effets pratiques sur les politiques rurales n'ont pas connu ces transitions d'une façon aussi claire »[1] (Ellis, Biggs, 2001 : 437). L'affaire est encore plus complexe si l'on tente de distinguer savoirs et politiques, les relations qui les unissent et les béances qui les séparent. En outre, un « projet de développement rural » peut être l'émanation d'une politique, mais aussi d'une simple organisation non gouvernementale (ONG) locale[2] ; et tous les savoirs et toutes les recherches ne mènent pas à des projets.

---

[1] « *Any attempt to portray evolving ideas in rural development over the past half-century risks oversimplification. While it is superficially neat to characterise the 1960s as modernisation, the 1970s as State intervention, the 1980s as market liberalisation, and the 1990s as participation and empowerment, popular ideas and their practical effects on rural policies did not, indeed, undergo these transitions in such uncluturred manner* ».

[2] J'évoquerai peu dans ce texte les politiques institutionnelles de grande ampleur, de type réforme agraire, protectionnisme ou libre échange, etc., bien que ces politiques aient le plus souvent sur le « développement rural » un impact supérieur aux « projets de développement » tel qu'on les entend d'habitude (Dufumier, 1996).

Il convient au moins de distinguer l'état des savoirs des chercheurs de celui des développeurs, étant donné que les chercheurs – qui ont certes leurs propres lacunes et défauts – n'ont pas toujours réussi à transmettre leurs connaissances à la sphère des décideurs et des développeurs : d'où des expériences qui connaissent les mêmes échecs que leurs semblables passées, comme si aucune leçon n'était tirée des résultats d'antan.

Ce texte ne prétend cependant point prodiguer des remontrances à quelque groupe que ce soit. Il correspond à un point de vue très partiel, celui d'un géographe français, qui pourtant ambitionne d'actualiser le chapitre, écrit par Jean-Pierre Raison (1993) quinze ans plus tôt à propos de la seule géographie française, en élargissant son propos aux autres sciences sociales et étrangères[3]. Ce chapitre tente d'abord de montrer comment une vision de plus en plus intégrée et globale des problèmes a permis d'étudier des groupes, des secteurs et des espaces jusque-là négligés : l'agricole n'est plus abordé sans le rural, le rural n'est plus abordé sans l'environnement. Le « développement rural » est désormais analysé en termes de gestion concertée des ressources. Il se trouve d'autre part perçu comme un processus forcément endogène pour l'essentiel : les logiques paysannes et les savoirs locaux sont définitivement réhabilités, d'où le développement de méthodes et de diagnostics participatifs. Au total, on est passé du savoir sur le développement rural aux savoirs ruraux sur le développement.

I – Une vision intégrée du développement rural

Au-delà des nouvelles thématiques qui se sont ouvertes dans le champ du développement rural, ce sont l'entrée par l'environnement et les approches intégrées et pluridisciplinaires par grands thèmes qui en constituent les principales dynamiques.

Champs nouveaux :

Le tableau 1 cherche à résumer les grands traits de l'évolution des perspectives de recherche rurale depuis le bilan dressé par Raison (1993). Il distingue ce qui n'est plus (la foi dans un « développement » relativement linéaire ; l'opposition entre ville et campagne ; l'africano-centrisme qui caractérisa longtemps la recherche française), ce qui est encore (la pluridisciplinarité ; un souci du terrain qui replace une certaine

---

[3] Merci à Jean-Pierre Raison et à toute l'équipe du GEMDEV pour leurs remarques.

recherche agro-géographique à la pointe des perspectives postmodernes[4], mais sans vraiment le vouloir), et ce qui est neuf (le renforcement des perspectives écologiques ; le souci de comprendre l'environnement social et politique des exploitations agricoles et des ménages ruraux ; enfin, de nouvelles techniques de recherche et de développement fondées sur l'informatique). Autant de dynamiques relativement récentes – pour « l'action » encore plus que pour la « recherche » – dont il sera question plus longuement dans les pages qui suivent.

Tableau 1 : L'évolution de la recherche en milieu rural par rapport aux années 1980

Ce qui n'est plus	**Ce qui est encore**	**Ce qui est neuf**	**Les nouveaux mots-clés**
L'objectif du « développement» rural	Souci du terrain et postmodernité (recherche française)	L'écologie	→ risques ; biodiversité ; développement durable ; *livelihood*
L'opposition « rural/urbain »	Pluridisciplinarité	L'environnement socio-politique	→ gouvernance ; capital social ; participation ; bien commun ; territoire ; femmes
		En économie	→ filières ; coordination des acteurs
L'africano-centrisme (pour la recherche française)		Techniques informatiques	→ SIG ; modélisation ; télédétection

L'expression « développement rural » est contestée pour le substantif comme pour l'adjectif. En ce qui concerne l'adjectif, s'est développée une vision de plus en plus intégrée et globale de la « ruralité », se déplaçant de la sphère agricole vers la sphère environnementale, dont les éléments de la biosphère sont considérés comme autant de ressources. En ce qui concerne le substantif, la remise en cause de la notion de « développement » (cf. chapitre de Gabas) a

4 Dans la mesure où le post-moderniste critique les approches excessivement modélisatrices et généralisantes, et réhabilite donc d'une certaine façon les méthodes très pragmatiques d'une certaine géographie qui insiste sur les particularités de chaque terrain, au risque de l'empilement de monographies.

généralisé une perspective plus concertée et participative. Au total, on est passé du « développement rural » à la « gestion concertée des ressources ».

Si ce n'était les pesanteurs qui poussent à reconduire des actions et stratégies de développement pourtant guère concluantes, on aurait pu se rendre compte plus tôt que la diffusion d'innovations agricoles ne donnait guère de résultats et pouvait même être nocive si une approche plus globale n'était pas utilisée, qui puisse prendre en compte les facteurs écologiques (stratégies paysannes anti-risque contre la variabilité des pluies ou l'érosion) ou sociaux (rôle des cadets ou des femmes en Afrique subsaharienne) dans la reconnaissance de la diversité des logiques des individus et des groupes. Cette prise de conscience est désormais commune chez les chercheurs en sciences sociales et certains autres acteurs. On passe donc de la conception d'un développement agricole à un développement *rural.* Les programmes de « développement rural intégré » s'étaient déjà multipliés à partir des années 1970, mais sans beaucoup de résultats : l'idée demeure aujourd'hui, mais sous une forme différente. L'agriculture ne peut sans doute plus être le moteur du développement rural, au moins dans les régions aux fortes densités agricoles : le céréalier français n'a pas en moyenne une productivité de la terre par hectare et par an supérieure à celle de son collègue du Punjab, et elle est bien inférieure à celle du *fellah* égyptien ; ce n'est pas la productivité qui fait ici la différence de revenu, mais la quantité de terre disponible. Autant dire que les progrès agronomiques ne seront jamais capables de compenser le goulot d'étranglement du foncier.

On assiste ainsi à un nouveau virage en ce qui concerne l'approche du rôle de l'agriculture dans le développement rural. Les années 1960 avaient vu, avec la publication de travaux comme celui de Théodore Schultz, la réévaluation de l'agriculture, la reconnaissance de sa forte productivité pour peu que les moyens de production soient disponibles : c'était le temps du « *small farmers first* » (Ellis, Biggs, 2001). Pour ne prendre que le cas de la géographie française, c'est alors que Paul Pélissier puis Jean-Pierre Raison soutiennent leurs thèses d'État, dans le prolongement des idées de Pierre Gourou ; dans le domaine de l'agronomie, René Dumont fait école. Mellor (1995) en déduit que l'agriculture pouvait être un puissant outil de croissance pour l'ensemble du monde rural ; la dénonciation du « parti pris urbain » par Lipton (1976), ainsi que l'essor de la recherche en termes de systèmes agraires et de *farming systems*, seraient des prolongements de cette foi dans les potentiels agricoles.

Depuis les années 1990 a fleuri un concept dans le monde anglo-saxon, qui n'a cependant pas « pris » en France : celui de *livelihood*. Prendre en compte « les capabilités, les biens [*assets*] (en y incluant les ressources matérielles mais aussi sociales) et les activités qui sont requis comme moyens d'existence »[5] (Scoones, 1998, p.5), oblige à mieux appréhender les revenus non agricoles, fondamentaux pour les paysans sans terre mais aussi pour les agriculteurs : on se place délibérément dans le sillage des recherches sur la résilience[6], et du concept d'*entitlement* (« pouvoir d'accès ») forgé par Amartya Sen lors de ses études sur la famine. Le concept de *sustainable livelihood*, qui apparaît déjà dans le rapport Brundtland de 1987, est en quelque sorte la reprise à l'échelle de l'individu ou du ménage de celui de « durabilité » à une échelle supérieure. L'approche se veut désormais « multi-dimensionnelle » : la pauvreté ne se traduit pas seulement en termes de revenu. D'où un appel pour que les politiques ne se focalisent pas plus que nécessaire sur le secteur agricole, au profit du développement des infrastructures, du commerce, de l'environnement général des ménages ruraux.

En conséquence se sont multipliées les études portant sur des groupes, des secteurs et des espaces jusque-là plutôt négligés.

- Les *gender studies* n'ont eu qu'assez tardivement leur écho dans la recherche française, mais semblent désormais amorcées (Granié, Guétat-Bernard éd., 2005).

- Les « approches filières », apparues précocement en France, permettent de mieux intégrer les processus de transport, transformation et consommation, à travers une approche tant économique (prix) qu'institutionnelle (*Mémento*..., 2003). L'unité mixte de recherche UMR MOISA basée à Montpellier étudie ainsi les « dispositifs de coordination » des différents acteurs, individuels ou collectifs, consommateurs ou producteurs, à travers des approches fondées pour l'essentiel sur l'économie institutionnelle.

- C'est le même esprit globalisant qui sans doute explique l'intérêt, en restant à l'échelle locale, pour les associations de cultures ou d'activités. La crise africaine engendre un renouveau de la pluriactivité (Gastellu, 1997). La diffusion du néologisme « agroforêt » fut couronnée par la création en 1978 de l'International Council for Research in Agroforestry (ICRAF) : il reste un certain flou sur ce concept, qui inclut le bocage normand comme les jardins familiaux du Kerala, et qui peut paraître assez peu neuf pour les géographes français, tôt intéressés par les

---

[5] « *the capabilities, assets (including both material and social resources) and activities required for a means of living* ».

[6] Aussi intéressant que d'identifier des facteurs d'enrichissement apparaît l'identification des facteurs d'appauvrissement, contre lesquels il convient de lutter de façon spécifique (Krishna et al., 2003).

« parcs » africains. Mais il est en tous les cas symptomatique de ces efforts pour supprimer les barrières conceptuelles, en l'occurrence ici appréhender de concert le ligneux et le non ligneux, voire l'espace agraire et l'espace forestier.

- Les forêts, les déserts chauds et les froids sont, de même, de plus en plus étudiés. Le Grand Nord fait décidément partie du Sud (Collignon, 1996), et la forêt équatoriale, qui se révèle n'avoir jamais été « vierge » mais sans doute être apparue, en Amérique latine, après l'Homme, s'ouvre davantage aux ruralistes (Rossi, 2000).

- Influence des idées de Michael Lipton (1976) et de John Mellor (1995) ? Ou simple reconnaissance de taux d'urbanisation extrêmement rapides dans les pays du Sud ? Toujours est-il que se trouve prise en compte *la ville*, en comblant notamment un vide de la pensée géographique française – la ville était absente des *Terres de bonne espérance* de Gourou (1983) : les vœux de Raison (1993) souhaitant le renforcement des liaisons entre études rurales et urbaines ont été exaucés (Chaléard et Dubresson, 1999). Métropolisation et mondialisation sont deux processus concomitants qui ont placé encore davantage la plupart des campagnes dans l'orbite des villes. Les villes du Sud croissent avant tout par la natalité de leurs habitants, et non plus par l'exode rural ; les marchés urbains sont les débouchés des productions agricoles : idéologiquement, le « ruralisme » qui diabolisait les villes a été remplacé par une vision considérant le monde urbain comme un possible moteur pour les campagnes. On n'est peut-être plus loin pour les pays du Sud de cette « transition agricole » déjà observée au Nord, où l'agriculture industrielle se transforme progressivement en activité multifonctionnelle, en cours de tertiarisation et de « re-territorialisation ».

- On n'étudie plus tant les « migrations » que la « mobilité », en insistant sur les (allers et) retours, à tel point qu'a fait florès dans la littérature l'expression de Chaléard et Dubresson : « un pied dedans, un pied dehors ». À force de dénoncer les visions simplistes de « l'exode » rural, du déracinement, d'insister sur les processus de territorialisation même dans des conditions très précaires (Capron et al., 2005), il y a peut-être cependant un risque qu'aujourd'hui on en soit venu à surestimer la facilité à circuler entre deux mondes : le terme « mobilité » ne fait-il pas partie du même champ lexical que « flexibilité », dont l'emploi recèle souvent une portée idéologique importante qui tend à masquer la part de souffrance ou de contrainte qu'il y a dans tout départ ? D'autre part, à force de « partir pour rester » (Racine éd., 1994 ; Cortès, 2000), la mobilité peut devenir après une ou deux générations une franche émigration sans retour possible. N'assiste-t-on pas *mutatis mutandis* à une « fin des terroirs » comparable à celle décrite par Weber (1983) pour la modernisation de la France rurale de la fin du XIXe siècle ?

- Il reste aussi beaucoup à faire en ce qui concerne l'étude des différentiations sociales induites par ces dynamiques, ainsi que celle des marchés locaux et de la production pour le marché intérieur. Les études périurbaines se développent désormais (Arlaud et al., 2005), mais sont souvent le fait des spécialistes de la ville à l'origine, ce qui dirige les thématiques dans certaines directions privilégiées : on est loin de toute façon d'avoir rattrapé un retard de recherche fort dommageable à la bonne gestion des mégapoles dont la périphérie croît bien plus vite que le centre, ce qui entraîne en particulier un déficit de gouvernance intégrée de toute la région urbaine.

L'entrée par l'environnement :

L'extension des domaines de recherche à des groupes sociaux, à des productions et à des régions jusque-là laissées pour compte correspond à un profond infléchissement conceptuel, résumé par certains dans l'expression « révolution doublement verte » (*evergreen revolution*) (Griffon, 2006). La recherche agronomique et la vulgarisation demeuraient concentrées sur le développement de systèmes intensifs en intrants. Elles avaient conduit à une triple concentration : culturale (au profit du blé, du maïs et du riz)/régionale (au profit des régions irriguées)/sociale (au profit des agriculteurs ayant les moyens d'intensifier). Les progrès en rendement sont d'autre part de plus en plus difficiles à obtenir dans les secteurs clés de la révolution verte. Aussi l'heure est-elle au renforcement des efforts de diffusion et d'homogénéisation : les systèmes à riz non irrigué sont par exemple devenus une priorité à l'Institut national de recherche sur le riz (IRRI) – même si le programme riz irrigué obtient toujours la majorité des financements (Trébuil, Hossain, 2004). Ont été créés des centres de recherches agronomiques internationaux travaillant sur des systèmes de culture longtemps sous-estimés, comme les céréales à petit grain étudiés par l'Institut international de recherche sur les cultures pour les tropiques semi-arides (ICRISAT). Les interrogations sur le bien fondé des organismes génétiquement modifiés (OGM) recoupent partiellement celles des années 1960-1970 sur les variétés à haut rendement (VHR) de la révolution verte : mises en question écologique, sociale, économique et politique. Que les inquiétudes en matière de VHR se soient révélées vaines (dans une certaine limite) prouve-t-il forcément que le seront aussi celles au sujet des OGM ?

Face à l'homogénéisation des variétés et la « chimisation » des modes de cultures, le système des indications géographiques et des appellations contrôlées se développe. Il reste cependant beaucoup à faire pour que ces labels de qualité, pratiqués surtout en Europe, puissent se diffuser au Sud. Des pays comme la Thaïlande, à la riziculture longtemps dénigrée pour ses faibles rendements, apparaissent désormais comme avantagés par les pratiques agricoles demeurées extensives. Sans doute faudrait-il que les nations du Sud puissent toutes passer du souci de « sécurité alimentaire » (au sens d'estomacs pleins, *food security*) à celui de « sécurité sanitaire et nutritionnelle » (*food safety*). Et les pressions politiques de tous bords sont efficaces. L'Etat brésilien du Rio Grande do Sul n'a interdit qu'un temps la culture de soja OGM. L'Inde, en proie à de multiples disputes internationales au sujet du riz basmati, du curcuma ou du *neem*, n'a promulgué qu'en 2003 la loi sur les appellations géographiques votée en 1999.

La polarisation de la recherche se déplace donc de l'agriculture vers l'environnement. Il y a certes des effets de mode : la géographie rurale « *se cache ou se transforme sous des vocables plus porteurs : environnement, patrimoine, etc.* » (Chaléard, 2007), ce qui peut donner lieu à des titres interchangeables (Picouet et al., 2004 ; Rossi et al., 1998). L'évolution n'est cependant pas niable. L'objet d'étude est désormais la « gestion des ressources naturelles/renouvelables », l'agriculture n'apparaissant plus que comme un mode de gestion possible.

La notion de développement durable a pour principal intérêt de déplacer les échelles et de prendre en compte leur multiplicité : échelles spatiales, depuis la parcelle jusqu'à la planète ; échelle de temps, depuis la saison agricole jusqu'aux générations futures. Assez rares sont cependant les politiques qui s'affichent comme de développement durable, et encore plus rares celles qui en sont effectivement. Les Programmes nationaux d'action environnementale africains ne méritent sans doute pas ce titre. Remarquons également que la notion de « risque », si employée dans les pays du Nord, le demeure peu au Sud où l'on a encore peu les moyens de « prévenir » plutôt que de guérir – l'inégalité apparaît d'autant plus forte si l'on observe qu'à l'Organisation mondiale du commerce (OMC), les pays développés tentent d'instituer des clauses environnementales qui les protégeraient d'un libre-échange excessif. L'« ingérence écologique » (Rossi, 2000) n'est pourtant pas que le fait du Nord contre le Sud : nombre de pouvoirs nationaux au Sud la pratiquent à l'encontre de certains de leurs espaces et de leurs populations, oubliant qu'il existe des exemples de croissance démographique allant de pair avec un développement durable (Tiffen et al., 1994), que « l'équilibre » écologique ne peut être que naturellement dynamique, et que la nature est une construction sociale. La voie est étroite, il est vrai, entre la défense des pratiques locales, pas forcément si prédatrices, et une mythologie consacrant comme innée la « sagesse environnementale » de populations écologistes avant la lettre. Autre ambiguïté : les recherches sur la biodiversité ont un enjeu économique évident. La Banque mondiale a pu être accusée de travailler beaucoup sur Madagascar en raison du fort taux d'endémisme de la biosphère de l'île, dans le cadre d'une véritable « chasse au trésor du capital génétique » (Raison, communication personnelle).

L'essor de notions pluridisciplinaires :

L'alliance perçue et souhaitée par Raison (1993) entre géographes et agronomes s'est poursuivie. Un programme de recherche associant écologues, agronomes, géomaticiens[7] et géographes, sur un thème en lui-même très « transversal » comme celui de la déforestation, donne ainsi de passionnants résultats pour peu que les méthodologies soient méticuleusement combinées en amont du programme de recherche et que les contacts entre disciplines demeurent constants au cours de celui-ci (Blanc-Pamard et al., 2005). Juristes, économistes, sociologues, historiens, politistes voire psychologues travaillent de concert.

Trois notions parmi d'autres éminemment transdisciplinaires peuvent être relevées :

- *les « biens communs »* : on a dépassé depuis longtemps les idées naïves de « la tragédie des communaux », qui opposait trop crûment les biens en propriété privée individuelle et les biens en accès libre, en oubliant qu'il existe des biens gérés collectivement par la population locale selon des règles strictes. Cette thématique à cheval entre recherche et action est fondamentale pour les projets de développement nécessitant des ententes collectives. L'eau est à ce titre un bien commun exemplaire par l'interdisciplinarité à laquelle elle encourage (Rivière-Honneger, Ruf, 2004 ; Bruns, Meinzen-Dick, 2000). La recherche s'est développée de façon considérable, et l'International Association for the Study of Common Property fut fondée en 1989. Mais le champ demeure d'une façon générale dominé par les économistes, avec le risque de privilégier exclusivement l'approche plutôt hypothético-déductive de l'action collective (Ostrom, 1990) aux dépens de l'approche défendue par des historiens ou ethnologues et certains économistes (Amartya Sen), plus contextuelles et proches du terrain (Johnson, 2004).

---

[7] Géomatique : utilisation de l'informatique pour représenter, analyser et mettre en relation des données géographiques.

- *Le « foncier »* : en France, les travaux de l'Association pour la Promotion des recherches et études foncières sont exemplaires (Le Roy et al., 1996), faisant de l'anthropologie juridique le pivot autour duquel fusionnent d'autres approches disciplinaires. On a désormais bien distingué ce qui relève de la « propriété » (*ownership*), au sens romain du terme, de l'« appropriation » (*property*) (*Mémento*, 2003).

- *Le « territoire »* est sans doute aux ethnologues et géographes ce que le foncier est aux juristes. Il s'agit alors d'un espace approprié et chargé d'identité. La notion, éminemment subjective, se trouve très liée aux *représentations* – un autre concept clé, qui a remplacé les « mentalités » chères à l'histoire du même nom. La notion de « terroir » pour les africanistes, diffusée dans les années 1960 par des géographes français, recelait déjà le sens de « territoire » (*Mémento*, 2003). Aucun des termes cependant n'existe véritablement en anglais – celui-ci utilisant à la rigueur *place* plutôt que *territory* – ce qui est un problème pour prendre en compte les processus d'enracinement et d'appropriation spatiale hors de la sphère francophone. « Territoire » est de toute façon désormais vidé d'une bonne partie de sa substance quand il n'est plus utilisé que comme simple synonyme d'« espace » ou de « région » (Antheaume, Giraut, 2005). Il représente pourtant un moyen d'appréhender à l'échelle locale la ruralité dans sa globalité, et de rassembler en une sorte de synthèse les nouvelles approches évoquées plus haut. « L'identité rurale prend une nouvelle force avec la notion de localité » (Gastellu, 1997 : 704).

Comprendre les interrelations :

« Qui trop embrasse *bien* étreint », pense-t-on donc désormais en intégrant dans l'analyse scientifique des éléments jadis passés sous silence, et en mettant en relief les différentes interrelations. Ce fut en quelque sorte la consécration des *études systémiques* – déjà cependant un peu passées de mode dans les pays anglo-saxons. À l'aide d'une méthodologie bien rodée, les « diagnostics agraires » produits par l'Unité de recherche d'Agriculture comparée et développement agricole d'AgroParisTech (ex-INA-PG) débouchent ainsi sur de très fines typologies des « systèmes de production », classés selon le revenu par actif et par hectare (Dufumier, 1996 ; Cochet, à paraître). Celles-ci permettent de rendre compte de la diversité des exploitations, et des choix, faits sous contrainte, des agriculteurs. Ces agroéconomistes représentent sans doute ce qui peut apparaître le plus proche de *Development Studies* rurales, qui manquent en France. Une limite à cette approche : elle reste très agraire ; pour peu que la zone d'étude soit marquée par une forte polarisation urbaine ou une importante mobilité des personnes, l'étudiant non averti risque alors de « passer à côté » d'interrelations avec d'autres niveaux ou espaces que le système agraire étudié.

Les études systémiques ont souvent un volet « vertical » qui permet la multiplication des jeux d'échelles. « L'échange inégal », trop politisé, n'était pas une perspective fédératrice pour tous les ruralistes ; la « mondialisation », qui peut apparaître comme un référent conceptuel plus neutre, est en revanche une approche partagée peu ou prou par tous, étant donné que rares sont les espaces non reliés, directement ou pas, à des flux et des influences planétaires. D'où l'intérêt d'analyser les liens entre ces échelles, du mondial au local – et retour : si la recherche à l'échelle continentale ou planétaire n'inclut toujours guère de « coups de sonde » locaux, en revanche la recherche à l'échelle locale fait rarement l'économie de perspectives plus générales, où sont abordés l'influence des prix mondiaux et des politiques nationales, le rôle des migrations, l'ancrage de gré ou de force de l'exploitation agricole, du village, de la rizière ou de la forêt à un flanc ou à un autre du navire mondial.

Les nouvelles technologies bénéficiant des progrès de l'informatique facilitent ces prises en compte. Les Systèmes d'information géographique (SIG), par exemple, réalisent des cartographies complexes à plusieurs échelles, superposant des données « naturelles » (relief, végétation), sociales (répartition des groupes de population) ou économiques (distance à la route et aux services). Ils permettent ainsi de croiser les différentes variables et de tester les possibles corrélations entre elles. De même, la télédétection facilite, surtout quand la lecture des images satellitaires se fait en collaboration étroite avec du travail de terrain, la compréhension de l'interface société-nature. Disposer désormais d'images sur une longue durée (le premier satellite SPOT fut mis en service en 1986) permet de définir la vitesse et la direction des différents processus en cours.

Cette perspective temporelle se retrouve enfin dans les progrès de la prospective permis par les possibilités de modélisation. Désormais, les résultats des simulations pratiquées par le médiatique Worldwatch Institute ou l'International Food Policy Research Institute tendent à infléchir les politiques et les visions du monde.

II – La route du développement endogène

Réhabilitation des logiques paysannes et souci de décentralisation et de gestion participative sont autant de processus qui tendent à donner la priorité à un développement véritablement endogène. Mais les ambiguïtés demeurent nombreuses.

Stratégies paysannes :

Les critiques de la notion de « développement » et l'approche postmoderne ont contribué à écorner la vision téléologique d'un avenir rural forcément irrigué, intensif et sédentaire : il apparaît au contraire que celui-ci pourra ou devra être fondé parfois sur une agriculture pluviale, avec des pratiques extensives, et une mobilité de la population très forte (sans pour autant être forcément synonyme d'exode rural). L'expression « développement rural » elle-même n'a sans doute d'ailleurs jamais été autant utilisée en français qu'en anglais. « Changement rural » apparaissant trop calqué sur l'anglais *rural change*, on lui a tôt préféré « dynamiques rurales » – sans parler plus récemment du « recompositions » employé trop couramment.

On note d'abord que les effets recherchés ne sont pas forcément ceux obtenus : dérive des projets, parfois perdus corps et biens, parfois cependant repris à leur compte par des acteurs locaux. Ainsi, la filière coton en Afrique subsaharienne a pu être considérée comme génératrice d'un développement général, au-delà des dichotomies cultures vivrières/commerciales (les engrais chimiques servent aussi aux céréales) ou ville/campagne (les camionneurs transportent bien autre chose que du coton, et servent de « multiplicateur » pour les cultures maraîchères par exemple). Le problème est que la temporalité des projets ne correspond que rarement à celle des populations concernées : soit que le projet s'étale sur plusieurs années alors que l'agriculteur ne peut attendre plus d'une saison des résultats ; soit qu'au contraire le projet demande des résultats précoces pour rendre des comptes aux bailleurs de fonds, alors que l'action sur le terrain est de long terme.

La vieille question de la rationalité paysanne ne fait plus couler d'encre : les choix des acteurs s'expliquent parfaitement en fonction de leurs intérêts propres et des contraintes subies, en prenant en compte tant les aléas naturels ou politiques que les réseaux sociaux dans lesquels se trouvent insérés exploitations agricoles, groupes et individus. « *Ce ne sont donc pas normalement les types de production qui déterminent les structures agraires, mais inversement les structures agraires qui déterminent les types de production* » (Haubert, 1999 : 168). La voie est donc libre pour une meilleure prise en compte de la diversité des logiques paysannes : on étudie désormais l'« innovation » (Chauveau et al., 1999), on emploie depuis longtemps les termes de « logiques » et « stratégies » à propos des agriculteurs, y compris pour des stratégies défensives fondées sur le seul souci de sécurité. L'étude du « vivrier marchand » (Chaléard, 1996) montre que la culture de céréales ou de tubercules peut fort bien ne pas correspondre au seul souci d'autosuffisance, mais bien à des logiques de commercialisation parfois fort audacieuses, en tirant parti de l'urbanisation. Un double processus général renforcé par la mondialisation est la diversification et la spécialisation agricole : en Asie, on tend ainsi à substituer au riz des cultures plus rentables, bananes ou hévéas au Kérala, quitte dans ce dernier cas à menacer la sécurité alimentaire de l'État, les possibilités d'emploi agricole et l'écologie locale.

Une typologie des logiques oblige à distinguer au moins trois ensembles : la maximisation du revenu par heure du travail familial, qui privilégie l'extensif en particulier quand de l'espace est disponible (Afrique sub-saharienne), la maximisation du revenu par hectare dans les zones à pression foncière (Amérique centrale, Asie méridionale), et la maximisation du profit (grandes plantations, mais aussi élevage extensif des latifundia colombiennes) (Dufumier, 2004). À chaque fois, les possibilités de gains de productivité du *travail* (par la mécanisation par exemple) n'auront guère d'intérêt pour les acteurs si le temps libre dégagé ne correspond pas à des possibilités d'emploi non agricole (autrement dit en termes économiques, si le coût d'opportunité du travail agricole est faible).

Encore ces logiques ne correspondent-elles en fait qu'à des modalités, les véritables finalités des exploitants étant fort diverses (Landy, 1998) : un agriculteur peut chercher la productivité par hectare pour s'enrichir ou pour manger ; et il peut chercher à s'enrichir pour acheter un tracteur ou pour mieux marier sa fille. « On peut parler d'un recul des « théories structuro-fonctionnalistes » pour lesquelles le comportement des acteurs est déterminé par le seul jeu des structures ou de leur loi immanente » (Chauveau et al., 1999 : 20). Les techniques ne sont plus analysées en tant que telles, mais au sein de leur contexte, et deviennent alors des *pratiques* toujours envisagées en situation, correspondant à une pluralité d'acteurs et à des contextes locaux variables (Milleville, 1999).

Enfin, les savoirs locaux sont définitivement réhabilités, non pas seulement comme un patrimoine à conserver (vision ethnologique), mais comme un capital à faire fructifier (vision économique). L'ambiguïté est cependant évidente : ces savoirs, fondés souvent sur l'utilisation de la biodiversité, des plantes médicinales, etc., doivent-ils être le fondement d'un développement « endogène » au bénéfice des « populations locales »[8], ou bien une source de richesse pour des entreprises publiques ou privées qui leur sont extérieures ?

---

[8] Ces termes mériteraient bien des nuances étant donné leur ambiguïté. En particulier, on peut se demander si un développement purement endogène n'a jamais existé étant donné le caractère ouvert de tout système agraire. Il faudrait

À ce danger politique s'ajoute un risque épistémologique : qu'une réhabilitation « populiste » (Olivier de Sardan) ne surestime la sagesse des individus (la proportion de stupides et bornés est la même en France et – disons – au Mali : il y a donc des chances non nulles d'en rencontrer dans son échantillon d'enquête) ; et que l'on surestime de même la sagesse des sociétés (combien sont ignorés des gestes simples, comme laisser tremper une nuit les semences avant de les semer ? Et comment rendre compte des guerres civiles, des massacres ?). On ajoutera que la notion de « stratégie » risque de faire surestimer le degré de liberté des acteurs, dans des situations de fortes contraintes : « stratégies de survie » ne serait-il pas un oxymore ?

Entre le risque du top-down, et les risques de récupération et de non-intégration spatiale

Constat d'échec de bien des projets impulsés « d'en haut » ; réhabilitation des savoirs locaux et des rationalités paysannes ; vague idéologique de libéralisme et de retrait de l'État, favorisant la décentralisation : ces trois réalités se sont combinées pour donner la priorité aux approches participatives et *bottom-up.* Les innovations et les dynamiques ne peuvent ni se développer, ni gagner en pérennité, si elles proviennent excessivement de l'extérieur et d'en haut. Il convient que la définition des besoins et que les initiatives soient issues de la population locale (Chambers, 1997 ; Lazarev, Arab, 2002 ; Leclerc-Olive, Rochegude, 2001).

La « gestion de terroir », développée à partir de la fin des années 1980 en Afrique francophone, avait des prétentions de « diagnostic participatif », faisant en sorte que les villageois soient les « maîtres d'œuvre des interventions » (Teyssier, in *Mémento*, 2003). Mais c'est l'impact d'un courant de pensée avant tout anglo-saxon qui va faire se multiplier les *Rapid Rural Appraisals*, améliorés en *Participatory Rural Appraisals* et désormais en *Participatory Learning and Action* – en français Méthode active de recherche et de planification participative. L'approche participative règne désormais en maître, dans les textes au moins. Elle domine tout d'abord les « projets de développement » : sans elle ceux-ci ne peuvent plus espérer de financement. Une démarche « par en dessous » a pour objectif le *capacity building* : cette expression, sans doute trop à la mode, correspond au vœu d'« apprendre à pêcher » du Président Mao ; il s'agit d'éviter les effets pervers des dons, mais aussi de pérenniser les processus de développement, au lieu que ceux-ci

---

plutôt parler d'« endogénéisation » et d'« appropriation » des savoirs et influences extérieures.

s'effondrent avec le départ de l'ONG ou la mort du leader local sur lesquels reposait trop la dynamique.

L'approche participative a fait également une percée dans la recherche : par les cartes mentales, les jeux de rôles et autres « dires d'acteur », on espère appréhender directement les représentations des populations locales en réduisant au minimum le filtre de l'enquêteur. L'idéal est sans doute des approches combinant recherche et action, comme le programme ComMod (« modélisation d'accompagnement ») du Centre de coopération internationale en recherche agronomique pour le développement (CIRAD) : un logiciel comme Cormas[9] permet de modéliser le fonctionnement des systèmes agraires ; on simplifie la modélisation pour en faire un jeu de type Monopoly ; on y convie les populations locales, qui vont jouer le plus souvent leur propre rôle, et suggérer des améliorations aux règles du jeu, et partant à la modélisation ; d'où un apport à la fois sur le résultat de recherche, et sur l'action puisque le jeu de rôles collectif peut résoudre certains conflits et, par les simulations qu'il permet ensuite de montrer aux joueurs, leur faciliter les choix d'avenir et leur faire découvrir des perspectives nouvelles (Bousquet et al., 2005).

Gardons-nous d'idéaliser cependant. D'une part, les approches excessivement de haut en bas, ou trop exogènes restent nombreuses dans la pratique. Du bailleur de fonds parfois étranger à « l'animateur rural », en passant par le ministère et le bureau d'étude, c'est toute une chaîne qui continue de fonctionner avec ses logiques propres, ne produisant que des « bénéficiaires » dépourvus du rôle d'« acteurs », dans des « projets ». Même les initiatives d'émigrés d'origine locale ou d'ONG endogènes peuvent fort bien ne pas correspondre aux besoins et aux souhaits de la majorité de la population. La disponibilité des nouvelles technologies, enfin, induit un biais possible en faveur de l'outil aux dépens de l'objectif de recherche, en faveur du technicien aux dépens du terrain, de l'institution diffusant les données aux dépens des populations locales : les statistiques entrées dans un SIG correspondent à des catégories souvent formatées par d'autres que les chercheurs et *a fortiori* que les populations ; on prend également le risque de définir des contraintes et des besoins qui ne correspondent pas à ceux ressentis par les villageois (D'Aquino, 2002).

D'autre part, en souligner ses bienfaits n'empêche pas de dénoncer « la tyrannie de la participation » (Cooke, Kothari, 2001). Deux ensembles de raisons : le premier concerne ce dont sont entachées toutes les notions à la mode, « mondialisation », « développement durable » ou « gouvernance », clichés qu'il convient d'être capable de citer pour

[9] http://cormas.cirad.fr.

pouvoir être publié ou remporter des appels d'offres. Voilà « participation » devenu un *buzzword* de plus, cache-misère de certains chercheurs qui désormais vont pouvoir appeler *transect walk* (marche transversale) une visite expéditive dans un village, ou *focus group* une rencontre improvisée devant l'école municipale, et légitimer une méthodologie en réalité très approximative. De fait, une partie de la liste de la « procédure » à employer pour une marche transversale telle qu'elle est affichée sur le site de la FAO[10] peut paraître simpliste (« *On the walk, talk with people who [sic] you meet on the way ; take photographs to document key information…* »).

La notion de « participation » dans le développement rural doit être considérée avec prudence pour un second ensemble de raisons (Lavigne-Delville et al, 2000 ; Neef éd., 2005) communes à toute approche fondée sur la « décentralisation » et le *bottom-up* :

- le souci d'éviter une perspective excessivement verticale ne doit pas entraîner l'oubli de problèmes « horizontaux », comme l'éventuel antagonisme entre cultivateurs et éleveurs en Afrique, et la récupération par les élites locales (en termes de classe, ethnie, caste, sexe, âge…) (Fauroux, 2002). Tontines, *self-help groups* (groupes d'entraide) et microfinance sont systématiquement loués, et tant pis si, lorsqu'on veut aller au-delà de l'hagiographie, on s'aperçoit que certains projets sont menés de façon très bureaucratique, pressurant les débiteurs, faisant parfois travailler les femmes qui composent les groupes d'entraide au profit du mari, et privilégiant une approche micro-économique aux dépens de nécessaires revendications politiques comme dans le cas du Bangladesh (Guérin, Palier, 2005). C'est ainsi également qu'une notion bourdieusienne mais qui a fait florès surtout dans le monde anglo-saxon, celle de « capital social », risque de dépolitiser les processus et de masquer les jeux de pouvoir en idéalisant la société (Harriss, 2001). Les enquêtes fondées sur la participation et l'écoute sont elles-mêmes souvent biaisées, même si, avec le temps, des populations locales qui n'ont longtemps joué le jeu de la « participation » et du processus démocratique que pour plaire aux bailleurs de fonds se trouvent finalement adopter des pratiques longtemps forcées, et des groupes jusque-là dominés acquièrent de l'assurance (Blanc-Pamard, Fauroux, 2004).

- Rien de tout cela n'est propre au monde rural. On pourrait même prétendre que les structures sociales et politiques à la campagne apparaissent souvent plus « simples » qu'en ville, dont la population est enserrée dans de denses réseaux de pouvoirs plus complexes et multiples qu'au village. Les risques de dérive en terme de privatisation des services publics sont aussi plus nombreux en ville étant donné que le « partenariat

---

[10] http://www.fao.org/sd/2001/KN1001a3_en.htm.

public-privé », si recherché actuellement pour la gestion urbaine, n'attire guère d'entreprises pour un monde rural jugé peu rentable et peu solvable. C'est plutôt vers les ONG que les politiques de libéralisation se tournent pour gérer différemment les services publics et les programmes de développement ruraux – ce qui ne va pas toujours sans d'autres problèmes.

- Un autre problème, d'essence plus géographique, est celui de l'intégration spatiale du développement (*Géocarrefour*, 2001). Pour que collaborent les collectivités locales, pour éviter la mosaïque et permettre la création de réseaux à méso-échelle, il convient que demeurent des niveaux de décision supérieurs. Comment faire pour que ceux-ci ne court-circuitent pas les niveaux de base ?

- Entre le risque du tout technologique et le risque de la stagnation : voilà un autre dilemme. D'un côté, l'approche par « paquet » d'intrants demeure bien présente, et pas seulement pour les ONG soucieuses d'une certaine visibilité auprès des donateurs. Cela peut concerner aussi bien des solutions technologiques au sens classique, de type « pompes pour le rallye Paris-Dakar », que des solutions institutionnelles (groupes de microfinance, associations d'usagers) qui toutes, trop « plaquées », risquent de provoquer des phénomènes de rejet. Comment décider que « les gens doivent participer » ? Cela peut se faire par une simple signature en bas d'un projet de loi, comme dans l'État indien d'Andhra Pradesh où en 1997 fut votée sous l'égide de la Banque mondiale la création d'associations d'usagers de l'eau autour de tous les périmètres irrigués de surface ; du jour au lendemain, les agriculteurs devinrent membres de ces quelque 10 000 associations, mais souvent sans le savoir. Ces « *top down reforms with a bottom up approach* » (Reddy, Reddy, 2002 : 532) ont connu certains effets bénéfiques, mais, dans des contextes moins démocratiques comme celui de l'Egypte, elles cachent mal un processus de libéralisation économique doublé d'une reprise en main de l'État qui tend à exclure les microfondiaires (Ayeb, Landy, 2007).

De l'autre côté, les approches beaucoup plus humbles, soucieuses de « faire avec » les ressources locales au plus près des souhaits des populations, risquent d'avoir des résultats peu impressionnants, et du même coup de décourager les acteurs qui s'y sont investis. Un programme spécifique de développement des bassins-versants, l'Andhra Pradesh Rural Livelihoods Programme, financé par la coopération britannique, a pour moteur les « systèmes et savoirs locaux qui permettent de gagner sa vie » (*local livelihood skills and systems*)[11]. La notion même de *livelihood* est en soi-même ambiguë : au sens strict, le mot signifie seulement « gagne-pain ». Le programme n'envisage des

[11] http://www.aplivelihoods.org.

actions que fondées sur « les forces locales et les possibilités existantes ». Étant donné que ces possibilités sont très ténues, les résultats risquent de l'être aussi. N'est-on pas aux limites du cynisme ? Rien n'est prévu pour supprimer ni même réduire les contraintes économiques et sociales qui pèsent sur une utilisation durable de la ressource : structures agraires inégalitaires en termes de propriété foncière, de classes, de castes et de sexe, forte densité de population, etc.

On le voit, entre l'ambition d'un avenir et le respect d'un certain présent, il n'est pas toujours facile de choisir. Aussi les jeux de rôles du programme ComMod organisés dans des communautés rurales de Thaïlande cherchent-ils de plus à plus à inclure les institutions encadrant les villages (administrations, élus) : les décisions prises à la suite de ces jeux par les paysans doivent pouvoir être effectivement mises en œuvre ; il faut pour cela le soutien des pouvoirs aux échelles supérieures (Barnaud et al., à paraître).

Conclusion

L'approche du développement rural s'est globalisée pour appréhender des sphères bien plus larges que la seule agriculture, au profit de l'environnement ou d'autres activités économiques, d'autres acteurs et d'autres espaces. Si la notion de « ruralité » s'est complexifiée, celle de « développement » est carrément remise en cause par beaucoup, et seules des conceptions effectivement participatives peuvent lui redonner sa légitimité. Le retrait de l'État appelé par les politiques libérales est donc une chance à saisir s'il permet une meilleure prise en compte des besoins des populations locales dans un cadre plus démocratique et avec plus d'efficacité. C'est ainsi que les biens publics relevant de l'État (grands périmètres irrigués, forêts protégées…) sont censés (re)devenir au moins partiellement des « biens communs » gérés par les usagers et les populations locales : pour la forêt, c'en serait presque fini désormais de la vieille opposition entre, d'une part le souci de conservation conjugué au productivisme de l'État, et d'autre part les droits d'usage des populations locales. Il semble pourtant que les expériences de *Joint Forest Management* à travers le monde donnent des résultats souvent mitigés, comme en Inde (Sundar et al, 2001).

Depuis la fin des années 1990, on assiste de toute façon à une certaine modération en termes de libéralisme. C'est le retour d'un discours affirmant le rôle de l'État (ou du moins des « pouvoirs publics », ce qui inclut les collectivités de la décentralisation) pour développer les activités non agricoles, renforcer les infrastructures, stabiliser les marchés. La « bonne gouvernance » a remplacé le « moins d'État ». Les politiques publiques agricoles redeviennent un sujet de recherche, signe d'un retour en grâce. Le danger est qu'à l'échelon mondial on en reste à un credo libre-échangiste qui ne tienne pas compte des différences de productivité agricole et des soucis légitimes de souveraineté alimentaire nationaux ; que les nouveaux processus en cours ne tiennent pas les promesses affichées par les tenants de la décentralisation et de la participation à tout crin ; et que les questions rurales connaissent une certaine désaffection face à d'autres problèmes soit plus urgents à court terme, soit plus rentables économiquement ou politiquement.

Bibliographie

Antheaume B., Giraut F., 2005, *Le territoire est mort. Vive les territoires !*, Paris : IRD Éditions.

Arlaud S., Jean Y., Royoux D., 2005, *Rural-urbain. Nouveaux liens, nouvelles frontières*, Rennes : Presses Universitaires de Rennes.

Ashley C., Maxwell S., 2001, « Rethinking Rural Development », *Development Policy Review*, 19, 4: 395-425.

Ayeb H., Landy F., 2007, « Les associations d'usagers de l'eau en Égypte vues de l'Inde : entre gouvernance, démocratie et accès à l'irrigation », *Autrepart*, n° 43.

Barnaud C., Trébuil G., Promburom P., Bousquet F., à paraître, « Évolution institutionnelle de la gestion des ressources renouvelables dans le nord de la Thaïlande montagnard : Apports de la modélisation d'accompagnement », Journées de la SFER, 7-9 nov. 2005, Montpellier, *Économie Rurale.*

Bauchemin C., 2005, « Exclusion urbaine et insertion rurale : les logiques de l'émigration urbaine », in S. Arlaud, Y. Jean, D. Royoux (éd.), *Rural-urbain. Nouveaux liens, nouvelles frontières*, Rennes : Presses Universitaires de Rennes : 439-454.

Blanc-Pamard C. (éd), 1993, *Politiques agricoles et initiatives locales. Adversaires ou partenaires*, Paris : Ed. de l'ORSTOM.

Blanc-Pamard C., Fauroux E., 2004, « L'illusion participative. Exemples ouest-malgaches », *Autrepart*, 31 : 3-19.

Blanc-Pamard C., Milleville P., Grouzis M., Lasry F., Razanaka S., 2005, « Une alliance de disciplines sur une question environnementale : la déforestation en forêt des Mikea (Sud-Ouest de Madagascar », *Natures Sciences Sociétés*, 13 : 7-20.

Bousquet F., Trébuil G., Hardy B. (eds), 2005, *Companion Modeling and Multi-agent Systems for Integrated Natural Resource Management in Asia*, Metro Manila : IRRI.
Bruns B., Meinzen-Dick R.S., 2000, *Negociating Water Rights*, New Delhi : Vistaar.
Capron G., Cortès G., Guétat-Bernard H. (éd), 2005, *Lieux et liens de la mobilité. Ces autres territoires*, Paris : Belin.
Chaléard J.-L., Dubresson A., 1999, *Villes et campagnes dans les pays du Sud*, Paris : Karthala.
Chaléard J.-L., 1996, *Temps des villes, temps des vivres : l'essor du vivrier marchand en Côte d'Ivoire,* Paris : Karthala.
Chaléard J.-L., 2007, « Trente ans…' et après? », in Landy F., Lezy E. , Moreau S. (eds), *Les raisons de la géographie : itinéraires au Sud avec Jean-Pierre Raison*, Paris : Karthala : 193-210.
Chambers R., 1997, *Whose Reality Counts? Putting the Last First*, Londres : Intermediate Technology Publications.
Chauveau J.-P., Cormier-Salem M.C., Mollard E., 1999, *L'innovation en agriculture*, Paris : IRD Éditions.
Cochet H., 2007, « Agriculture comparée et géographie rurale autour du concept de système agraire », *in* Landy F., Lezy E. , Moreau S. (eds), *Les raisons de la géographie : itinéraires au Sud avec Jean-Pierre Raison*, Paris : Karthala : 275-300.
Collignon B., 1996, *Les Inuit, ce qu'ils savent du territoire,* Paris : L'Harmattan.
Cooke B., Kothari U. (eds), 2001, *Participation. The New Tyranny?*, Londres-New York : Zed Books.
Cortès G., 2000, *Partir pour rester. Survie et mutation de sociétés paysannes andines,* Paris : IRD Éditions.
D'Aquino P., 2002, « Le territoire entre espace et pouvoir : pour une planification territoriale ascendante », *L'espace géographique*, 1 : 3-23.
Dufumier M., 1996, *Les projets de développement agricole. Manuel d'expertise*, Paris : Karthala.
Ellis F., Biggs S., 2001, « Evolving Themes in Rural Development 1950s-2000s », *Development Policy Review*, 4, 19: 437-448.
Fauroux E., 2002, *Comprendre une société rurale. Une méthode d'enquête anthropologique appliquée à l'Ouest malgache*, Paris : GRET.
Gastellu J.-M., 1997, « Conclusion : le désordre et le sens », *in* Gastellu J.-M., Marchal J.C. (éd.), *La ruralité dans les pays du Sud à la fin du XXe siècle*, Paris : Ed. de l'ORSTOM : 695-709.
Géocarrefour, 2001, numéro « Les territoires de la participation », 76, 3, Lyon.
Gourou P., 1983, *Terres de bonnes espérances*, Paris : Plon.

Granié A.M., Guétat-Bernard H. (éd.), 2005, *Empreinte et inventivité des femmes dans le développement rural*, Toulouse : Presses universitaires du Mirail.

Griffon M., 2006, *Nourrir la planète*, Paris : Odile Jacob.

Guérin I., Palier J., 2005, *Microfinance Challenges : Empowerment or Disempowerment of the Poor ?*, Pondichéry : Institut Français de Pondichéry.

Haubert M. (éd.), 1999, *L'avenir des paysans. Les mutations des agricultures familiales dans les pays du Sud*, Paris : PUF.

Harriss J., 2001, *Depoliticizing Development. The World Bank and Social Capital*, Delhi: Left Word.

Johnson C., 2004, « Uncommon Ground : The 'Poverty of History' in Common Property Discourse », *Development and Change*, 35, 2: 407-433.

Krishna A. et al., 2003, « Falling into Poverty in a High-Growth State. Escaping Poverty and Becoming Poor in Gujarat Villages », *Economic and Political Weekly*, 5171-79.

Landy F., 1997, « Rationalités et objectifs des exploitations paysannes : un exemple en Inde du Sud », *Revue Tiers-Monde*, 153 : 189-210.

Lavigne-Delville P., Sellamna N., Mathieu M., 2000, *Les enquêtes participatives en débat*, Paris : Karthala.

Lazarev G., Arab M., 2002, *Développement local et communautés rurales. Approches et instruments pour une dynamique de concertation*, Paris : Karthala.

Leclerc-Olive M., Rochegude A., 2001, *Décentralisations : entre dynamiques locales et mondialisations*, Paris, Cahier du GEMDEV, 27.

LeRoy E., Karsenty A., Bertrand A., 1996, *La sécurisation foncière en Afrique. Pour une gestion viable des ressources naturelles*, Paris : Karthala.

Lipton M., 1976, *Why Poor People Stay Poor? Urban Bias in World Development*, Londres : Temple Smith.

Mellor J.W. (éd.), 1995, *Agriculture on the Road to Industrialization,* Baltimore : IFPRI/Johns Hopkins University Press.

Mémento de l'agronome, 2003, Paris : CIRAD-GRET.

Milleville P., 1999, « Technique des agronomes, pratiques des agriculteurs », in Chauveau et al. : 35-42.

Neef A. éd, 2005, *Participatory Approaches for Sustainable Land Use in Southeast Asia*, Bangkok: White Lotus.

Ostrom O., 1990, *Governing the Commons: The Evolution of Institutions for Collective Action,* Cambridge: Cambridge University Press.

Picouet P. et al., 2004, *Environnement et sociétés rurales en mutation*, Paris : IRD Éditions.

Racine J.-L. éd., 1994, *Les attaches de l'homme. Enracinement paysan et logiques migratoires en Inde du Sud*, Paris : Ed. de la MSH.

Raison J.-P., 1993, in C. Choquet et al., *Etat des savoirs sur le développement*, Paris : Karthala : 135-159.

Reddy V.R., Reddy P.P., 2002, « Water Institutions : Is Formalisation the Answer ? A Study of Water User Associations in Andhra Pradesh », *Indian J. of Agr. Economics*, 57, 3 : 519-534.

Rivière-Honegger A., Ruf T. éd., 2004, « La gestion sociale de l'eau », *Territoires en mutations*, 12, Montpellier.

Rossi G., 2000, *L'ingérence écologique. Environnement et développement rural du Nord au Sud*, Paris : CNRS Éditions.

Rossi G., Lavigne Delville P., Narbeburu D. (éd.), 1998, *Sociétés rurales et environnement*, Paris : Karthala.

Scoones I., 1998, « Sustainable Rural Livelihoods. A Framework for Analysis », *IDS Working Paper*, Brighton.

Sundar N., Jeffery R., Thin N., 2001, *Branching out. Joint Forest Management in India,* New Delhi : Oxford University Press.

Tiffen M., Mortimore, M., Gichuki, F. 1994. *More People, less Erosion : Environmental Recovery in Kenya,* Chichester : John Wiley & Sons.

Trebuil G., Hossain M., 2004, *Le riz. Enjeux écologiques et économiques*, Paris : Belin.

Weber E., 1983, *La fin des terroirs. La modernisation de la France rurale (1870-1914),* Paris : Fayard.

L'éducation dans les processus de développement

Michel VERNIERES
Centre d'économie de la Sorbonne - MATISSE
Université Paris 1 Panthéon-Sorbonne

Introduction

Le terme d'éducation utilisé ici désigne l'activité du système d'éducation entendu dans un sens large. En effet, outre le système scolaire initial, le système éducatif comprend les institutions spécialisées dans la formation continue et les entreprises qui forment leurs salariés ou des apprentis. La formation y est entendue au sens de formation professionnelle. Elle est donc une des composantes de l'éducation.

Celle-ci a toujours été signalée comme importante dans les processus et les politiques de développement. Ainsi François Perroux (1962) définit le développement comme le fait de « nourrir, soigner, instruire les hommes ». Mais cette prise en considération est variable et, souvent, assez limitée, même si les manuels français d'économie du développement y ont généralement consacré quelques pages[1]. En fait, la manière dont l'éducation est intégrée dans les analyses et politiques de développement est très révélatrice de la façon dont les processus de développement ont été compris et conduits depuis le début des années 1950.

De plus, il convient de rappeler[2] que les travaux menés en France, et, a fortiori, les politiques françaises de coopération furent très marqués par les terrains où ils se déroulent prioritairement : l'Afrique, sub-saharienne et du Nord et, dans une moindre mesure, l'Amérique latine, l'Asie étant relativement absente.

D'un regard rétrospectif sur le demi-siècle écoulé, trois grandes phases peuvent être très schématiquement dégagées de l'analyse du lien entre éducation et processus de développement.

---

[1] À titre d'exemple : 50 pages sur 1436 (3 Tomes) *in* Guillaumont (1985), 6 sur 451 *in* Grellet (1986), 7 sur 186 *in* Vernières (1991), 5 sur 311 *in* Abdelmalki (1995).

[2] cf. L'état des Savoirs (Choquet et alii, 1993)

Une première phase, du début des années 1950 à la fin des années 1970 est caractérisée par la polarisation des analyses sur la croissance nationale. Certes, dès le début des années 1950, les pionniers du développement (Meier, 1988) invitent à distinguer croissance et développement. Il n'en demeure pas moins que les analyses et les politiques se concentrent sur la première. L'accumulation du capital et le progrès technique, la modernisation des économies, en tout premier lieu via l'industrialisation, sont les variables clés des analyses et des plans de développement qui en découlent. Bon nombre d'entre eux sont issus d'approches analytiques de type Harrod-Domar qui sont des analyses de la croissance. Le plus souvent, une fois reconnue, en préambule, l'importance de l'éducation pour le développement, ces analyses macro-économiques sont conduites, de fait, en formulant implicitement une hypothèse d'homogénéité de la main-d'œuvre. Dès lors, le secteur formation, à l'origine de la qualification de la main-d'œuvre, n'est pas intégré dans ces modèles.

Néanmoins, les planificateurs traitent de l'éducation qui apparaît, a priori, économiquement et socialement indispensable. D'une part, une relation directe tend à être établie entre niveau d'éducation, structure de la population active et niveau de développement. D'autre part, les besoins en éducation sont estimés à partir des prévisions de croissance de l'emploi pour les différents niveaux éducatifs (Correa, 1963).

Une autre démarche de planification de l'éducation, déconnectée des besoins en qualification, part des données démographiques et d'objectifs de scolarisation pour déterminer les besoins financiers et en enseignants.

À partir de la fin des années 1970, les difficultés financières croissantes de bon nombre de pays du Sud inaugurent le temps des ajustements structurels. Utiliser cette expression correspond, par-delà les différences rencontrées d'un pays à l'autre, à une réalité pour les terrains favoris de la recherche française : l'Afrique et l'Amérique latine. Cela n'a guère de sens pour la majorité des pays d'Asie de l'Est aux taux de croissance du PIB particulièrement élevés. Dès lors, l'hétérogénéité des pays du Sud ne cesse de s'accentuer. Pour les pays qui sont soumis à l'ajustement, l'impératif de la réduction des dépenses publiques ne peut que toucher le secteur éducatif, très budgétivore. De plus, les échecs enregistrés, dans ces pays, en matière de croissance invitent à remettre en cause la conviction antérieure relative au rôle des dépenses éducatives comme facteur clé de la croissance. Un certain « désenchantement » à leur égard se fait jour (Guillaumont, 1985).

De ce fait, les instances internationales, en premier lieu la Banque mondiale, mettent l'accent sur la nécessité d'améliorer l'efficacité de ce secteur. C'est le « temps de la gestion », selon une expression de

Philippe Hugon (1993). Les systèmes éducatifs sont analysés comme étant en crise. Tout particulièrement, l'accent est mis sur la nécessité de donner la priorité à l'enseignement primaire au détriment de l'enseignement supérieur, jugé anti-redistributif. La publication de la Banque mondiale de 1988, consacrée à l'éducation en Afrique, est particulièrement représentative de cette démarche.

Au tournant du millénaire, les analyses et les politiques intègrent de plus en plus le phénomène, considéré comme majeur, de la mondialisation. Le développement n'est plus analysé dans un cadre exclusivement national. Lutte contre la pauvreté, bonne gouvernance, objectifs du millénaire sont identifiés en termes généraux à l'échelle mondiale. L'approche des questions éducatives est plus fréquemment globale et conduite à l'échelle mondiale. Mais la mise en œuvre concrète des politiques éducatives et leur analyse suppose également une étude plus fine de la relation entre système éducatif et processus de développement.

I - Une approche mondiale des questions éducatives

Depuis le début des années 1970, l'approche mondiale des questions éducatives se caractérise par la généralisation de l'accent mis sur l'importance de l'éducation et, simultanément, par l'accroissement de l'hétérogénéité des situations éducatives au Sud.

Le renouveau de l'accent mis sur l'importance de l'éducation

L'accent mis, au cours des dix dernières années, sur l'importance de l'éducation provient de l'intérêt conjugué de divers acteurs du développement, qu'il s'agisse des économistes, des organisations internationales ou des firmes multinationales.

Les économistes redécouvrent l'importance de l'éducation

Dès le début des années 1990, les travaux de macroéconomie appliqués aux pays en voie de développement sont très fortement marqués par l'apport des théoriciens de la croissance endogène. Ces « nouvelles théories de la croissance » (Guellec et alii, 1995), se présentent sous la forme de modèles formalisés relativement complexes. Mais, à cause de cette complexité, ces modèles ne prennent en compte qu'une ou deux des sources de la croissance que sont la formation de la main-d'œuvre, l'apprentissage par le travail, le progrès technique, qui est d'ailleurs lui-même lié à la présence de chercheurs compétents, l'innovation. De ce fait, étant donné les interdépendances existant entre ces diverses sources de la croissance, leur portée en termes de conclusion de politique économique est inévitablement limitée. Mais, quelles que soient celles qu'ils retiennent, ils analysent tous les fondements économiques de la formation de ce capital humain. Le modèle canonique utilisé comprend deux secteurs. Le premier est consacré à la production des biens, le second à celle du capital humain.

Ils formalisent ainsi les mécanismes analysés empiriquement depuis longtemps par des auteurs tels que Edward Denison (1974) pour les États-Unis, ou Carré et alii (1972) pour la France. Les travaux récents de macroéconomie attirent donc, à nouveau, l'attention sur l'importance, pour la croissance, de l'accumulation du capital humain, et invitent à souligner le rôle de la formation des hommes dans la croissance des économies. Ils rejoignent dès lors les conclusions, relatives à l'importance du secteur éducatif, issues des résultats obtenus en calculant les taux de rendement des dépenses consacrées à l'éducation à partir d'une approche engendrée par l'œuvre fondatrice de Gary Becker (1964). Ces travaux mettent en lumière les taux de rendement particulièrement élevés de ces dépenses éducatives, tout particulièrement pour l'enseignement primaire (Psacharopoulos, 1973 et 1994). Ainsi, le modèle de croissance endogène de Robert Barro (1991) indique que les taux de scolarisation dans le primaire et le secondaire ont une influence positive sur la croissance.

Cependant, malgré le succès, la mode, de cette approche et le nombre des travaux qui en sont issus, son apport demeure limité (Herrera, 2003) pour l'étude de la relation entre l'éducation, qui demeure envisagée de façon très globale, et le développement réduit au seul phénomène de la croissance. D'où l'intérêt d'études centrées sur un pays particulier. Dans cette optique, des études de cas, comme par exemple celui de la Malaisie (Lafaye de Micheaux, 2001), sont particulièrement utiles. Au cours des trente dernières années du XXe siècle, ce pays a connu une croissance rapide et un fort développement de son système éducatif. Mais, à travers les travaux économétriques réalisés, s'il apparaît que l'élévation du niveau d'éducation a joué un rôle positif dans la croissance, celui-ci fut limité. Une étude plus fine, fondée sur un travail d'enquête dans le district de Penang, montre que cette relation entre croissance et éducation n'est pas simple et mécanique, qu'une multitude de facteurs entrent en jeu et que l'importance de l'éducation, autre que de base, croît avec la complexification des structures économiques.

De plus, les modèles de croissance endogène sont fondés sur les hypothèses de base de l'analyse économique standard, largement dominante aujourd'hui. Leurs résultats peuvent donc très logiquement être contestés si l'on adopte une démarche théorique hétérodoxe telle celle des théoriciens de la régulation (Boyer-Saillard, 1995) ou des conventions (Revue Économique, 1989). Mais ces divers courants, contestataires de la science économique dominante, ne remettent pas en cause, bien au contraire, le rôle décisif de la formation des hommes dans les processus de développement économique. En particulier, le concept de rapport salarial, au cœur de la construction théorique des régulationnistes, attire fortement l'attention sur l'importance de la formation des hommes.

Les organisations internationales se préoccupent des questions éducatives

À partir du début des années 1990, les organisations internationales autres que l'Organisation des Nations unies pour l'éducation, la science et la culture (UNESCO), dont c'est la mission, mettent davantage l'accent sur les questions éducatives. Ceci est important, tant du point de vue financier que pour l'opinion publique internationale.

En termes de financement, l'éducation occupe une place croissante dans les politiques sectorielles de la Banque mondiale. Très faible dans les années 1950 (1 à 2 %), la part des prêts de la Banque destinés à l'éducation est de 4% du total de ses prêts en 1985, et de presque 10 % dans la première moitié des années 1990 (Bourdon, 2002).

À partir de 1990, le Programme des Nations unies pour le développement (PNUD) publie chaque année un « Rapport mondial sur le développement humain » qui, dans sa forme et sa présentation, rappelle celui « sur le développement dans le monde » publié par la Banque mondiale depuis 1978. Ce rapport du PNUD a eu un grand impact médiatique. Son approche en termes de développement humain, fortement inspirée par l'économiste indien et Prix Nobel, Amartya Sen, adopte une définition du développement qui dépasse la vision étroitement économique de la Banque mondiale[3]. Il renoue ainsi avec une démarche personnaliste qui était, en France, celle d'auteurs tels François Perroux (1962). Le développement y est en effet conçu comme un processus d'élargissement des possibilités de choix des individus et d'amélioration de leur niveau de bien-être. C'est là une démarche bien plus compréhensive que celle centrée sur la croissance du revenu ou, même, sur l'amélioration de la satisfaction des besoins essentiels. La diffusion d'une telle conception du développement ne peut qu'inviter à placer l'éducation au cœur de ce processus en tant que vecteur essentiel de la capacité des hommes à prendre en main leur destin.

---

[3] Pour une présentation d'ensemble d'une approche en termes de développement humain cf. Vernières (2003).

Notion complexe, le développement humain ne peut guère, a priori, être exprimé sous la forme d'un indicateur synthétique. Pourtant les auteurs du rapport du PNUD, tout en étant conscients de ses nombreuses limites, ont mis au point un Indicateur du développement humain (IDH). En effet, nos sociétés contemporaines semblent fascinées par le chiffre. Les économistes, eux, utilisent cet IDH dans leurs travaux statistiques et leurs modèles, en concurrence ou en complément de l'indicateur, encore plus imparfait, mais jusque-là hégémonique, qu'est le produit national brut (PNB). Si l'IDH incorpore ce dernier, il ne représente plus que le tiers de la valeur de cet indicateur. Les deux autres tiers sont calculés, à poids égal, à partir de l'espérance de vie et du niveau d'éducation des populations concernées. L'éducation, par l'intermédiaire du taux brut de scolarisation du primaire au supérieur et du taux d'alphabétisation des plus de 15 ans, y est donc clairement identifiée comme un élément clé de tout processus de développement.

Les rencontres internationales de Jomtien en 1990 et du Forum sur l'éducation de Dakar en 2000 ont également porté sur la place publique l'objectif essentiel de l'éducation pour tous. Parmi les objectifs du millénaire, solennellement adoptés par les Nations unies en 2000, l'objectif n° 2 est relatif à l'accès de tous à un cycle complet d'éducation primaire d'ici 2015.

La formation, un enjeu stratégique pour les firmes multinationales

La formation est perçue comme un enjeu stratégique par les firmes dominant les marchés mondiaux. En effet, dans la majorité des cas, les chefs des petites entreprises, formelles ou informelles, des pays en développement n'ont ni les moyens financiers suffisants ni un horizon économique assez long pour investir dans la formation de leurs employés. Par contre, la qualification de leur main-d'œuvre et la maîtrise des processus de recherche sont les atouts majeurs des firmes multinationales dans leurs affrontements à l'échelle mondiale.

Dès lors, les politiques de formation des entreprises, comme celles de recherche, deviennent des pièces essentielles de leurs stratégies. Leurs pratiques de formation, tout comme leurs politiques de recrutement de cadres, contribuent, pour les qualifications les plus élevées, à la constitution d'un marché international du travail qui concerne aussi bien les ressortissants des pays du Nord que du Sud. Il s'en suit que des systèmes de certification internationale des qualifications s'avèrent nécessaires pour assurer la fluidité de cette main-d'œuvre et la transparence sur un tel marché international. Le cas des Masters de business administration (MBA) est particulièrement représentatif de cette tendance. Dans le même temps, progresse la mise en place d'un marché mondial de l'éducation supérieure où s'investissent des capitaux privés internationaux. Dès lors, dans un tel contexte, l'éducation apparaît bien comme un secteur essentiel pour les firmes multinationales et les États qui les appuient.

Pour toutes ces raisons, l'importance du rôle des systèmes éducatifs pour le développement se renforce et l'intérêt de leur analyse augmente. Mais, leur diversité de maturité et de qualité tend à renforcer l'hétérogénéité, par ailleurs croissante, des pays du Sud.

L'accroissement de l'hétérogénéité des situations éducatives au Sud

En matière d'éducation, comme pour bon nombre d'autres aspects économiques et sociaux des sociétés contemporaines, la mondialisation s'accompagne d'une hétérogénéité croissante entre les pays et, pour les plus grands d'entre eux, entre les régions. Celle-ci se manifeste aussi bien quant aux niveaux de scolarisation réalisés que dans l'accès aux technologies nouvelles ou dans l'inégale position par rapport au marché mondial du travail qualifié.

Une grande hétérogénéité dans l'accès à l'éducation

De nombreux pays n'ont pas encore pu atteindre l'objectif de scolarisation primaire généralisée. En 2000, quarante d'entre eux avaient un taux de scolarisation brut dans le primaire inférieur à 95 % (UNESCO, 2003). C'est là un handicap grave pour leur développement. Y accorder la priorité à l'enseignement primaire, prônée par les organisations internationales, s'impose car c'est sur le socle des connaissances de base que peuvent être, au cours de la vie professionnelle et citoyenne, acquis d'indispensables compléments de formation. Cette situation implique, outre un effort financier supplémentaire, de trouver des politiques adaptées d'éducation qui tiennent compte des structures productives du pays considéré.

L'expérience de cinq pays d'Asie (Corée du sud, Hong-Kong, Indonésie, Singapour, Taïwan), étudiée par le Centre de développement de l'Organisation pour la coopération et le développement économiques (OCDE) (Salomé, 1988) montre bien l'existence d'étapes, dans l'évolution des systèmes de formation, en fonction des structures productives des pays.

La première étape correspond à l'existence d'un système productif peu complexe. Les besoins en programmes organisés de formation en cours d'emploi ont été réduits et le développement de l'enseignement technique initial ne s'est pas imposé. La priorité a été accordée à la formation générale de base.

La seconde étape, marquée par une diversification de l'appareil productif et l'apparition de nouvelles industries plus complexes, a exigé un investissement spécifique dans de nouvelles qualifications. Des programmes élaborés de formation en cours d'emploi ou de post-formation initiale ont été réalisés. Dans ces domaines, les pouvoirs publics sont intervenus, en Corée, à Singapour et à Taiwan, au cours des années 1970 et au début des années 1980.

La troisième étape, que ces pays ont franchie au début des années 1990, se caractérise, en particulier, par l'existence d'un système de formation continue très développé. Du fait de la grande diversité des structures productives d'un pays à l'autre, il n'est donc pas surprenant de constater une grande hétérogénéité de leurs systèmes éducatifs.

Une grande hétérogénéité dans l'accès aux connaissances de pointe

La société mondiale est analysée comme une société où savoir et connaissance sont les clés du développement, en particulier par la maîtrise des nouvelles technologies de l'information, de la communication et des biotechnologies. Or « les règles de la mondialisation ont déclenché une course à la propriété du savoir » (PNUD, 1999 : 57). De par la logique même du fonctionnement des marchés, l'accès des plus démunis à ces technologies[4] tend à devenir de plus en plus difficile comme le montre le cas extrême de l'accès à des traitements médicaux essentiels, tels ceux de lutte contre le sida. Appropriation privée et concurrence ne peuvent qu'accentuer l'écart considérable existant entre les pays les plus riches et les plus pauvres en raison de leur faible dotation en travailleurs qualifiés. À la fin des années 1990, le taux brut d'inscription dans le supérieur était de quelque 10% dans les pays en développement, 2 % pour les Pays les moins avancés (PMA) et des deux tiers des classes d'âge correspondantes dans les pays dits développés (PNUD, 2001). De tels écarts dans la formation de haut niveau, joints à leurs faibles capacités financières, ont d'inévitables conséquences sur les capacités de recherche des pays du Sud. Ceux-ci ont

---

[4] Même les écarts d'accès aux technologies anciennes, électricité, téléphone, demeurent considérables.

besoin « d'acquérir les compétences nécessaires pour rechercher les technologies appropriées, les choisir, les assimiler et les adapter » (Banque mondiale, 1999 : 39). La recherche est désormais devenue décisive pour l'adaptation des technologies nouvelles aux caractéristiques propres de chaque territoire et donc pour leur développement.

Aussi, quelles que soient les ressources financières et humaines d'un pays, il n'est plus possible de considérer l'enseignement supérieur et la recherche comme un luxe de pays riche. Même dans les pays dont l'objectif d'éducation primaire pour tous n'est pas atteint, l'élaboration d'une politique adaptée de l'enseignement supérieur et de la recherche s'impose et cela d'autant plus que se pose le problème dit de la fuite des cerveaux.

Des positions inégales sur le marché mondial du travail qualifié

Ce n'est pas un hasard si la question de la fuite des cerveaux, ou émigration vers le Nord des travailleurs qualifiés des pays du Sud, analysée dans les années 1960 (Watanabe, 1967) revient, en ce début de XXIe siècle, parmi les préoccupations des analystes des migrations (Mouhoud, 2005). Pour eux, les migrations de ce type sont une des composantes importantes de la mondialisation. L'émergence d'une société de la connaissance renforce la demande des pays du Nord. Depuis le milieu des années 1990, la mobilité internationale des travailleurs hautement qualifiés augmente. Dans l'ensemble, il est observé (Dumont, 2005) que les grands pays du Sud (Chine, Inde, Brésil…) ont une faible proportion de leurs travailleurs de ce niveau présents dans les pays de l'OCDE (moins de 3 %). Au contraire, les petits pays des Caraïbes et d'Afrique atteignent très souvent des taux allant de 25 à 70 % !

Quelles que soient les causes personnelles de ces départs, qui sont loin d'être toujours issues de considérations financières, leur impact sur les pays d'origine ne peut être de même nature selon leur ampleur relative. Certes, ces conséquences sont très diverses et complexes à analyser. En l'absence d'emplois disponibles dans le pays de départ, le coût d'opportunité de celui-ci est nul et un retour ultérieur, avec plus d'expérience et donc une qualification supérieure, peut être favorable au développement, ainsi que le suggère l'exemple de pays comme Taiwan. Mais ce type de raisonnement pose, du fait des différences dans les structures productives, la question d'une absence potentielle d'utilisation sur place des qualifications acquises à l'extérieur en raison de leur inadaptation aux besoins du pays. Cette immigration massive questionne également la pertinence de la politique éducative qui a conduit à l'acquisition de ces qualifications inutilisées sur place. Elle invite donc à s'interroger sur la nature de la relation entre le système universitaire et les structures productives du pays ce qui suppose une analyse fine, au niveau de chaque pays et région, de leurs systèmes éducatifs.

II – L'indispensable analyse des relations entre systèmes éducatifs et processus de développement

Considérée comme un investissement de la société pour améliorer la qualité de sa population, tant à des fins productives d'accroissement de sa qualification que sociales pour accroître sa capacité à prendre en main son destin, l'éducation a un coût. Les dépenses éducatives doivent donc être optimisées au regard des objectifs de développement que se fixe chaque collectivité. Analyses et politiques éducatives ne peuvent pas être déconnectées des processus concrets de développement de chaque pays. Plus les ressources disponibles sont rares, plus leur affectation optimale est essentielle pour le développement. Dans cette perspective les analyses que l'on peut qualifier de traditionnelles de l'économie de l'éducation, malgré leurs limites, demeurent utiles afin de permettre de souligner les ambiguïtés des politiques internationales d'aide à l'éducation.

Limites et apports des analyses traditionnelles de l'économie de l'éducation

Deux types d'indicateurs d'efficience peuvent être utilisés, les indicateurs internes et externes. Les indicateurs internes portent, comme leur nom le suggère sur le fonctionnement interne du système éducatif. Permet-il, au moindre coût, aux élèves d'obtenir les acquis souhaités ? Les indicateurs externes, eux, s'efforcent de mesurer « l'efficacité » du lien entre système de formation et système plus directement productif.

La difficile recherche d'indicateurs d'efficience interne de l'éducation

Les décideurs internationaux en matière éducative, et en tout premier lieu la Banque mondiale, appuient, pour une bonne part, leurs décisions de politique éducative sur des indicateurs d'efficience et des modèles d'analyse construits à partir de fonctions de production scolaire. Mais, les insuffisances de ces instruments invitent à s'interroger sur les conclusions qui en sont tirées (Rasera, 2005).

Les taux de redoublement ne sont pas de bons indicateurs car ils n'indiquent rien sur l'acquis des élèves, certains systèmes éducatifs y ayant très peu recours par principe. Les abandons en cours d'études échappent à cette critique et fournissent de premières indications. Le rapport entre l'espérance de vie scolaire et la part des dépenses publiques d'éducation dans le PIB compte parmi les indicateurs d'efficience les plus fréquemment utilisés (Orivel, 1999).

Des études comparatives internationales fondées sur cet indicateur, il ressort généralement que l'Afrique sub-saharienne est particulièrement mal classée, essentiellement parce que la rémunération des enseignants, mesurée en points de PIB par habitant, y est plus élevée qu'ailleurs. Une conclusion politique qui en est généralement tirée est qu'il convient de le réduire par divers moyens : stagnation des traitements, recrutement d'enseignants non-fonctionnaires, enseignants moins formés… Mais ces mesures ne tiennent pas compte de leurs conséquences à long terme. Ainsi la dévalorisation de la profession enseignante qu'elles entraînent nuit au recrutement de bons étudiants. Elles démotivent et poussent à l'absentéisme les enseignants en poste.

De plus, avant de conclure trop rapidement à l'inefficience de tel ou tel système éducatif, il convient de tenir compte des limites de ce type d'indicateurs. Le recours au PIB pose divers problèmes. Certains sont classiques. Ainsi, les résultats ne sont pas les mêmes selon qu'il est calculé à partir des taux de change ou en parité de pouvoir d'achat. D'autres renvoient à sa signification même. Pourquoi suppose-t-on que le niveau de l'indicateur doit être le même dans les pays les plus pauvres et dans les autres ? L'enseignement y est une priorité absolue pour le développement. Or le coût relatif des équipements, des manuels scolaires est plus grand dans un pays plus pauvre. Seules les dépenses publiques sont prises en compte, mais l'efficience est fonction de l'ensemble des dépenses, privées comprises, qui peuvent varier d'un pays à l'autre.

Le recours à des fonctions de production scolaire, généralement écrites sous forme linéaire, pose également beaucoup d'interrogations méthodologiques. Elles relient les performances des élèves d'un échantillon, estimées par des tests, à une série de variables caractéristiques des élèves, des enseignants et des classes. L'élaboration de tels tests internationaux de connaissance, dont les premiers remontent au début des années 1960, est particulièrement complexe et délicate (Orivel, 1999). Mesure-t-on des connaissances et lesquelles ou d'autres qualités ? Vu leur hétérogénéité, l'échantillon d'école retenu est-il représentatif de l'ensemble ?

Les diverses études réalisées aboutissent très souvent à des résultats peu significatifs, significativité très fortement conditionnée par la taille de l'échantillon. Ces modèles ont un pouvoir d'explication réduit car ils n'expliquent qu'une faible part de la variance constatée. De tous ces travaux, il se déduit qu'aucun des facteurs analysés n'a un impact fort et significatif et cela en raison des interrelations qui existent entre eux. De fait, les fonctions de production scolaire rendent mal compte de la complexité du phénomène éducatif. Un grand nombre de facteurs interviennent de façon complémentaire, la défaillance de l'un d'eux suffit à diminuer l'efficience des autres. En particulier, il convient de ne pas négliger le rôle de la gestion administrative du système éducatif, celui de l'encadrement des enseignants ou encore le choix de la langue utilisée pour assurer l'alphabétisation.

L'évaluation externe : la question de l'insertion professionnelle

L'évaluation de l'efficience externe des systèmes éducatifs suppose de disposer d'information sur le devenir des jeunes à la sortie de leur scolarité et que leurs parcours soient suivis sur une période de temps suffisamment longue, au moins trois ans. Dans la grande majorité des pays du Sud, il n'existe pas de dispositifs d'observation du marché du travail qui analyse simultanément l'évolution des structures d'emploi, du système de formation et de l'insertion professionnelle des jeunes. C'est là un réel handicap non seulement pour évaluer l'efficience des systèmes éducatifs, mais aussi et surtout pour la conduite des politiques, indissociables, d'emploi et de formation. Au mieux sont réalisées des enquêtes ponctuelles.

Les quelques travaux effectués dans les pays du Sud, joints à l'expertise française dont dispose le Céreq[5], permettent de formuler quelques remarques méthodologiques qui invitent à souligner la difficulté de telles enquêtes dans des pays dont l'administration du système scolaire est fragile (Fourcade et alii, 1994). En premier lieu, il s'agit d'identifier les sortants, ce qui suppose que les établissements scolaires disposent de listes à jour de leurs inscrits. La conception du questionnaire, outre son adaptation à la ou aux langues locales, implique une analyse préalable des modalités précises d'emploi dans le pays, afin d'identifier correctement les activités informelles et les emplois multiples. De même, le choix du type d'enquête, (postale, téléphonique, en face à face) ne peut être effectué qu'en fonction des réalités locales concrètes. Dans ces conditions, difficiles à réunir de façon satisfaisante, il apparaît clairement que l'évaluation externe des systèmes éducatifs est rarement assez pertinente pour en déduire des conclusions péremptoires sur les politiques à suivre, par exemple sur l'excès ou l'insuffisance de formation de diplômés du supérieur de telle ou telle branche ou encore sur les formations professionnelles à privilégier.

Apparaît donc ainsi tout l'intérêt pour les pouvoirs publics de mettre en place un dispositif régionalisé d'observation du marché du

---

[5] Centre d'études et de recherche sur l'emploi et les qualifications qui conduit régulièrement ce type d'enquêtes en France.

travail qui analyse simultanément l'évolution des structures d'emploi, du système de formation et de l'insertion professionnelle des jeunes. Un tel dispositif intégré repose sur des enquêtes légères mais régulières. Il permet d'informer et de sensibiliser les agents économiques, tout en rassemblant les informations indispensables à la conduite de la politique nationale de formation.

Pour être efficace, cette politique de formation doit être en cohérence avec la politique de développement économique dans son ensemble. Il convient donc d'en assurer l'intégration dans la programmation des investissements plus directement productifs. Il s'agit d'assurer une bonne coordination des différentes structures administratives chargées de l'éducation, de la formation et de la politique de développement. Comme pour les autres investissements, les ressources publiques limitées doivent être affectées aux segments du système de formation jugés prioritaires, les arbitrages privés des entreprises et des ménages assurant le financement des actions moins prioritaires. C'est donc bien à partir des objectifs propres à chaque pays, et en cohérence avec leur modèle de développement issu de leur histoire et de leur culture, que chacun d'eux doit élaborer une politique éducative spécifique. La coopération internationale peut aider à la mener à bien à condition de lever un certain nombre d'ambiguïtés.

Les ambiguïtés des politiques internationales d'aide à l'éducation

L'aide en matière d'éducation représente, selon les données du Comité d'aide au développement de l'OCDE, une part importante, de l'ordre de 10 %, de l'ensemble de l'aide bilatérale. Mais, c'est désormais la Banque mondiale qui joue un rôle essentiel dans l'aide internationale au secteur éducatif en tant que premier financeur multilatéral, mais aussi grâce à sa capacité analytique d'influence sur les autres acteurs de la coopération internationale. Elle invite à reconnaître l'importance de l'éducation dans la lutte contre la pauvreté en s'appuyant principalement sur des arguments fondés sur l'approche du capital humain de Gary Becker. Par l'éducation, il s'agit d'accroître la quantité et le rendement des actifs dont disposent les plus pauvres (Banque mondiale, 2001). Le rôle du privé, en premier lieu quant au financement, est valorisé, qu'il s'agisse de l'effort des familles pour l'écolage ou de celui des entreprises pour la formation professionnelle. Confronté à ce qui est analysé, tout à la fois, comme les défaillances de l'État et du marché, l'accent est mis sur la nécessité de la décentralisation et de la participation des communautés de base et ONG, la gestion décentralisée par les collectivités territoriales étant considérée comme plus efficace que celle des gouvernements centraux.

Une place du privé difficile à cerner

Malgré les efforts pour intégrer les services d'éducation dans les accords de libre commerce négociés à l'Organisation mondiale du commerce (OMC), un double obstacle limite la transformation de l'éducation en produit commercial standard. L'ensemble des activités d'enseignement ne présente pas la même rentabilité potentielle et, donc, le même pouvoir d'attraction vis-à-vis de capitaux marchands. De plus, l'éducation a une fonction sociale et citoyenne qui peut difficilement être prise en charge par le privé marchand. Dès lors tend à se développer une forme d'hybridation (Vinokur, 2002) du système éducatif qui mélange, sans toujours beaucoup de clarté, actions publique et privée. Les formes en sont multiples qu'il s'agisse de la vente de prestations par des établissements publics, des bons publics d'éducation (« vouchers » en anglais) ou du soutien scolaire privé (Bray, 1999), particulièrement répandu dans les pays du Sud où se dégrade le système d'enseignement public et où existe une forte sélection pour la poursuite des études. Du fait de cette hybridation, l'étude de la place du privé en matière éducative pose toute une série de problèmes analytiques.

En premier lieu, l'opposition entre privé et public n'est pas simple et ne saurait en rien être dichotomique. Les établissements scolaires peuvent être :

- entièrement gérés et financés par l'État ou/et les collectivités publiques ;
- propriété privée mais financés, en tout ou partie, par les collectivités publiques (subventions, paiement des salaires des enseignants) ;
- gérés comme des entreprises privées, génératrices de profits ;
- gérés selon les principes du secteur non marchand ;
- financés par les parents, pour tout ou partie de la scolarité (bourses privées ou publiques).

Plus que le financement, la direction et la propriété de l'établissement apparaissent comme des critères essentiels de distinction entre public et privé. Mais, à l'intérieur de ce dernier, des différences sensibles peuvent être relevées entre écoles religieuses, ethniques, d'initiative locale non marchande (plus fréquentes en zones rurales), marchandes (plus fréquentes en ville). En fait, les situations sont très variables selon les pays, même au sein d'un ensemble régional comme l'Afrique sub-saharienne (Kitaev, 1999), aussi bien quant aux effectifs du privé que quant à la part respective de chacune de ces catégories. L'explication de cette diversité est à rechercher dans l'histoire, tant coloniale que depuis les indépendances, des systèmes éducatifs nationaux. Mais si, dans les pays ayant assuré une scolarisation de base généralisée, la demande pour le privé est le résultat d'un choix des parents, dans les autres pays, cette demande est, pour l'essentiel, liée à l'insuffisance de l'offre publique.

Du fait de cette insuffisance de l'offre publique, les analyses comparatives de l'efficience du public et du privé sont très délicates et les résultats des études contradictoires. De plus, se posent de difficiles, mais classiques, problèmes méthodologiques relatifs à la mesure de l'output scolaire, à la prise en compte des caractéristiques des élèves, de la qualification des enseignants, du niveau de formation des parents et cela afin d'éviter de graves biais de sélection. Dès lors, même des études reposant sur des enquêtes fines concernant un pays et des traitements économétriques adéquats concluent très prudemment. Ainsi, par exemple, à Madagascar (Arestoff, 2001), le privé a progressé dans le temps. Mais, son avantage apparent, en termes de réussite scolaire, montre surtout qu'une forte diminution du financement des écoles publiques a un impact très rapide sur leur qualité. La progression du privé n'est donc pas nécessairement une preuve de sa meilleure qualité, mais le signe de l'insuffisance de l'effort public. Or, la diminution du financement public tend à réduire l'accès à l'école pour les catégories à plus faible revenu et donc à renforcer les inégalités.

L'essentiel de ces analyses porte sur le primaire pour lequel il est désormais admis, c'est là un axe majeur de la politique préconisée par la Banque mondiale, qu'il doit être prioritaire pour les politiques publiques. Une telle unanimité ne se retrouve pas en ce qui concerne la formation professionnelle.

Les limites de l'intervention du privé dans la formation professionnelle

La formation professionnelle implique les divers sous-ensembles du système éducatif, écoles et activités de formation interprofessionnelles ou d'entreprises. Elle concerne aussi bien la formation initiale que continue, le niveau secondaire que supérieur. Vu son impact direct sur la production, le recours au financement privé de la formation professionnelle apparaît logique. D'ailleurs, l'apport financier des familles et des entreprises est une réalité. Mais, celui-ci ne sera important que si les politiques en matière d'emploi et de revenus laissent anticiper aux agents privés une rentabilité satisfaisante de leur investissement en matière de formation. Il serait donc illusoire de croire qu'un désengagement éventuel des pouvoirs publics en matière de formation serait compensé par les entreprises.

En fait, plus les transformations des structures d'emploi et les évolutions techniques sont rapides, ce qui est le cas de notre société mondiale fondée sur le savoir, plus l'horizon économique de la formation s'allonge et son coût est élevé, le tout dans un univers économique plus incertain. Former des travailleurs est une prise de risque élevée, car la rentabilité de cet investissement humain n'apparaît qu'à long terme. Or, l'entreprise, surtout de petite taille, est confrontée au risque d'erreur dans le choix des formations par rapport à ses propres besoins et au départ possible du salarié formé.

Les entreprises ne sont pas des institutions de formation. Elles ne contribuent à cette dernière que selon les besoins de qualification qu'elles anticipent. Or, pour un grand nombre d'entre elles, tout particulièrement les plus petites, l'horizon économique est court. Ce constat explique l'absence ou la faiblesse de leurs dépenses pour une formation en cours d'emploi organisée et identifiable[6]. Le plus souvent, elles ne font que donner un complément de formation sur le tas qui permet d'adapter la main-d'œuvre nouvellement embauchée aux postes de travail qu'elle doit occuper. De plus, le maître d'apprentissage ne peut que transmettre les connaissances qu'il a lui même acquises. Celles-ci ne sont pas nécessairement les plus adaptées aux besoins de développement du secteur considéré.

Dès lors, les entrepreneurs sont rationnellement conduits à un investissement sous-optimum du point de vue du développement économique qui est un processus de long terme. Ainsi, la formation professionnelle apparaît comme un bien collectif, ce qui suppose l'intervention des pouvoirs publics pour en assurer une production optimale. Certes, cette intervention doit, pour être efficace, remplir diverses conditions.

En premier lieu, l'État doit organiser la coordination des structures administratives. Les questions de formation professionnelle relèvent, en effet le plus souvent, d'administrations différentes, dépendant de ministères sectoriels, de l'éducation, du travail, de traditions diversifiées, et jaloux de leurs prérogatives.

En ce qui concerne la formation en cours d'emploi, il apparaît à l'expérience (Atchoarena, 1996) que l'institution de mesures réglementaires contraignantes, généralement liées à l'existence d'une taxe spécifique, peut jouer un rôle non négligeable d'incitation à la formation. Mais une simple application bureaucratique de ces règles ne peut avoir d'effet significatif. Celui-ci n'aura lieu que si les représentants des

[6] Il ne s'agit pas ici de la formation par l'expérience (cf. par exemple Nordman, 2000) qui n'est pas une production du système éducatif, même selon la définition large retenue dans ce chapitre.

employeurs et des salariés sont associés à la définition, à la mise en œuvre et au contrôle de ces mesures. Il en est exactement de même pour toute politique conduite en faveur de l'apprentissage.

La décentralisation des systèmes éducatifs

La décentralisation des systèmes éducatifs est une des conséquences logique de tout processus de privatisation qui en est l'une des faces possibles. Mais, cette décentralisation peut relever d'un processus interne au service public par transfert de responsabilité de l'État aux collectivités territoriales quelles qu'elles soient. Un tel transfert n'est pas sans poser de nombreux problèmes (McGinn, 1999) qui méritent d'être analysés avec prudence et rigueur sans considérer, a priori, que c'est la seule solution aux insuffisances constatées par la Banque mondiale tant de l'État que du marché.

Le passage à un système décentralisé se traduit, par définition, par un changement des détenteurs du pouvoir de décision. De ce fait est posée la question de leur légitimité politique. L'hypothèse implicite est celle d'un fonctionnement plus démocratique au niveau local que national ce qui est, pour le moins, à vérifier cas par cas. La décentralisation n'entraîne pas automatiquement une progression de la participation de la population. Le pouvoir peut être confisqué par quelques notables ou par un groupe dominant, en cas de communautés hétérogènes aux besoins et traditions culturelles différentes. De même qu'au niveau national, et peut-être plus encore, ce pouvoir peut, de fait, être accaparé par les professionnels. Les modalités des politiques de décentralisation sont donc à analyser et à concevoir en fonction de la nature précise du système social du pays ou de la région considérés.

Cette décentralisation peut ne concerner que certains des nombreux aspects du système éducatif. La définition de ses missions est un acte éminemment politique. La qualité de ses modalités d'organisation est fonction de la capacité des administrateurs locaux. Le recrutement local des enseignants implique d'en identifier correctement la compétence et les risques de clientélisme ou népotisme y semblent plus grands qu'à l'échelle nationale. La population locale n'est pas forcément apte à expliciter clairement ses attentes en matière de contenu.

Le recours à des ONG, très souvent suggéré et réalisé, ne résout pas ces questions. Le rejet d'une approche nationale tend à favoriser une forte différenciation de l'offre d'une zone à l'autre en raison de l'hétérogénéité des divers acteurs. La multiplication de programmes spécifiques d'appui aux plus défavorisés tend souvent, comme par exemple au Guatemala (Mulot, 2001), à renforcer la segmentation du système éducatif, en n'intégrant pas la nécessité du passage d'un segment à l'autre. De plus, ils sont généralement gérés par des instances administratives différentes qui ont, chacune, des critères distincts.

Il apparaît donc que la décentralisation ne saurait, a priori, être une politique intangible et systématiquement bénéfique. Pour respecter les principes d'équité généralement mis en avant, elle suppose, de la part de l'État une action importante et pertinente de contrôle, de coordination et de péréquation.

Conclusion

En ce début de troisième millénaire, l'importance de l'éducation est fortement soulignée par les principaux acteurs économiques de la mondialisation, car elle est un élément clé au sein d'une économie mondiale fondée sur le savoir. Mais, en ce domaine comme en bien d'autres, les inégalités entre pays, régions et catégories de populations tendent à s'aggraver. Pour les pays du Sud, certes de plus en plus hétérogènes, enrayer cette tendance est un défi fondamental pour l'avenir. Les économistes ont à apporter leur contribution à cette tâche décisive en développant et affinant leurs analyses. C'est la raison pour laquelle, dans ce chapitre, l'accent a été mis sur les questions analytiques et de méthode posées par l'approche économique des questions éducatives. En effet, la pensée économique dominante, reposant sur une conception limitée de l'économie politique, est utilisée par de nombreux décideurs comme référentiel pour mettre en place leurs politiques éducatives. Celles-ci encouragent le recours au privé et la décentralisation. Or, les limites des analyses qui les justifient ne permettent pas, bien au contraire, de démontrer le bien fondé de ces mesures. Sur ces questions essentielles, les économistes, en étroit dialogue avec les spécialistes des autres sciences sociales, ont un vaste champ de recherche à labourer pour contribuer à mettre en place des politiques éducatives favorables au développement humain.

Bibliographie

Abdelmalki L., Mundler P., 1995, *Économie du développement*, Paris : Hachette.

Arestoff F., Bommier A., 2001, « Efficacité relative des écoles publiques et privées à Madagascar », *Revue d'économie du développement*, n°3.

Atchoarena D., 1996, *Financing Vocational Education: Concepts, Examples and Tendencies,* Paris : IIPE, UNESCO.

Banque mondiale, 1988, *Education in Sub-Saharan Africa,* Washington D.C.

Banque mondiale, 1999, « Le savoir au service du développement », *Rapport sur le développement dans le monde*, Paris : Eska.

Banque mondiale, 2001, *Rapport sur le développement dans le monde*, Washington.

Barro R.J., 1991, « Economic Grothw in a Cross Section of Country », *Quaterly Journal of Economics n°106.*

Becker G.S., 1964, *Human Capital,* New York: Columbia University Press.

Bourdon J., 2002, « La Banque mondiale et l'éducation », *Économies et Sociétés,* Série Développement, n°3-4.

Boyer R., Saillard P. (dir.), 1995, *Théorie de la régulation. L'état des savoirs*, Paris : La Découverte.

Bray M., 1999, *The Shadow Education System: Private Tutoring and its Implications for Planners*, Paris : IIPE, UNESCO.

Carré J.J., Dubois P., Malinvaud E. 1972, *La croissance française,* Paris : Seuil.

Choquet C., Dollfus O., Le Roy E. et Vernières M.(eds), 1993, *État des savoirs sur le développement*, Paris : Karthala,.

Correa H., 1963, *The Economics of Human Resources*, Amsterdam: North Holland Pg.

Denison E., 1974, *Accounting for United States Economic Growth 1929-1969,* Washington D.C.: Brookings Institution.

Dumont J.C., 2005, « Les migrations internationales des travailleurs qualifiés : des bénéfices à partager », *in* Mouhoud (dir), *Les nouvelles migrations,* Paris : Universalis.

Fourcade B., Paul J.J., Vernières M., 1994, « L'insertion professionnelle dans les pays en développement : concepts, résultats, problèmes méthodologiques », *Revue Tiers-Monde.*

Guellec D., Ralle P., 1995, *Les nouvelles théories de la croissance*, Paris : La Découverte.

Guillaumont P., 1985, *Économie du développement,* (3 Tomes), Paris : PUF.

Grellet G., 1986, *Structures et stratégies du développement économique*, Paris: PUF.
Herrera J., 2003, « Qu'apporte la théorie de la croissance endogène ? », *in* A. Insel (dir.), *La Turquie et le développement*, Paris : L'Harmattan.
Hugon Ph., 1993, « Les trois temps de la pensée francophone en économie du développement » *in* Choquet et alii (1993).
Kitaev I., 1999, *Private Education in Sub-Saharan Africa*, Paris: IIPE, UNESCO
Lafaye de Micheaux E., 2001, « Education et croissance en Malaisie, étude d'un lien fragile », *Revue Internationale d'Education.*
McGinn N., Welsh T., 1999, *Decentralisation of Education: why,when,what and how ?,* Paris : IIPE, UNESCO.
Mouhoud E.M. (dir), 2005, *Les nouvelles migrations,* Paris : Universalis.
Meier (éd), 1988, *Les pionniers du développement*, Paris : Economica,.
Mulot E., 2001, « De la compensation à la réforme sociale : les politiques éducatives de lutte contre la pauvreté au Guatemala », *Revue Tiers-Monde.*
Nordman C., 2000, « Formation sur le tas et diffusion du savoir au Maroc et à Maurice », *Revue d'économie du développement.*
Orivel E., Orivel F., 1999, « Les comparaisons internationales de l'efficience interne des systèmes éducatifs » in *Administrer, gérer, évaluer les systèmes éducatifs,* Paul J.J. (dir.), Paris : ESF.
Perroux F., 1962, *L'économie des jeunes nations*, Paris, PUF.
PNUD, 1999, *Rapport mondial sur le développement humain,* Bruxelles, De Boeck Université.
PNUD, 2001, «Mettre les nouvelles technologies au service du développement humain», *Rapport mondial sur le développement humain*, Bruxelles : De Boeck Université.
Psacharopoulos G., 1973, *Return to Education, an International Comparison,* Amsterdam, Elsevier.
Psacharopoulos G., 1994, « Returns to Investment in Education: a Global Update », *World Development.*
Rasera J.B., 2005, « L'éducation en Afrique sub-saharienne. Les indicateurs d'efficience et leur utilisation politique », *Revue Tiers-Monde.*
Revue économique, 1989, *L'économie des conventions,* Numéro spécial.
Salomé B. et Charmes J., 1988, *La formation en cours d'emploi : cinq expériences asiatiques*, Paris : OCDE.
Tinbergen J., Correa H., 1962, « Quantitative Adaptation of Education to Accelerated Growth », *Kyklos.*
UNESCO, 2003, *Rapport mondial de suivi de l'éducation pour tous,* Paris, UNESCO.
Vernières M., 1991, *Économie des Tiers-Mondes*, Paris : Economica.

Vernières M., 2003, *Développement humain, économie et politique*, Paris : Economica.
Vinokur A., 2002, « Public, privé…hybride ? » Communication au Colloque « Public privé : éducation et formation dans les pays du Sud », Strasbourg, 23-24 mai.
Watanabe S., 1967, « Etude d'un type d'exode des compétences du Tiers-monde vers les pays développés », *Revue internationale du travail*.

L'intégration régionale : entre savoirs et politiques. L'exemple de l'Afrique de l'Ouest

Claire MAINGUY
BETA Strasbourg
Université Robert Schuman

Introduction

L'intégration régionale a très souvent occupé une place de choix dans la pensée économique sur le développement. Déjà évoquée par les « pionniers du développement », dans l'analyse des pôles de croissance de François Perroux, par exemple, elle est à nouveau au centre des courants de pensée qui ont émergé, ou se sont renouvelés, au cours des quinze dernières années. Le thème n'est donc pas nouveau mais les savoirs et pratiques qui s'y rattachent ont évolué.

Le terme est polysémique, il recouvre à la fois un état et un processus. Ainsi, la régionalisation décrit-elle aussi bien l'intensité des relations économiques, financières et monétaires que l'intensification de ces mêmes relations entre pays d'un même ensemble (flux commerciaux ou de facteurs de production). De plus, l'intégration régionale est comprise comme un processus volontariste impliquant le respect de règles communes (zone de libre-échange, union douanière, politiques et projets communs etc.). Alors que le thème recouvre des aspects juridiques, politiques, géographiques..., c'est l'économie qui en constitue, ici, la principale source d'analyses.

Au regard des difficultés rencontrées par les négociations commerciales multilatérales[1], il est utile de rappeler le contexte international dans lequel le concept de l'intégration régionale a été interprété depuis la seconde guerre mondiale (première partie). Dans le prolongement des trois temps de la pensée francophone du développement identifiés par Philippe Hugon[2], on se posera la question d'un quatrième temps, celui de la globalisation et de la normalisation des travaux sur l'intégration régionale (deuxième partie). Cette tendance peut interagir sur les relations entre savoirs et politiques. À cet égard, on tentera d'analyser le regain d'intérêt des économistes pour ce thème, la nature des recherches qui en découlent, les demandes et utilisations des savoirs par les différents acteurs en prenant le cas des négociations des accords de partenariat économique négociés entre l'Union européenne et les pays d'Afrique, des Caraïbes et du Pacifique (ACP)[3], en ciblant plus particulièrement sur l'Afrique de l'Ouest (troisième partie).

I – L'intégration régionale : ajustements conceptuels

La création du *General Agreement on Tariffs and Trade* (GATT) en 1948, dans le contexte d'après guerre où on attribue en partie le conflit à la montée des protectionnismes de l'entre-deux-guerres, a pour but la libéralisation des échanges avec une approche multilatérale. Mais parallèlement, une dérogation est faite à la clause de la nation la plus favorisée en faveur des unions douanières. La période d'après-guerre voit aussi la création des premières institutions régionales au sein des Nations unies[4]. D'un point de vue économique, l'intégration régionale a évolué en suivant le mouvement de balancier des paradigmes en vogue. Après les indépendances, ce sont les stratégies de substitution aux importations qui ont prévalu. Le manque de coordination régionale a souvent conduit à des

---

[1] Le cycle de Doha a été suspendu en juillet 2006 puis a repris au cours du 1er trimestre 2007.

[2] Dans GEMDEV, 1993, *État des savoirs sur le développement*.

[3] Il est envisagé de mettre progressivement en place des zones de libre-échange entre l'UE et des régions des pays ACP, dont la CEDEAO, à partir de janvier 2008, dans le cadre de l'accord de Cotonou (CCE 2000).

[4] La Commission économique pour l'Afrique (CEA) est créée en 1958 et la Commission économique pour l'Amérique Latine (CEPAL) en 1948, la Commission économique pour l'Europe (CEE) en 1947, la Commission économique pour l'Asie et l'Extrême-Orient (CEAEO) en 1947. La Banque africaine de développement a été créée en 1963, à l'initiative de la Commission économique des Nations unies pour l'Afrique. La Banque asiatique de développement a été créée en 1966.

doublons et au manque d'efficacité des entreprises créées (Vinay, 1968). Les manques de financement et la multiplication des institutions régionales ont contribué à leur inefficacité.

Le contexte international

Depuis les années 1960, l'intégration régionale a été au cœur des discours africains sur le développement, constituant notamment à cette époque un moyen pour améliorer les rapports de force face aux puissances coloniales. L'Organisation de l'unité africaine (OUA) a été la principale manifestation du panafricanisme prôné par certains des premiers responsables politiques après les indépendances tels que Kwame Nkrumah ou Julius Nyerere.

Au début des années 1980, l'intégration régionale semble trouver un nouveau souffle avec la signature du plan de Lagos, dans le cadre de l'OUA, qui conduit à la création de la Zone d'échanges préférentiels (ZEP) et de la Communauté économique des États d'Afrique Centrale (CEEAC). Cependant, la crise de la dette, la mise sous ajustement des économies africaines, avec des programmes conçus dans un cadre national, consacrent le repli des mesures en faveur de l'intégration régionale face aux stratégies de libéralisation impulsées par les donateurs. Ces évolutions eurent lieu sur fond de succès économiques asiatiques qui semblaient déterminés par une ouverture généralisée. Les plans d'ajustement structurel, conçus et appliqués dans un cadre strictement national, non seulement ne prennent pas en compte les dynamiques régionales mais suscitent des échanges basés sur les disparités de politiques qu'ils suscitent et non sur les avantages comparatifs (Coussy et Hugon, 1991 ; Meagher, 1996).

Dans les années 1990, le contexte économique international change et on constate un accroissement considérable du nombre d'accords régionaux face aux difficultés du multilatéralisme, à l'instar de l'exemple donné par la triade[5]. La question qui prévalait était celle de l'opposition ou de la complémentarité entre bilatéralisme (accords régionaux) et multilatéralisme (Van Dijk et Sideri, 1996 ; De Melo et al., 1993 ; Demarets, 1997). En d'autres termes, quel est l'impact de la création d'unions douanières (ou de zones de libre-échange) sur le bien-être

---

[5] Le terme désigne les trois pôles autour desquels se concentre le commerce international, le Japon, les États-Unis et l'Europe. Dans les années 1990, les membres de la triade ont conclu de nombreux accords commerciaux régionaux. Cette évolution a suscité une surenchère en matière d'accords régionaux par ceux qui craignaient d'être exclus des courants les plus dynamiques du commerce international. Fin 2005, 300 accords de commerce régionaux environ devaient être déclarés à l'Organisation mondiale du commerce (OMC).

général[6] ? La libéralisation est-elle plus efficace, plus rapide sur une base bilatérale que sur une base multilatérale ? La question de la spécificité des effets sur les pays en développement se pose progressivement. Au regard de cette nouvelle approche, l'intégration régionale n'était plus systématiquement opposée aux politiques d'ajustement structurel (PAS) en Afrique. D'une part, les PAS ont parfois tenté de prendre en compte les dynamiques régionales[7]. D'autre part, les accords d'intégration régionale en Afrique furent de plus en plus ouverts, en grande partie sous la pression des organisations internationales (Banque mondiale, Fonds monétaire international) et des autres bailleurs de fonds, pour lesquels elle est devenue un moyen d'aller plus rapidement vers une libéralisation des marchés.

Aujourd'hui, l'intégration régionale est encore parfois considérée comme une alternative à l'ouverture unilatérale inconditionnelle. Cependant, tout comme en Europe, la construction régionale est effectivement apparue au cours des dernières années comme un outil de libéralisation face auquel les économies et sociétés africaines sont vulnérables. Ainsi le projet d'accord de partenariat économique de la Commission européenne (CE) ou certaines évolutions régionales, telle que la mise en œuvre de l'union douanière de l'Union économique et monétaire Ouest-Africain (UEMOA), suscitent des contestations de plus en plus fortes, notamment, en ce qui concerne le secteur agricole. Dans ce cadre, on oppose souvent les projets régionaux des bailleurs de fonds, notamment de la CE à ceux des Africains et plus précisément de l'Union africaine (UA) qui a remplacé l'Organisation de l'unité africaine (OUA) en 2002. Le Nouveau partenariat pour le développement de l'Afrique (NEPAD) vise à résorber l'écart entre pays développés et pays du Sud. C'est un programme d'investissements massifs d'origine externe, coordonnés à l'échelle continentale. Il s'appuie sur l'intégration régionale en mettant l'accent sur le développement des infrastructures[8].

---

[6] Notamment sur le reste du monde (cf. article XXIV du GATT).

[7] Dans certains cas, la rédaction de « programmes régionaux de réformes », en 1993 pour l'Union douanière des États d'Afrique centrale (UDEAC), semble témoigner de la prise de conscience de l'intérêt des regroupements économiques régionaux en Afrique par les organisations internationales.

[8] http://www.nepad.org/2005/fr/documents/inbrief.pdf

Encadré n°1 : Avantages et coûts attendus de l'intégration régionale

Avantages attendus : La création de flux commerciaux, des marchés plus vastes, plus de concurrence et d'efficacité dans la zone, la baisse des prix à la consommation, des économies d'échelle (partage et la gestion des ressources), la crédibilité des politiques économiques, la coordination des politiques économiques et du cadre juridique, l'amélioration de l'environnement économique, l'attraction des capitaux étrangers, le renforcement du pouvoir de négociation économique et politique sur la scène internationale, la réduction des risques de conflits (augmentation des interdépendances des économies et mécanismes communs de gestion des conflits), la facilitation des échanges (baisse des barrières administratives...).

Coûts et freins : Le détournement de flux commerciaux, le risque de destruction de capacités productives et de pertes d'emplois, la baisse des recettes fiscales liées à la mise en place d'unions douanières, la perte de souveraineté nationale, le risque de voir les intérêts des grands pays s'imposer par rapport à ceux des petits pays, le risque d'accroissement des inégalités, le risque de déficit commercial pour certains pays etc.

Pour une analyse plus détaillée, cf. (Hugon 2003 : 81).

Les productions de savoirs sur l'intégration régionale

Dans l'*État des savoirs sur le développement* (GEMDEV, 1993), Philippe Hugon a mis en évidence les spécificités de la pensée francophone sur le développement et ses évolutions sur les trente années qui ont suivi la seconde guerre mondiale. Elles se sont traduites par des outils particuliers qui ont pu influer sur la nature de l'intégration régionale promue en Afrique sub-saharienne.

Ainsi, la place accordée au rôle de l'État et au rôle régulateur des institutions face au caractère instable de l'économie de marché a conduit à l'appui à la « *constitution d'une économie mixte ou à un capitalisme d'État* » (GEMDEV, 1993 : 47) dans la période pré-indépendances puis dans les nouveaux États africains[9]. Cette tendance renforcée par un contexte où le keynésianisme constituait encore l'orthodoxie, créait les conditions de l'intégration régionale par les institutions. L'école française de la pensée sur le développement est fortement marquée par François Perroux qui affirme que la théorie traditionnelle (équilibre walraso-parétien) ne permet d'expliquer ou d'analyser l'intégration qu'en la réduisant à l'échange marchand, en ignorant l'impact des monopoles et oligopoles, sans prendre en compte l'histoire de la formation des marchés. À l'inverse, l'objectif de l'intégration devrait permettre que « *la*

[9] Ces politiques économiques s'appuyaient sur des outils de comptabilité nationale.

réalisation de structures telles que le développement des appareils de production et le développement des populations se soutiennent réciproquement pour qu'un appareil étendu, complexe et moderne soit au service d'une population capable de s'en servir et de la dominer » (Perroux, 1968 : 385). Ses analyses mettent en évidence l'asymétrie des territoires et l'existence de « pôles de croissance » dues aux économies externes[10] (Perroux, 1955). Elles auront des prolongements dans les années 1990 dans le cadre de l'économie géographique (cf. Plus bas). L'analyse structuraliste francophone, qui s'est développée dans les années 1950 et 1960, en parallèle (ou en lien) avec les travaux des économistes de la Commission économique pour l'Amérique latine (CEPAL), tel que Raul Prebisch, s'est portée sur une intégration régionale déconnectée du marché international, fondée sur la substitution aux importations et permettant de réduire la « dépendance ». En France, on distingue les structuralistes des économistes-ingénieurs[11], aux travaux formalisés, utilisant notamment les techniques économétriques, dès les années 1970.

Au cours des années 1980, les méthodes utilisées en France se situent de plus en plus dans la continuité de celle des économistes-ingénieurs. Les objets d'études deviennent monodisciplinaires, plus ciblés, plus formalisés, plus quantitatifs, à l'instar de ce qui advient au niveau international, ce qui semble indiquer une convergence vers une norme méthodologique.

Les travaux sur l'intégration régionale, s'inscrivent dans ce contexte et, pour la plupart, dans une optique d'aide à la décision. La multiplication d'études et d'analyses sur les impacts attendus des différentes initiatives d'intégration régionale, souvent initiées dans la perspective de négociations internationales, participe-t-elle d'une tendance à la normalisation ? La question mérite d'être posée dès lors que les travaux de simulation, quantifiés, dont les résultats dépendent fondamentalement des hypothèses retenues prennent le pas sur les

---

[10] Il s'agit d'effets (positifs ou négatifs) de l'activité de certains agents sur d'autres agents, non pris en compte par le système de prix. La pollution est une externalité négative ; la concentration de firmes attirant des salariés qualifiés, des fournisseurs, des clients dans une certaine région crée des externalités positives pour de nouvelles entreprises.

[11] Autour de l'ENSAE, du CEPE, de la SEMA ou de la SEDES. La distinction entre structuralistes et économistes-ingénieurs n'est pas toujours tranchée ; certains thèmes et outils, notamment la comptabilité nationale, leur sont communs. De plus, si l'œuvre de François Perroux est essentiellement littéraire, il a promu l'utilisation des mathématiques et des statistiques (ISMEA, « Economie appliquée »…) (GEMDEV, 1993 : 52).

travaux empiriques, menés ex post, sur les effets des intégrations régionales existantes.

Au cours des années 1980, l'intégration régionale, notamment en Afrique, a été une thématique peu prisée par les économistes pour plusieurs raisons. Dans le contexte de crise de l'endettement, les analyses libérales des institutions de Bretton Woods s'imposent aux pays africains. Or, l'intégration régionale représente une exception au modèle standard, un *second best*. Elle est synonyme de barrières douanières, donc de protectionnisme considéré comme moins efficace que la libéralisation unilatérale pour promouvoir la croissance (synonyme de développement).

Le renouveau des analyses de l'intégration régionale (pour les économistes) est dû à la conjugaison de plusieurs phénomènes.

- En Afrique de l'ouest, les relations régionales ont persisté au travers de projets communs et de la coopération monétaire au sein de la zone franc. Cette dernière a constitué un point d'ancrage d'un processus d'intégration régionale à « trajectoire inversée », selon les termes de Philippe Hugon (1998) si on la compare avec celle des pays européens ou asiatiques.

- Au début des années 1990, dans un contexte d'incertitudes vis-à-vis des négociations de l'Uruguay Round et de la constitution de grands blocs régionaux, on voit resurgir un intérêt pour l'intégration régionale, sous une forme différente. En compatibilité avec les règles du GATT, elle est envisagée comme une étape dans le processus d'ouverture des économies. Les pays du Sud tendent à conclure plus d'accords régionaux avec des pays du Nord (De Melo, 1993). Cependant, l'intérêt se focalise sur l'intégration commerciale au détriment de la régionalisation et des autres formes de l'intégration régionale.

- D'un point de vue théorique, la possibilité de modéliser des situations de concurrence imparfaite et les économies d'échelle, contribue à l'essor de la nouvelle économie géographique. À partir de l'analyse de Paul Krugman (1991), de nombreux auteurs vont approfondir des phénomènes que François Perroux avait décrits. Ils permettent d'appréhender la répartition spatiale des activités en prenant en compte l'existence d'externalités (pécuniaires et technologiques) et de rendements d'échelle croissants[12]. Ces travaux permettent, par

---

[12] Les forces centripètes (ou d'agglomération) sont notamment liées à la recherche par les firmes de la proximité des marchés et des fournisseurs, à l'existence de retombées technologiques et à la présence de facteurs de production (main-d'œuvre compétente). A partir d'un certain seuil, la concentration des activités a des effets nets négatifs (congestion, pollution) qui induiraient une certaine dispersion des activités. Les forces centrifuges (ou de dispersion) peuvent aussi être dues à une concurrence entre des firmes trop nombreuses sur un même marché.

exemple, d'analyser l'évolution de la concentration spatiale des activités en fonction des différentes étapes de développement et en particulier de l'ouverture internationale (Catin, Ghio et Van Huffel, 2002). Reposant à la fois sur l'économie géographique et sur les nouvelles théories de la croissance, ces travaux mettent en évidence le rôle des nombreux facteurs qui expliquent la régionalisation de la production, notamment dans le cas des pays en développement[13]. S'intéressant également à la question de la convergence des économies, Venables (2000), a cherché à montrer que les pays en développement devraient préférer les accords régionaux avec des pays du Nord au détriment des accords Sud-Sud. Ces derniers, en raison d'effets d'agglomération qui polariseraient les activités dans les villes ou pays les plus développés de l'union et d'avantages comparatifs défavorables aux pays à faibles revenus (en raison du détournement de flux commerciaux), conduiraient à une divergence des économies[14]. De Melo et al. (1993) mettent en évidence les dimensions institutionnelles de l'intégration régionale. Elle réduit le poids des lobbies nationaux face au politique (effet de dilution des préférences). La mise en place de nouvelles instances peut permettre d'opter pour des institutions plus efficaces (effet de création institutionnelle). Elle est aussi le résultat de compromis car chaque État participe aux nouvelles institutions mais voit également son autorité réduite dans certains domaines et certains arbitrages peuvent être favorables à certains et défavorables à d'autres (effet de préférences asymétriques). Dans ce cadre, les pays membres recherchent une crédibilité des politiques économiques mises en œuvre.

- L'évolution des outils permet de mieux mesurer les impacts commerciaux, dans le cadre du modèle standard. Ainsi, avec l'essor de l'économétrie, favorisé par celui de l'informatique, la reconnaissance de la scientificité des travaux universitaires des économistes passe de plus en plus par la modélisation et l'emploi de techniques, auxquelles les hypothèses du modèle néoclassique se prêtent bien mais qui peinent à prendre en compte toutes les dimensions de l'intégration régionale. Les effets dynamiques (par exemple, dus à l'attraction des investissements étrangers) sont difficilement modélisables et, même en ce qui concerne les effets statiques (détournement et création de flux commerciaux), en Afrique, les séries statistiques souvent insuffisantes, ne permettent pas

[13] La revue « Région et développement », fondée en 1995, s'intéresse tout particulièrement à l'économie géographique.

[14] Pierre Veltz (2005) franchit une étape supplémentaire avec le concept « d'économie d'archipel ». Pour lui, non seulement il existe des effets de polarisation des activités mais, de plus, les relations entre pôles s'accentuent et s'effectuent au détriment des « périphéries » ou des « arrière-pays ».

d'évaluer les impacts de la mise en place des zones de libre-échange ou unions douanières[15].

- La construction de bases de données statistiques, même si elles restent souvent perfectibles, offre plus de possibilités de quantifier, essentiellement par simulation, les effets des différentes configurations d'intégration régionale (modèle d'équilibre général calculable, modèles d'équilibre partiel, etc.). Les analyses de Jacob Viner sont mises à l'épreuve des statistiques en Afrique (Ouali, 1990). Des études utilisant ces outils ont été notamment réalisées à la demande de l'union européenne dans le cadre de la renégociation des accords UE-ACP[16]. Les premières études sont restées centrées sur les flux commerciaux alors que leur objectif était de prendre en compte l'ensemble des effets possibles de la mise en place de zones de libre-échange avec l'Union européenne. La plupart des travaux d'universitaires économistes privilégient donc certaines évolutions théoriques, et la production de simulations. La majorité de ces travaux ignorent les effets dynamiques. Ces derniers, plus prometteurs, sont de natures diverses et restent peu étudiés en raison des difficultés rencontrées pour les prendre en compte (Fukase et Winters, 1999)[17]. De plus, les chercheurs sur les investissements étrangers sont peu attirés par l'Afrique où leurs montants sont faibles, instables et leurs effets incertains (Mainguy, 2007).

II – Tendance à une normalisation des savoirs ?

La recrudescence des analyses théoriques et appliquées concernant l'intégration régionale et les phénomènes de régionalisation depuis le début des années 1990, peut inciter à penser qu'au contraire le sujet se prête à une grande diversité de travaux tant théoriques qu'appliqués.

---

[15] La plupart des travaux utilisant l'économétrie émettent des réserves au regard de la qualité des statistiques et de la longueur des séries disponibles.

[16] Les premières études réalisées en 1998 (Cerdi 1998 ; Credit 1998, Planistat 1998 etc.) avaient pour objectif d'évaluer la mise en place de zones de libre-échange entre l'UE et les principales initiatives d'intégration régionale existant parmi les ACP (Caricom, Uemoa, Cemac, Sadc, EAC, Pacific). Elles devaient notamment estimer l'impact macro-économique et sectoriel des plans de libéralisation, évaluer les coûts liés (baisse des recettes douanières, restructurations économiques, mesures de sauvegarde pour les secteurs fragiles et les effets dynamiques induits en termes de flux d'IDE, d'intégration internationale et de crédibilité des politiques macro-économiques).

[17] Les objectifs visés sont notamment, l'accroissement de la taille du marché susceptible de permettre des économies d'échelle et l'accroissement de la concurrence, dans des économies où les quelques secteurs industriels existants sont souvent protégés de la concurrence extérieure.

Deux limites cependant : la généralisation d'outils quantitatifs conduit à privilégier certains aspects par rapport à d'autres ; pour des raisons qui tiennent souvent à l'évaluation des travaux, les recherches multidisciplinaires sont rares et le risque de la monodisciplinarité a été souligné (Coussy, 2001). Elle peut empêcher la compréhension des enjeux et des freins concernant l'intégration régionale. Ces deux limites peuvent se conjuguer pour faire perdre une grande partie de leur intérêt à des travaux auxquels le principal reproche qu'on puisse adresser est de ne pas prendre suffisamment la réalité en compte : par exemple, les flux commerciaux régionaux africains sont en partie informels, il semble difficile, en conséquence de se satisfaire de travaux statistiques qui portent uniquement sur les flux enregistrés, ainsi que d'une approche purement économiste dans la mesure où les échanges sont aussi le résultat de rapports de force, qu'ils ont des conséquences sociales etc.

L'adaptation du concept et de la nature des accords aux évolutions du contexte international (ouverture) ainsi que les évolutions des analyses théoriques et des outils des économistes, donnent à penser que la conception de l'intégration régionale qui prévaut actuellement est relativement uniforme, conforme au paradigme dominant. La pression exercée par les divers acteurs de l'intégration régionale et de la régionalisation peut-elle conduire à une prise en compte plus large qui aille au-delà de l'intégration commerciale ?

Le cas des Accords de partenariat économiques (APE)

Le lien entre savoirs et politiques constitue une des caractéristiques de l'économie du développement. Il existe une demande de savoirs sur l'intégration régionale comme outils d'aide à la décision. En ce qui concerne plus précisément les APE, les négociations ont nécessité de nombreuses études empiriques d'origines très diverses (organisations internationales, organisations non gouvernementales, bureaux de consultants, universités). Des publications universitaires[18] ont pu se faire de manière autonome ou suite à la participation à ces études, dans la mesure où des universitaires y ont contribué[19].

Le problème de la déconnexion entre théorie et empirie qui se pose pour certains thèmes tels que les trappes à pauvreté (cf. Géronimi dans

[18] Participations à des colloques, publications dans des revues ou des ouvrages à comité de lecture.

[19] Qu'ils travaillent pour l'université, des organisations internationales ou des bureaux de consultants, la plupart des chercheurs qui collaborent à ces études ont des formations universitaires. Certains travaillent également pour des ONG qui emploient, de plus, de nombreux étudiants issus des formations sur le développement.

cet ouvrage), concerne aussi l'intégration régionale. Certes la multiplication des travaux de simulation, ex ante, s'appuie sur les modèles théoriques. Ils répondent à l'agenda international (négociations commerciales multilatérales, négociations des accords de partenariat économique entre l'UE et les ACP). Mais les travaux empiriques cherchant à analyser les impacts des intégrations régionales, ex post, sont beaucoup plus rares. Les simulations étant rarement confrontées aux réalisations ex ante, la question de la déconnexion entre théorie et empirie mérite donc d'être soulignée. Le contexte des négociations a été l'occasion de multiples conférences et forums au cours desquels chercheurs et décideurs (organisations internationales, agences d'aide, gouvernements) se rencontrent[20].

Les premières études souvent menées par des universitaires (que ce soit au sein de l'université ou par l'intermédiaire de bureaux de consultants) ont mobilisé la gamme des outils disponibles pour tester divers scénarii destinés à simuler l'impact de l'intégration régionale Nord-Sud sur les flux commerciaux, les structures productives et les recettes publiques. Depuis le début des années 2000, ces études d'impact (nationales et régionales) ont été demandées avant la mise en œuvre des APE à partir d'informations plus précises notamment sur la composition des unions.

Les modèles d'équilibre général calculable (megc) reposent sur des hypothèses de concurrence. Ils permettent, en statique comparative, d'évaluer les évolutions de bien-être induits par une baisse des barrières tarifaires en cas de zone de libre-échange entre l'UE et les régions ACP. L'effet sur le bien-être est évalué globalement ainsi que, en général, pour trois catégories d'acteurs, l'État (baisse des recettes fiscales), les consommateurs (baisse des prix des produits) et les producteurs. Le modèle montre la réallocation des facteurs de production : le travail et le capital qui ne trouveraient plus à s'employer dans un secteur par manque de rentabilité devraient théoriquement trouver un meilleur emploi dans un autre secteur. Les coûts d'ajustement induits, supposés de court terme, ne sont pas pris en compte par les modèles. Parmi les megc utilisés pour tester l'impact d'un accord régional en Afrique de l'ouest on peut citer celui de Bernard Decaluwé (Dacaluwé et al., 2001) et plus récemment celui de la Commission économique pour l'Afrique (Karingi et *al.*, 2005). Les modèles d'équilibre partiels ne permettent pas d'étudier les interactions entre variables et fournissent des informations partielles mais plus détaillées sur les secteurs/pays choisis. L'étude du Centre d'études et

[20] Cycle de conférences organisées par le GEMDEV sur les accords de Lomé (Gabas, 1999), nombreux sites web dédiés au sujet (ICTSD, Agritrade, ECDPM).

de recherche sur le développement international (CERDI), en 1998 portant sur un projet d'accord de partenariat économique régional incluant les pays de l'UEMOA et le Ghana utilisait un modèle d'équilibre partiel, de même que celui de Matthias Büsse (Büsse et al., 2004) qui portait sur la configuration envisagée pour l'APE en Afrique de l'Ouest (entre l'UE et la CEDEAO). Les megc nécessitent de nombreuses données (provenant des comptes nationaux ou d'enquêtes qui permettent de construire des matrices de comptabilité sociale) qui ne sont pas toujours disponibles. Notamment, il ne semblait pas possible d'obtenir des résultats par région[21]. C'est la raison pour laquelle, la Commission économique des Nations unies pour l'Afrique (CEA) a également complété son analyse avec des modèles d'équilibre partiel, tel que celui qui porte sur le Mali (Ben Hammouda et al., 2005). Il est difficile de recenser l'ensemble des résultats des modèles dans le cadre de ce texte mais quelques éléments peuvent être fournis à titre illustratif. La CEA utilise la base de données et le modèle GTAP (Global Trade Analysis Project), multi-pays et multi-produits, pour étudier trois scenarii :

(i) une réciprocité entre l'UE et les régions d'Afrique qui induit un alignement des tarifs africains sur ceux de l'UE ;

(ii) un approfondissement de l'intégration régionale intra-africaine dans le but de créer un vaste marché en Afrique sub-saharienne, en repoussant le projet d'ouverture avec l'UE ;

(iii) une zone de libre-échange entre l'UE et l'Afrique. Le troisième scénario donne les meilleurs résultats pour les économies africaines en termes de bien-être (millions de dollars à l'échelle de l'Afrique sub-saharienne) au prix d'un fort déficit commercial.

C'est dans le deuxième scénario que le solde commercial se détériore le moins (- 630 millions de dollars).

---

[21] De même, Decaluwé et al (2001) ainsi que le projet IRAM-AFD utilisent aussi des megc testant les effets d'un APE en Afrique de l'ouest mais sans pouvoir inclure tous les pays de la région.

Tableau 1 : Effet de divers scenarii sur l'Afrique sub-saharienne

	PIB (%)	Import (%)	Export (%)	Termes de l'échange (%)	Balance commerciale (millions $)	Bien-être (millions $)
Scenario 1 : réciprocité						
	- 0,0129	4,4775	2,3152	-0,5477	-1868,361	-563,9485
Scenario 2 : approfondissement de l'intégration régionale						
	0,4916	2,4112	1,2906	0,2996	-629,7665	1204,2651
Scenario 3 : zone de libre échange UE-ACP						
	3,3890	18,2476	8,8278	1,8336	-5484,2998	8028,7661

Source : Karingi et al. 2005

Le modèle estime les effets de ces divers scenarii sur d'autres pays du monde et l'impact sur les structures de production (treize secteurs d'activité sont considérés) et sur les facteurs de production (terre, travail qualifié et non qualifié, capital et ressources naturelles) dans chacun de ces secteurs. Comme mentionné plus haut, ce megc ne fournit pas d'indications détaillées par région et les données manquent pour un grand nombre de pays (notamment ceux en guerre ou qui sortent d'une période de conflit). Les modèles d'équilibre partiel, bien que limités quant à la prise en compte des interactions, permettent d'aller plus dans le détail, avec des données plus désagrégées. La CEA a testé l'impact d'une suppression des droits de douane des pays africains concernant les produits en provenance d'Europe, sur les flux commerciaux (création et diversion), sur les recettes fiscales et sur le bien- être (ici, le surplus du consommateur dû à la baisse des prix des produits).

Des évaluations des impacts des APE ont également été réalisées à partir d'études de cas. Par exemple[22], un ensemble d'études a été demandé par la Commission à un consortium sous l'égide de Pricewaterhousecoopers (2005)[23]. Pour chaque région négociant un APE avec la CE, des secteurs ont été identifiés (l'agroalimentaire pour l'Afrique de l'ouest) afin d'analyser en détail les effets probables de divers scénarios comparés à la situation actuelle : une libéralisation totale entre l'UE et les régions ACP et une zone de libre-échange asymétrique. Ces études comprennent des recommandations avec des préoccupations non seulement économiques mais également sociologiques et environnementales. Un des objectifs est de définir un ensemble de politiques d'accompagnement des APE. En ce qui concerne l'Afrique de

---

[22] Le site web http://www.acp-eu-trade.org rassemble de nombreuses études d'impacts et de réactions vis-à-vis de ces études.

[23] Ce rapport repose sur des études économétriques, des synthèses d'informations existantes, de nombreux entretiens et des débats électroniques.

l'ouest, le rapport final de l'étude met en avant le coût de court terme lié à la libéralisation alors que les baisses des coûts des intrants n'auront pas d'effets immédiats. Il recommande que certains produits ne subissent pas de libéralisation, en particulier s'ils sont importants pour l'agro-industrie d'Afrique de l'ouest.

L'intérêt de ces études de cas réside dans la diversité des mesures (accès au marché, promotion du commerce) et des effets (sur les recettes publiques, les investissements, les performances par secteur, l'emploi, l'environnement) étudiés. De nombreux aspects ignorés par les modèles peuvent être ainsi abordés (commerce informel[24], sécurité alimentaire...).

Les limites des études d'impact

La complémentarité des diverses méthodologies est incontestable. Il est cependant utile d'indiquer les limites de ces méthodes dans la mesure où les résultats des simulations, malgré les précautions prises par les auteurs, sont fréquemment repris sans discernement. Ce problème qui n'est pas propre au thème de l'intégration régionale, a été mis en avant dans l'évaluation de la recherche à la banque mondiale (Deaton et al., 2006).

- Les hypothèses des megc reposant sur celles peu réalistes des modèles d'équilibre général, paraissent encore moins crédibles en Afrique : les marchés des produits échangeables, souvent étroits ne sont pas concurrentiels, les importations étant réalisées par des grands commerçants en situation de monopole ou d'oligopole ; l'information (technique et commerciale) sur les produits et marchés internationaux (dont les européens) n'est pas maîtrisée par les producteurs et exportateurs africains ; l'insuffisance des infrastructures et des transports, des marchés financiers locaux, des circuits de distribution, de formation de la main-d'œuvre rendent hypothétiques une réallocation des ressources, supposée par les modèles.

- Les nouvelles analyses du corpus théorique de l'intégration régionale sont ignorées tant des modèles quantitatifs que des études de cas. Ainsi, l'inégalité des impacts des APE est analysée entre pays, au regard des pertes de recettes publiques, des effets sur le PIB et sur la balance commerciale. Mais les études ne comportent pas d'analyse territoriale qui permettrait d'appréhender les effets de polarisation. Peu d'utilisation semble faite des avancées dans le domaine de l'économie géographique, probablement en raison du manque d'information statistique. On ne sait donc que peu de chose sur l'impact que pourrait

[24] Dans les capitales d'Afrique de l'ouest, 76% des emplois se situent dans le secteur informel (Pricewaterhousecoopers 2005)

avoir la mise en place de l'union douanière Sud-Sud (Communauté économique des États de l'Afrique de l'Ouest) ou Nord-Sud (avec l'UE) sur la répartition spatiale des activités. Les mécanismes de compensation qui ont été prévus lors de précédents accords d'intégration (CEAO, UEMOA) visaient à compenser les pertes de recettes fiscales et non les effets de polarisation comme c'est le cas avec les fonds structurels européens.

- Les études ont deux limites importantes : d'une part, elles s'intéressent essentiellement à la mise en place d'une zone de libre-échange Nord-Sud (UE-ACP). Les effets et les conditions dans lesquelles une union douanière sud-sud, telle que la CEDEAO peut se mettre en place sont négligés. D'autre part, les expériences d'intégration régionale, en particulier celle récente de l'UEMOA, ne sont généralement pas évaluées. Deux exceptions sont cependant à mentionner : l'étude en cours confiée par l'AFD à l'IRAM, dont la démarche consiste à analyser en premier lieu les effets de la mise en place de l'UEMOA (l'union douanière a été appliquée en 2000), d'évaluer ensuite l'élargissement de cette zone au Nigeria et au Ghana avant de s'intéresser aux effets d'un APE (Chedanne et Perrin, 2006). Coulibaly montre comment le TEC/CEDEAO part de l'expérience de l'UEMOA tant pour la définition du TEC lui-même, que pour la négociation ou les procédures à mettre en œuvre (Coulibaly et Plunkett, 2006). Mais le caractère récent voire inachevé de ces travaux empêche leur prise en compte dans les débats et négociations.

- Les répercussions sur le secteur agricole sont peu analysées alors que c'est un secteur prépondérant pour les économies africaines. Le TEC de l'UEMOA, qui deviendrait celui de la CEDEAO, favorise les importations de matières premières. Dans le cas de l'UEMOA, certaines particularités, telle la filière avicole, n'avaient pas été prises en compte. Les effets du TEC mis en œuvre à partir de 2000 semblent être négatifs sur les flux intra-régionaux agricoles (Gallezot, 2006). Les tensions sur ce secteur, particulièrement important au regard de la lutte contre la pauvreté, s'expriment, d'une part, vis-à-vis des objectifs de la politique commune agricole de la CEDEAO (ECOWAP) et, d'autre part, à travers l'opposition aux APE que manifestent les organisations de producteurs[25].

- Les études sur les APE se focalisent sur les flux commerciaux et essentiellement les flux officiels. Or, les flux commerciaux informels sont certainement importants et il est donc difficile d'estimer l'impact d'un APE sur le commerce régional à partir des flux formels. Les effets sur le

[25] Cf. http://www.inter-reseaux.org

commerce informel ne sont cités que dans les études de cas et les flux transfrontaliers sont peu traités[26].

- Certains objectifs sont négligés parce qu'ils sont difficiles à évaluer. L'intégration régionale devrait attirer les Investissements directs étrangers (IDE) en raison de la plus grande crédibilité et stabilité des politiques économiques ainsi que des marchés plus vastes. En réalité, les firmes étrangères qui s'intéressent au marché intérieur (*market-seeking* Foreign Direct Investment) préfèrent un marché plus protégé que libéralisé. Par ailleurs, les flux de capitaux étrangers ne se dirigent pas en priorité vers les Pays les moins avancés (PMA). Enfin, dans ces pays, leurs effets bénéfiques ne sont pas prouvés et les effets qu'on pourrait attendre de leur présence sont parfois aussi les facteurs d'attractivité des firmes étrangères tels que la formation de la main d'œuvre, la qualité des infrastructures (Mainguy, 2007).

Une politique sous pression du contexte international

Repousser la date de mise en œuvre des APE au-delà de janvier 2008 obligerait la CE à demander une nouvelle dérogation à l'Organisation mondiale du commerce (OMC) pour maintenir le système de préférences actuel qui n'est pas conforme aux règles du GATT : il introduit une discrimination vis-à-vis de pays non africains qui, bien qu'ayant des niveaux de revenus similaires ne bénéficient pas de ces préférences. Dans le cadre des négociations, toute dérogation obtenue par la CE implique une contrepartie.

Cependant, les délais de mise en œuvre des accords régionaux (avant fin 2007) sont très courts au regard des expériences antérieures [10 ans pour l'Asean Free Trade Area (AFTA), 6 ans pour l'UEMOA][27]. Bien que la dynamique d'intégration au sein de la CEDEAO soit à l'œuvre, il est certain que les négociations se termineront au mieux fin 2007. Comme mentionné plus haut, les effets sur les échanges agricoles intra-régionaux pourraient être négatifs ; la prise en compte insuffisante des producteurs agricoles pourrait nuire aux chances d'un accord. Si la date butoir n'est pas repoussée, la mise en œuvre simultanée de l'union

---

[26] Voir Frontières et Intégrations en Afrique de l'Ouest http://www.afriquefrontieres.org

[27] Les processus d'intégration régionale africains sont confrontés aux mêmes freins que sur les autres continents : les nombreux conflits sur le continent (Hugon 2006) constituent des freins majeurs ; les difficultés de renoncer à la souveraineté nationale, l'identification des perdants et leur éventuelle indemnisation, etc. Par ailleurs, il ne faut pas négliger les difficultés de mise en œuvre de la libéralisation lorsque les services des douanes constituent l'objet de pratiques non conformes à la bonne gouvernance.

douanière Sud-Sud et de la Zone de libre-échange Nord-Sud risque, de plus, de poser de nombreux problèmes, de créer une situation d'incertitude déstabilisante pour les opérateurs, propice aux problèmes de gouvernance et d'entraver le processus Sud-Sud (Mainguy, 2006). Les disparités de politique économique qui en résulteront pourraient être favorables à l'accroissement des échanges informels.

Les conditions dans lesquelles les APE seront mis en place ne sont pas encore certaines dans la mesure où ils devront être conformes aux nouvelles règles de l'OMC qui risquent de ne pas être connues avant la fin des négociations des APE, en raison des incertitudes qui entourent les négociations commerciales multilatérales. Un des enjeux pour les négociations porte sur la possibilité de mettre en œuvre des accords régionaux asymétriques[28].

III – Savoirs et politiques : les jeux des acteurs

La diversité des acteurs de l'intégration régionale se manifeste par la nature des coopérations possibles mais également par des asymétries d'informations, des asymétries dans les capacités à effectuer des choix et des asymétries quant aux résultats des processus d'intégration régionale. Ces derniers sont différenciés, ils se superposent, interagissent, se renforcent ou vont à l'encontre les uns des autres.

Selon la nature des processus en cours, le poids des acteurs sera plus ou moins important. De la « conception volontariste » à la « conception libérale » de l'intégration régionale (Hugon, 1991, 2003), le poids de l'État (administration centrale) s'est amoindri, dans un contexte d'ajustement ; la plupart des acteurs sont concernés par ces évolutions qui vont se traduire par des changements dans les structures de production et donc vis-à-vis de l'emploi[29] et dans les flux commerciaux[30]. En Afrique sub-saharienne, les agences d'aide (nationales, régionales, internationales) jouent un rôle prépondérant vis-à-vis de ces processus.

---

[28] Selon l'accord du GATT, un accord régional doit concerner l'essentiel des échanges des pays concernés, ce qui dans la pratique correspond environ à 90% des échanges. Un accord asymétrique permettrait par exemple aux ACP de ne libéraliser que 80% de leur commerce si l'UE en libéralise 100%.

[29] Les processus auront un impact sur les entreprises en fonction de leur taille, du secteur d'activité, de l'origine des capitaux etc. et sur la main d'œuvre salariée ou non, qualifiée ou non, du secteur formel ou informel.

[30] En fonction des secteurs touchés par les détournements ou créations de flux commerciaux, les commerçants importateurs ou exportateurs seront plus ou moins concernés.

Entre ces deux conceptions, une « conception organisationnelle » met l'accent sur des coopérations à une échelle différente :
- Les entreprises régionales africaines ont connu peu de succès dans la période de substitution aux importations et les groupes étrangers qui ont accru leur présence dans le cadre des privatisations, depuis les années 1990, privilégient les relations entre maison-mère (généralement au Nord ou en Afrique du Sud comme dans le secteur de l'or) et filiales. C'est le cas dans le secteur des services publics (eau, électricité) ou des télécommunications. Si dans le secteur primaire les coopérations régionales sont difficiles, le secteur de l'énergie offre des opportunités : le barrage de Manantali, sur le fleuve Sénégal, entre le Mali, la Mauritanie et le Sénégal en est un exemple (BAD, 2000)[31]. Il révèle également le rôle des bailleurs de fonds, financeurs de ce barrage [les gouvernements arabes, les Banques islamiques et africaines de développement, la Coopération italienne, l'Agence française de développement, la KFW[32], l'ACDI et l'Union européenne][33].

- Le poids des agences d'aide dans les dispositifs d'appui à l'intégration régionale constitue, en effet, une particularité des pays africains. De nombreuses organisations régionales et projets régionaux reçoivent des financements extérieurs. La problématique de l'intégration est depuis longtemps présente dans la politique de coopération de la CE vis-à-vis des pays africains. Elle s'est manifestée par un appui à la gestion de biens publics régionaux : aide aux organismes de coopération régionale (CILSS, OMVS[34]...), extension des infrastructures (notamment à vocation régionale), appuis aux institutions (CEDEAO, AGRHYMET, UEMOA...). Certes, l'appui des donateurs est souvent essentiel pour financer l'intégration régionale (projets ou politiques) ou les mesures qui l'accompagnent (McLeod, 2004). Mais leurs objectifs et priorités ne sont pas forcément celles des gouvernements africains. L'intégration régionale apparaît parfois comme un terrain d'opposition supplémentaire entre bailleurs de fonds et gouvernements africains : les bailleurs de fonds reprochent aux gouvernements leurs incohérences dans la mise en œuvre de l'intégration régionale, notamment en ce qui concerne la multitude des

---

[31] Par ailleurs, un projet d'interconnexion avec la Côte d'Ivoire devrait contribuer à réduire le coût de l'énergie au Mali.

[32] KFW: Kreditanstalt für Wiederaufbau, Coopération financière allemande; ACDI: Agence canadienne de développement international.

[33] « Potentiel de développement intégré de l'énergie au plan régional en Afrique », www.worldenergy.org

[34] CILSS: Comité permanent inter-Etats de lutte contre la sécheresse au Sahel; OMVS: Organisation de mise en valeur du fleuve Sénégal; AGRHYMET: Agrohydrométéorologie, Institution spéciale du CILSS.

accords régionaux, les chevauchements etc. Les gouvernements africains reprochent à la CE ses pressions pour parvenir à conclure des APE avec des régions qu'elle privilégie par rapport à d'autres (Afrique de l'Est et orientale) ainsi que des garanties insuffisantes quant aux modalités de financement de l'intégration et à ses effets sur le développement. Par ailleurs, la question de la cohérence entre les différentes directions de la CE n'est pas nouvelle mais suscite des questions sur les engagements de la direction du développement (qui finance), ceux de la direction du commerce (qui négocie l'ensemble de la politique commerciale) et d'autres qui doivent prendre en compte les intérêts des Européens (direction de l'agriculture).

- Les migrations transfrontalières représentent également un autre exemple, de cette forme « organisationnelle » d'intégration régionale. Les flux migratoires (entre zone côtière et sahélienne, par exemple) reposent sur des complémentarités.

- Définis comme des ensembles organisés d'acteurs partageant des valeurs qui fondent la confiance, les réseaux jouent un rôle important dans la régionalisation en Asie où ils sont plus intégrés au marché mondial que les réseaux africains dont les activités reposent en règle générale sur des différences transfrontalières. En Afrique, une part des flux commerciaux régionaux s'effectue de façon informelle/parallèle. Ils résultent de comportements d'acteurs qui cherchent à tirer parti des disparités de politiques économiques (flux transfrontaliers entre membres et non membres de la zone franc dans le but d'obtenir des devises convertibles) (Igué, 2006). En s'appuyant sur l'idée que les flux informels étaient suscités par l'inefficacité et les obstacles administratifs ou les droits de douane, certains travaux, souvent dirigés par la Banque mondiale, suggéraient que la libéralisation des flux serait suffisante pour faire disparaître ces flux informels. Pour Meagher (1996), les puissants importateurs et commerçants dont la fortune dépend des écarts de prix et de change n'ont aucun intérêt à une véritable intégration régionale.

La diversité des acteurs se reflète dans des asymétries :

- Les asymétries dans l'accès à l'information. Le processus de négociation des APE a donné lieu à de nombreuses études et concertations. Un des problèmes ne concerne pas les études elles-mêmes mais leur diffusion. Certaines d'entre elles sont disponibles en ligne [35] mais ce n'est pas le cas pour toutes. De plus, se pose également la question de l'utilisation de ces études. On peut parfois se demander si les incertitudes quant aux effets d'une zone de libre-échange Nord-Sud

---

[35] http://www.sia-acp.org/acp/uk/news.php Sustainable Impact Assessment Studies.

décrits par les études et l'ensemble des conditions qu'il faudrait réunir pour en assurer le succès sont bien pris en compte par les négociateurs. De plus, la disponibilité des études en ligne est une condition nécessaire mais loin d'être suffisante de leur diffusion auprès des personnes concernées, la diffusion des nouvelles technologies en Afrique étant encore trop embryonnaire pour combler les écarts existants avec le Nord mais aussi entre villes et campagnes. Enfin, les débats et concertations n'ont pas toujours pu être éclairés par les études dont la réalisation s'est souvent faite en parallèle et non en amont[36].

- Les asymétries dans les capacités à faire des choix lors des négociations des APE. Elles résultent d'asymétries économiques et financières. L'Afrique représente une faible part de l'ensemble des échanges de l'UE alors que l'UE représente un montant important des échanges des pays africains et de leurs sources de financement, en particulier avec l'APD dont ceux-ci dépendent.
- Les asymétries dans les résultats attendus. Bien qu'ils soient difficiles à cerner avec précision, ces derniers seront moins importants pour les économies européennes que pour les africaines que ce soit dans le secteur agricole ou industriel.

La mise en place d'une zone de libre-échange induirait la baisse des recettes publiques liées au commerce international. Les avis sont partagés sur les effets de cette baisse. Certes, la part des recettes dues au commerce international tend à baisser mais elle demeure à un niveau relativement élevé en Afrique par rapport à d'autres régions en développement (Chambas, 2005). Quelles seraient les répercussions d'une baisse de ces recettes sur le fonctionnement des États, acteurs de la lutte contre la pauvreté ? Les évaluations signalent le problème en préconisant une aide des bailleurs de fonds pour compenser la baisse des droits de douane. Sans cette dernière les effets des APE sont nettement moins positifs selon les simulations (Decaluwé, 2001). Par ailleurs, cette aide ne peut qu'être transitoire et les réformes fiscales sont nécessaires afin de trouver d'autres sources de recettes publiques. Il est difficile, bien entendu d'évaluer la faisabilité de ces réformes dans un contexte où l'économie informelle est importante. Quel serait l'impact sur la croissance de la mise en place ou l'augmentation d'une taxe sur la valeur ajoutée, par exemple ?

Les effets attendus de l'intégration régionale sont largement dépendants de l'environnement des entreprises et notamment des acteurs

---

36 Les réactions aux projets d'APE et aux études d'impact commencent à être diffusés. Cf. http://www.acp-eu-trade.org/index.php?loc=frame_main.php et http://www.inter-reseaux.org

financiers. Les systèmes financiers africains sont inadéquats face aux besoins de financement du développement : malgré la surliquidité des banques (Banque de France, 2005 ; Gharbi, 2006) les entreprises manquent de financements pour investir et donc pour tirer parti des avantages que pourrait offrir l'intégration régionale.

Outre les acteurs de l'intégration régionale, ceux qui la subissent, dont cela modifie les comportements sans que cela ne présente de bénéfice (au moins à court terme) doivent aussi être pris en compte. Dans le secteur agricole en Afrique de l'ouest, la mise en place du tarif extérieur commun de l'UEMOA représente une baisse de protection du secteur et suscite des craintes en matière de sécurité alimentaire (Gallezot, 2006). Dans ce cadre quels seraient les vecteurs de la participation de la société civile au processus ?

Comme mentionné plus haut, le contexte des négociations des APE, la pression exercée par la date butoir du 1er janvier 2008, ont suscité beaucoup d'échanges et probablement contribué à la diversité de la production des savoirs. Ces confrontations ont pu être l'occasion de mettre en avant les limites de certaines approches, de percevoir la complexité des questions, leur perception par les différents acteurs et les incertitudes face à des décisions qui peuvent avoir des effets considérables sur des économies fragiles.

Conclusion

Le thème de l'intégration régionale a suscité une diversification des savoirs dans le domaine de l'économie au cours des années 1990. Le renouvellement théorique important, en particulier de l'économie géographique, a été peu mobilisé dans les travaux empiriques qui sont généralement axés sur les effets statiques traditionnels. La progression des méthodes économétriques et de modélisation ainsi que des bases de données a permis d'améliorer les évaluations quantitatives ex ante. Celles-ci recouvrent essentiellement des simulations effectuées sur la base de données fragiles et incomplètes et selon des méthodologies dont les hypothèses sont discutables, surtout dans le contexte africain.

L'étude de cas représentée par les négociations des APE est instructive à différents égards sur les liens entre savoirs et politiques. Elle illustre notamment la façon dont l'agenda politique a pu influencer les travaux sur l'intégration régionale. La nécessité de nourrir les négociations internationales par des données chiffrées a conduit à la multiplication de simulations donnant des estimations partielles sur les effets attendus des accords d'intégration régionale en négociation. De ce fait, les travaux évaluant *ex post* les effets des intégrations régionales sont marginaux dans l'ensemble des études sur l'intégration régionale. Ce mouvement, se traduit par une certaine confusion entre travaux empiriques (analyses *ex post* des effets de l'intégration régionale) et travaux quantifiés (qui ne peuvent être que des simulations). Ces derniers créent des données estimées sur la base d'hypothèses et de méthodologies dont la validité empirique *ex post* n'est jamais évaluée. On retrouve ici une évolution soulignée ailleurs dans cet ouvrage à propos des trappes à pauvreté, qui est celle de la distance grandissante entre, d'une part, les données empiriques, de terrain et, d'autre part, les données produites par les diverses simulations effectuées.

L'Union européenne cherche à faire de l'intégration régionale un outil de différenciation de sa politique de développement (un de ses avantages comparatifs, un élément de subsidiarité) (Mainguy, 2004).

Certes la question commerciale a très longtemps dominé les débats et la production de savoirs en ce qui concerne les APE. Mais tous les négociateurs s'accordent aujourd'hui pour affirmer la nécessité de mettre l'accent sur le développement. Encore faudrait-il s'entendre sur ce que signifie « mettre le développement au cœur du débat sur les APE ». S'agit-il de mesures compensatoires des effets sociaux de l'ouverture, d'étendre des filets de sécurité ?

S'agit-il de prendre en compte les spécificités des PMA dans les règles commerciales ? (pourcentage de produits sensibles ; délais d'application etc.) d'avoir la possibilité de mesures de sauvegarde face au non-respect des règles par les membres européens de la zone de libre-échange ? de promouvoir la croissance des structures africaines de telle façon que les entreprises puissent renforcer leur compétitivité avant l'ouverture des marchés ? Autrement dit, parvenir à réduire le coût de l'électricité, des transports, améliorer le niveau et la qualité de l'éducation etc. Dans ce cas, admet-on qu'il faut avoir atteint un certain niveau de développement pour pouvoir tirer parti d'une ouverture des marchés ?

La plupart des études mettent l'accent sur les « mesures d'accompagnement » ou sur l'environnement nécessaires aux effets positifs d'une zone de libre-échange Nord-Sud. Mais faut-il uniquement que des mesures soient prises en faveur de ces facteurs de compétitivité ou convient-il d'attendre qu'elles aient produit des résultats ? Sur la base de quels critères ces « mesures d'accompagnement » seraient-elles octroyées ?

Sur ces questions essentielles, les négociateurs ne semblent pas voir de réponses dans les savoirs produits à cette occasion. Ils ont cependant été utiles pour les faire émerger. Le temps (la pression de la date butoir) risque d'aller à l'encontre du projet régional si ces questions ne sont pas prises en compte. L'avancement des négociations au sein de la CEDEAO semble insuffisant pour envisager une réelle mise en œuvre d'ici la fin de l'année. Les pressions exercées par la CE pour signer et commencer à mettre en œuvre, même progressivement, une zone de libre-échange nord-sud en janvier 2008 risquent de créer des conflits de temporalités. Pourtant, les mécanismes définis par la CE, tels que le SPG +[37] ou l'initiative « tout sauf les armes » pourraient être utilisés, voire adaptés, pour laisser le temps de définir des APE en faveur du développement tout en respectant les règles du cadre multilatéral.

Bibliographie

BAD, 2000, *Rapport sur le développement en Afrique 2000. Intégration régionale en Afrique*, Paris : Economica.

Ben Hammouda H., Lang R. et Sadni-Jallab M., 2005, *Evaluation de l'accord de partenariat économique entre l'Union européenne et le Mali*, CAPC, Travail en cours, N° 24, Commission économique pour l'Afrique.

Büsse M., Borrmann A., Großmann H., 2004, *The Impact of ACP/EU Economic Partnership Agreements on ECOWAS Countries : An Empirical Analysis of the Trade and Budget Effects*, Final Report, July, Prepared for the Friedrich-Ebert-Stiftung.

Catin M., Ghio S., Van Huffel Ch., 2002, « Investissements directs étrangers, diffusion technologique et concentration spatiale dans les pays en développement », *Région et développement,* n° 16.

Chambas G., 2005, *Afrique au sud du Sahara : quelle transition fiscale ?* Cerdi, Études et documents.

Chedanne Ph., Perrin S., 2006, « Accords de partenariat économique et dynamique des flux régionaux : une application aux pays de la CEDEAO », Rapport thématique Jumbo, AFD.

Commission des communautés européennes, 2000, Accord de partenariat ACP-UE, signé à Cotonou le 23 juin 2000, *Courrier ACP-UE*, septembre.

Coussy J., 2001, « Économie politique des intégrations régionales : une approche historique », *Mondes en développement,* tome XXIX.

Coussy J. et Hugon Ph., 1991, *Intégration régionale et ajustement structurel en Afrique sub-saharienne*, Études et documents, Ministère de la coopération et du développement.

Deaton A., Banerjee A., Lustig N., Rogoff K., 2006, An Evaluation of World Bank Research, 1998 – 2005.

[37] SPG+ : système de préférences généralisées accordées aux pays les plus vulnérables.

Decaluwé B., Dissou Y., Patry A., 2001, « Union Douanière au sein de l'UEMOA : Une Analyse Quantitative », *Revue Économique,* 52 (4) : 811-830.
De Melo J., Panagariya A., Rodrik D., 1993, « The New Regionalism: a Country Perspective », *in* De Melo J. and Panagariya (eds), *New Dimensions in Regional Integration,* London: Center for Economic Policy Research.
Demaret P., 1997, *Regionalism and Multilateralism after the Uruguay Round : Convergence, Divergence and Interaction*, Proceedings of a conference organised by the Institut d'Etudes Juridiques Europeennes (IEJE), University of Liege.
Fukase E., Winter L.A., 1999, *Possible Dynamic Benefits of ASEAN/AFTA Accession for the New Member Countries*, Development Research Group, Washington D.C.: World Bank.
Gabas J.-J. (dir), 1999, *L'Union Européenne et les pays ACP, GEMDEV*, Paris : Karthala.
GEMDEV, 1993, *État des savoirs sur le développement*, Paris : Kathala.
Gharbi S., 2006, « La Zone Franc croule sous l'argent », *Jeune Afrique,* n° 2384 : 69.
Hugon Ph., 1991, « L'intégration régionale africaine : un processus contradictoire », *Intégration régionale et ajustement structurel en Afrique sub-saharienne,* Études et documents, Ministère de la coopération et du développement.
Hugon Ph. (dir), 2003, *Les économies en développement à l'heure de la régionalisation*, Paris : Karthala.
Hugon Ph., 2006, Conflictualité armée en Afrique: le rôle des facteurs économiques, *European Journal of Development Research*, 18.2, 255 - 274.
Igué J., 2006, *Les États-nations face à l'intégration régionale en Afrique de l'Ouest. Le cas du Bénin,* Paris: Karthala.
Karingi S, Lang R, Oulmane N, Perez R, Sadni Jallab M, Ben Hammouda H, 2005, Economic and Welfare Impacts of the EU-Africa Economic Partnership Agreements, ATPC 10, UNECA.
Krugman, P., 1991, *Geography and Trade*, MIT Press.
Mainguy Cl., 2004, L'intégration régionale : un thème phare de la politique de coopération de l'Union européenne.
http://www.gemdev.org/publications/etatdessavoirs/pdf/mainguy.pdf
Mainguy Cl., 2006, « L'intégration régionale dans l'accord de Cotonou », *in* Serfati Cl., *Mondialisation et déséquilibres Nord-Sud*, Peter Lang.
Mainguy Cl., 2007, « La mondialisation par les investissements étrangers : Impacts et limites dans un pays hôte, le Mali », Cahiers du GEMDEV.

McLeod H., 2004, « Le commerce Regional integration and the role of donors », *The relationship between Africa and the European Union*, 22-01-2004, University of the Western Cape.
Meagher K., 1996, « Le commerce parallèle en Afrique de l'ouest ; intégration informelle ou subversion économique ? » *in* R. Lavergne (dir), *Intégration et coopération régionale en Afrique de l'Ouest*, Paris : Karthala-CRDI.
Ouali K.S., 1990, *Intégration et développement,* Economica.
Perroux F., 1955, « Note sur la ,notion de pôle de croissance », *Économie Appliquée*, Vol. 7 : 307-320.
Perroux F., 1969, *L'économie du XXe siècle,* Paris : PUF.
Pricewaterhousecoopers, 2005, *Sustainability Impact Assessment (SIA) of the EU-ACP Economic Partnership Agreements*, Final report.
Van Dijk M.P., Sideri S., 1996, *Multilateralism versus Regionalism – Trade Issues after the Uruguay Round*, EADI book series 19, London: Frank Cass.
Veltz P., 1996, *Villes, territoires et mondialisation*, Paris : PUF, réédité et actualisé en 2005.
Venables A.J., 2000, *Winners and losers from Regional Integration Agreements*, Londres: London School of Economics and CEPR.
Vinay B., 1968, *L'Afrique commerce avec l'Afrique : problèmes et impératifs africains de Coopération économique et monétaire.* Paris : Presses Universitaires de France.
Viner J., 1950, The Customs Union Issues, *Studies in the Administration of International Law and organisation*, n° 10, New York : Carnegie Endowment for International Peace.

Les auteurs

Irène BELLIER, anthropologue, Directrice de recherche, Centre national de la recherche scientifique (CNRS), membre du Laboratoire d'anthropologie des institutions et des organisations sociales (LAIOS, IIAC, CNRS-EHESS).
Contact : ibellier@club-internet.fr

Géraldine FROGER, économiste, Maître de conférences HDR (Habilitée à diriger des recherches), à l'Université de Versailles Saint-Quentin-en-Yvelines, membre du Centre d'économie et d'éthique pour l'environnement et le développement (C3ED, UMR IRD-UVSQ n°063).
Contact : geraldine.froger@c3ed.uvsq.fr

Jean-Jacques GABAS, économiste, Maître de conférences HDR à l'Université Paris-Sud et Sciences Po Paris, responsable du Centre de recherche Analyse des mutations économiques des technologies de l'information et des sociétés (AMETIS) du Collège d'études interdisciplinaires (CEI) de l'Université Paris-Sud, président d'honneur du GEMDEV.
Contact : jjgabas@club-internet.fr

Vincent GÉRONIMI, économiste, Maître de conférences à l'Université de Versailles Saint-Quentin-en-Yvelines, membre du Centre d'économie et d'éthique pour l'environnement et le développement (C3ED, UMR IRD-UVSQ n°063), chercheur à EconomiX, Université Paris X – Nanterre, président du GEMDEV.
Contact : vgeronim@club-internet.fr

Charles GOLDBLUM, urbaniste, Professeur à l'Institut français d'urbanisme, Université de Paris 8, membre du laboratoire Théorie des mutations urbaines (TMU, UMR AUS 7136), responsable de la spécialité de Master 2 recherche « Projet urbain et architecture ».
Contact : charles.goldblum@wanadoo.fr

Frédéric LANDY, géographe, Maître de conférences HDR à l'Université de Paris X – Nanterre, membre du laboratoire de Géographie comparée des Suds et des Nords (GECKO), de l'Institut universitaire de France et membre associé du Centre d'études de l'Inde et de l'Asie du Sud (CEIAS, UMR CNRS-EHESS 8564).
Contact : frederic.landy@wanadoo.fr

Étienne LE ROY, anthropologue du droit, Professeur d'anthropologie du droit à l'Université Paris 1 Panthéon-Sorbonne, membre du Centre d'études des mondes africains (CEMAf , UMR CNRS-Université Paris 1 Panthéon-Sorbonne 8171), directeur du Master recherche d'Anthropologie du droit.
Contact : leroylaj@univ-paris1.fr

Claire MAINGUY, économiste, Maître de conférences, membre du Bureau d'économie théorique et appliquée (BETA) Strasbourg, membre associée d'EconomiX, Université Paris X – Nanterre.
Contact : claire.mainguy@urs.u-strasbg.fr

Annik OSMONT, socio-anthropologue, Maître de conférences honoraire, HDR, membre du laboratoire Théorie des mutations urbaines (TMU, UMR AUS 7136).
Contact : a.osmont@wanadoo.fr

Michel VERNIÈRES, économiste, Professeur émérite à l'Université Paris 1 Panthéon-Sorbonne, membre du Centre d'économie de la Sorbonne – équipe MATISSE (UMR CNRS 8174), président d'honneur du GEMDEV.
Contact : michel.vernieres@univ-paris1.fr

Yves VILTARD, politiste, Maître de conférences HDR à l'Université Paris 1 Panthéon-Sorbonne, membre du Centre de recherches politiques de la Sorbonne (CRPS), responsable du Master « Coopération internationale, action humanitaire et politiques de développement ».
Contact : viltard@noos.fr

ÉDITIONS KARTHALA

Collection ***Méridiens***

Les Açores, *Christian Rudel*
L'Afrique du Sud, *Georges Lory*
L'Argentine, *Odina Sturzenegger-Benoist*
L'Azerbaïdjan, *Antoine Constant*
Le Bénin, *Philippe David*
La Biélorussie, *Philippe Marchesin*
La Bolivie, *Christian Rudel*
Le Botswana, *Marie Lory*
Le Burkina Faso, *Frédéric Lejeal*
Le Cambodge, *Soizick Crochet*
Le Congo-Kinshasa, *A. Malu-Malu*
Le Costa Rica, *Christian Rudel*
La Côte d'Ivoire, *Philippe David*
Cuba, *Maryse Roux*
Djibouti, *André Laudouze*
Les Émirats arabes unis, *Frauke Heard-Bey*
L'Équateur, *Christian Rudel*
Exclusion et politique à São Paulo, *Olivier Dabène*
L'Estonie, *S. Champonnois et F. de Labriolle*
Le Ghana, *Patrick Puy-Denis*
Hawaii, *Alain Ricard*
L'Indonésie, *Robert Aarsse*
L'Irak, *Pierre Pinta*
La Libye, *Pierre Pinta*
Malte, *Marie Lory*
La Mauritanie, *Muriel Devey*
Mayotte, *Guy Fontaine*
Le Mexique, *Christian Rudel*
La Mongolie, *Jacqueline Thevenet*
Le Mozambique, *Daniel Jouanneau*
La Nouvelle-Calédonie, *Antonio Ralluy*
Le Portugal, *Christian Rudel*
La Roumanie, *Mihaï E. Serban*
Les Seychelles, *Jean-Louis Guébourg*
Le Sultanat d'Oman, *Bruno Le Cour Grandmaison*
La Tunisie, *Ezzedine Mestiri*
La Turquie, *Jane Hervé*
Le Vietnam, *Joël Luguern*

Collection *Économie et développement*

1. Essais (13,5 x 21,5)

Afrique s'invente (Une), *Enda Graf Sahel*
Agriculture urbaine à Lomé (L'), *C. Schilter*
A la recherche des logiques paysannes, *P.M. Decoudras*
Approches participatives du développement, *M. Lammerink*
Arachide au Sénégal (L'), *Cl. Freud et al.*
Comment les pauvres gèrent leur argent, *S. Rutherford*
Coopération décentralisée, *A. Marie*
Développement local, *G. Lazarev*
Développement participatif (Le), *M. Tommasoli*
Eau au Proche-Orient, *H. Ayeb*
Économie pol. Du post-ajustement, *H. Ben Hammouda*
Économie urbaine en Afrique (L'), *E.S. Ndione*
Éleveurs d'Éthiopie, *B. Faye*
État-entrepôt au Bénin (L'), *J. Igué*
Femmes pionnières de Guinée, *K. De Boodt*
Forêt et État en Afrique (La), *G. Buttoud*
Insertion urbaine à Bamako (L'), *D. Ouédraogo*
Manioc en Afrique de l'Est (Le), *A. Barampama*
Monnaie unique pour toute l'Afrique de l'Ouest (Une), *O. Ouedraogo*
Mort de la brousse (La), *K. Mariko*
Naissance d'une ville au Sénégal, *P. Nicolas*
Nouvelles paroles de brousse, *Le Graap*
Participation paysanne et aménagements, *G. Belloncle*
Plaidoyer macroéconomique pour l'Al., *O. Ouedraogo*
Question énergétique au Sahel (La), *J.-P. Minvielle*
Relève paysanne en Côte-d'Iv. (La), *Y. Affou*
Repenser l'aide à l'Afrique, *N. van de Walle*
Réveil des campagnes africaines, *J.-Cl. Devèze*
Santé et médecine en Bolivie, *E. Valdez*
Transports urbains en Afrique, *X. Godard*
Zones franches industrielles d'export., *J.-P. Barbier*
Zone franc à l'heure de l'euro (La), *Ph. Hugon*

2. Études et synthèses (16 x 24)

Afrique de l'Ouest dans la compétition mondiale (L'), *J. Damon*
Afrique et les défis de l'OMC (L'), *D. Njinkeu*
Afrique peut-elle être compétitive (L'), *Cl. Maingy*
Agriculture au Gabon, *V. Magnagna*
Agriculture et ruralité au Brésil, *M. Zanoni*
Agricultures familiales, *Rafac*
Ajustement structurel et au-delà, *R. van der Hoeven et al.*
Avenir des planteurs camerounais (L'), *P. Janin*
Barons du caoutchouc (Les), *J.B. Serier*

Barrages internationaux et coopération, *F. Conac*
Bibliographie et lexique du foncier, *M. Cubrilo et C. Goislard*
Booms et crises du cacao, *F. Ruf*
Brésil et Mexique, deux trajectoires, *B. Lautier*
Carences nutritionnelles, *D. Lemonnier*
Champs du cacao (Les), *E. Hanak-Freud et al.*
Comment réduire pauvreté et inégalités, *M. Lévy*
Compagnie générale des oléagineux (La), *M. Diallo Cô-Trung*
Conservation de la nature et développement, *E. Rodary*
Contractualisation dans les systèmes de santé, *J. Perrot*
Développement durable au Sahel, *Ch. Becker*
Dimension humaine dans le développement, *M. Cernea*
Économie informelle au Mexique (L'), *F. Roubaud*
État et monde rural à Mayotte (L'), *Carole Barthès*
États, politiques et développement en Asie de l'Est, *Gemdev*
Financement de la santé dans les pays d'Afrique et d'Asie à faible revenu, *J. Mathonnat*
Gérer le foncier rural, *Ph. Lavigne-Delville*
Gestion de l'eau selon l'islam (La), *N. Fariqui*
Hommes et les termitières en Afrique (L'), *F. Iroko*
Innovation technol. Dans les pays du Sud, *R. Treillon*
Intégration et coopération région. En Afr. Ouest, *R. Lavergne*
Intégration régionale dans le monde (L'), *Gemdev*
Lait et produits laitiers en Afrique, *M. Padilla*
Marchés d'Afrique, *Th. Paulais*
Médecine traditionnelle au Rwanda, *P.C. Rwangabo*
Office du Niger, grenier à mil du Mali, *P. Bonneval*
Pêche dans le Delta central du Niger (La), *J. Quensière*, un volume de texte (496 p.) et un volume de cartes avec notice. Les 2 vol. sont vendus ensemble
Plantes médicinales de Madagascar, *L. Boiteau*
Politiques alimentaires en Afrique du Nord, *M. Padilla*
Politique du médicament en Afrique (Une), *C. Klimek*
Quelles politiques foncières pour l'A. ?, *Ph. Lavigne-Delville*
Quels acteurs pour quel développement ?, Gemdev
Reconnaissance du savoir rural, *Ian Scoones*
Ressource humaine (La), *Enda Graf*
Riz à Madagascar (Le), *H. de Laulanié*
Savoirs paysans et développement, *G. Dupré et al.*
Sécurisation foncière en Afrique, *E. Le Roy et al.*
Sécurité alimentaire en questions, *N. Stäuble*
Sénégal en quête d'une croissance durable (Le), *A. Diagne*
Sociétés rurales et environnement, *G. Rossi et al.*
Techniques et savoirs des communautés rurales, *O. D'Hont*
Terres méditerranéennes, *A. M. Jouve*
Transport dans les villes du Sud, *X. Godard et al.*
Vallée du fleuve Sénégal (La), *B. Crousse et al.*
Village à l'heure de l'ajustement (Le), *G. Courade*

Collection ***Recherches internationales***

A la recherche de la démocratie, *Javier Santiso (dir.)*
Après la crise... Les économies asiatiques face aux défis de la mondialisation, *J.-M. Bouissou, D. Hochraich et Ch. Milelli (dir.)*
Architecture, pouvoir et dissidence au Cameroun, *D. Malaquais*
Aux origines du nationalisme albanais, *Nathalie Clayer*
Chine vers l'économie de marché (La), *Antoine Kernen*
Condition chinoise (La), *Jean-Louis Rocca*
Contenus et limites de la gouvernance, *Guy Hermet (dir.)*
Démocratie à pas de caméléon (La), *Richard Banégas*
Démocratie et fédéralisme au Mexique (1989-2000), *Magali Modoux*
État colonial, noblesse et nationalisme à Java, *Romain Bertrand*
Gouvernance (La), *Guy Hermet*
Guerre civile en Algérie (La), *Luis Martinez*
Guerres et sociétés. États et violence après la Guerre froide, *Pierre Hassner et Roland Marchal (éds)*
Indonésie : la démocratie invisible, *Romain Bertrand*
Mafia, justice et politique en Italie, *Jean-Louis Briquet*
Matière à politique, *Jean-François Bayart*
Penser avec Michel Foucault, *Marie-Christine Granjon*
Politique des favelas (La), *Camille Goirand*
Politique de Babel (La), *Denis Lacorne et Tony Judt (éds)*
Privatisation des États (La), *Béatrice Hibou*
Révolution afghane. Des communistes aux Taleban, *G. Dorronsoro*
Sur la piste des OPNI (objets politiques non identifiés), *D. Martin (éd.)*
Trajectoires chinoises. Taiwan, Hong Kong et Pékin, *F. Mengin*
Voyages du développement, *Jean-François Bayart*

Achevé d'imprimer en juillet 2023
sur les presses de la Nouvelle Imprimerie Laballery
58500 Clamecy
Dépôt légal : octobre 2012
Numéro d'impression : N190412

Imprimé en France

La Nouvelle Imprimerie Laballery est titulaire de la marque Imprim'Vert®

www.ingramcontent.com/pod-product-compliance
Lightning Source LLC
LaVergne TN
LVHW082032051026
849532LV00011B/3331
* 9 7 8 2 8 4 5 8 6 9 6 2 2 *